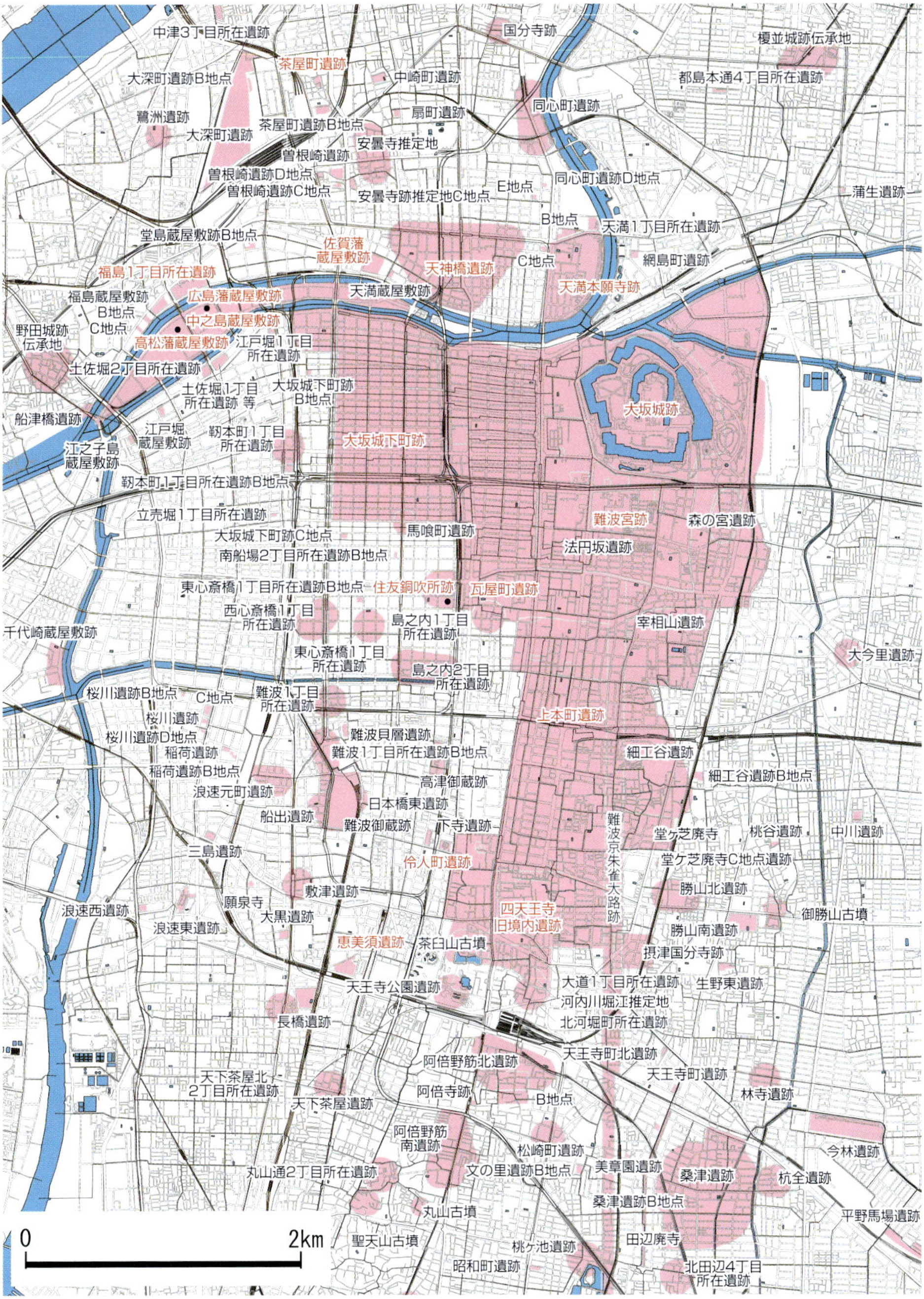

1. 大阪市内遺跡地図(部分)

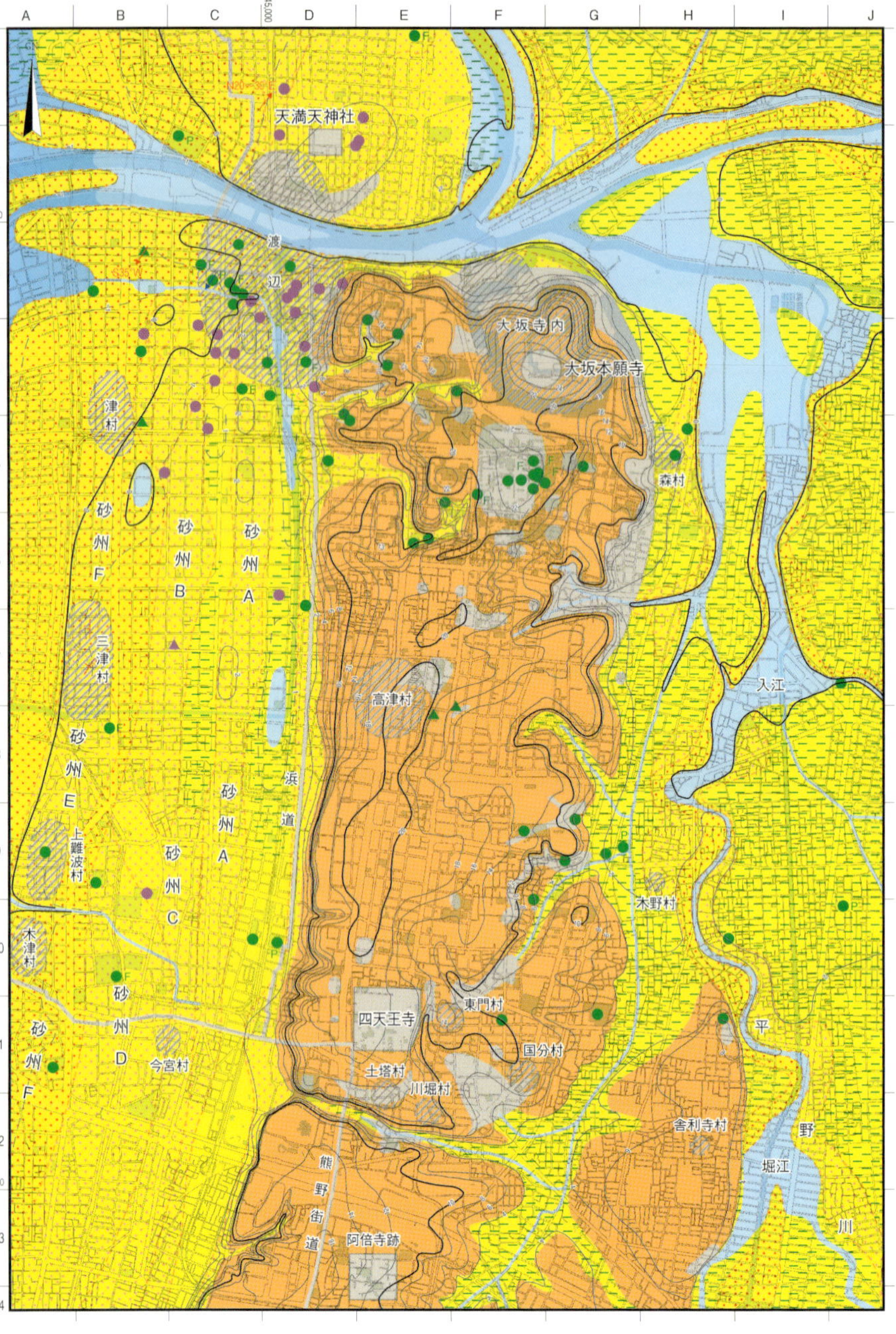

2. 室町時代大阪古地理図

500 250 0 500 1,000 1,500 m

9. 土壌：土壌A層の確認地点

10. 畠・水田：作土層の確認地点（F：畠・P：水田が確かなもの、三角印：作土があったと類推されるもの）

11. 盛土地：盛土層・整地層の分布域

12. 集落・道路

13. 地すべり

14. 古流向：高角度板状斜交葉理の傾斜方向、破線は1断面での見かけの方向 （青色は当該期堆積層の構造、赤色は遺構面構成層の構造：以下、同様）

15. 古流向：流路や大規模な溝の流下方向

16. 傾斜方向：楔状の低角度斜交葉理の傾斜方向、十字は水平

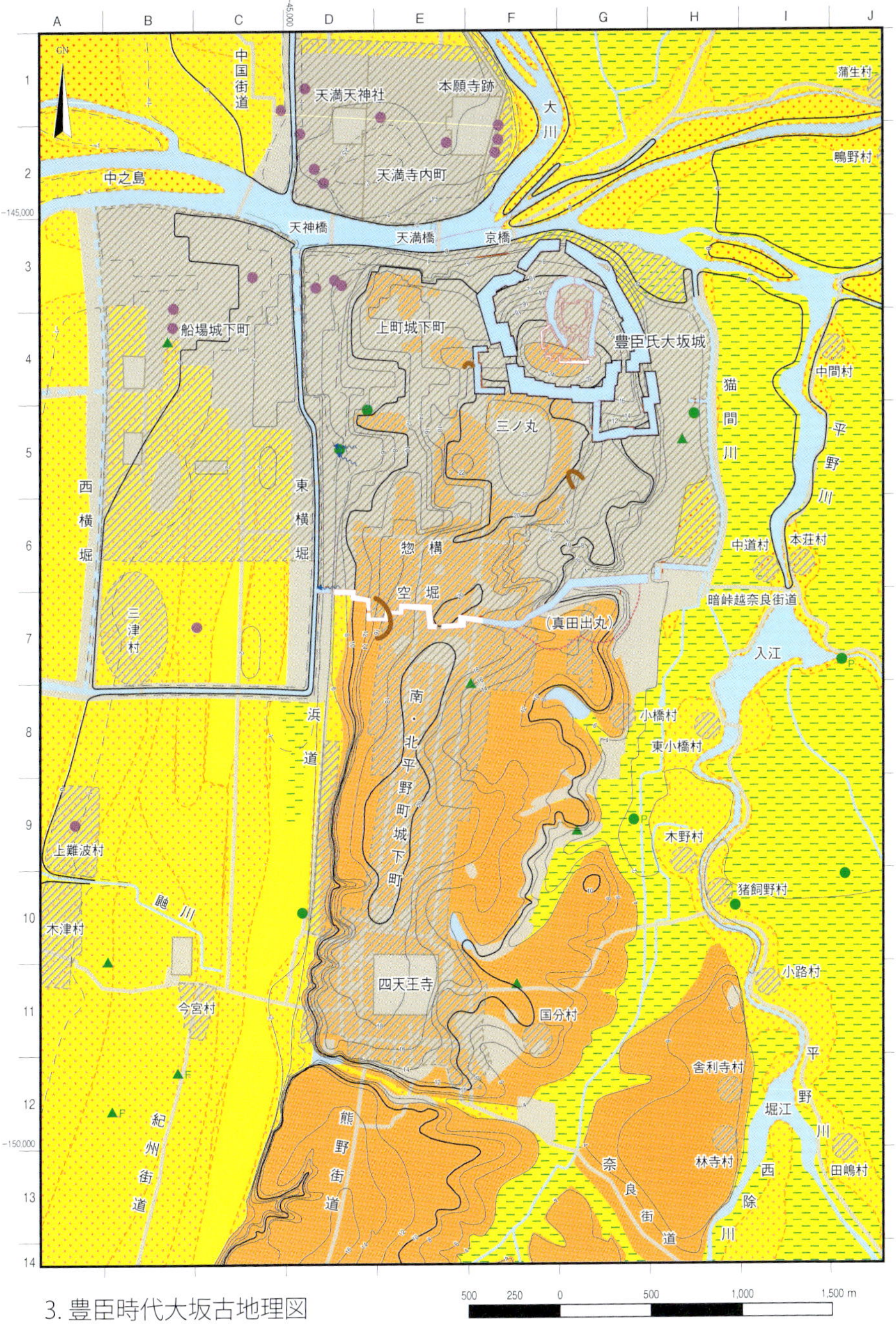

3. 豊臣時代大坂古地理図

古地理図凡例

1. 台地：更新世の段丘構成層の分布域
2. 低地：完新世の自然堆積層の分布域
3. 砂州・自然堤防：礫や砂主体の自然堆積層の分布域
4. 湿地：泥主体の自然堆積層の分布域
5. ラグーン・川・池：汽水～淡水の水域
6. 海
7. 底質が砂質な水域（特に強調する場合に表示）
8. 底質が泥質な水域（特に強調する場合に表示）

4. 京大坂図屏風のうち右隻　大坂図（大阪歴史博物館蔵）

5. 豊臣大坂城本丸詰ノ丸の石垣

6. 豊臣大坂城惣構北西角にある武家屋敷跡

7. 金箔押桐文方形飾瓦
大阪市指定文化財

8. 金箔押井桁文・橘文方形飾瓦

9. 豊臣後期大坂城下町跡出土の陶磁器

4

1

5

2

10. 貿易陶磁器

1. 中国漳州窯　青花大皿
2. 中国景徳鎮窯　青花芙蓉手碗
3. 中国漳州窯　呉須赤絵茶碗
4. 中国製　三彩魚形水滴
5. 朝鮮王朝陶器　灰釉徳利

3

3

1

4

2

5

11. 国産陶磁器（1）

1. 瀬戸美濃焼　瀬戸黒茶碗
2. 瀬戸美濃焼　黄瀬戸鉢
3. 瀬戸美濃焼　志野向付
4. 瀬戸美濃焼　黒織部茶入
5. 瀬戸美濃焼　美濃伊賀水指

4

1

5

2

12. 国産陶磁器（2）

1. 唐津焼　沓茶碗
2. 唐津焼　大皿
3. 信楽焼　壺
4. 軟質施釉陶器　黒茶碗
5. 備前焼　魚形水滴

3

13. 広島藩蔵屋敷の御殿跡

14. 広島藩蔵屋敷の船入跡

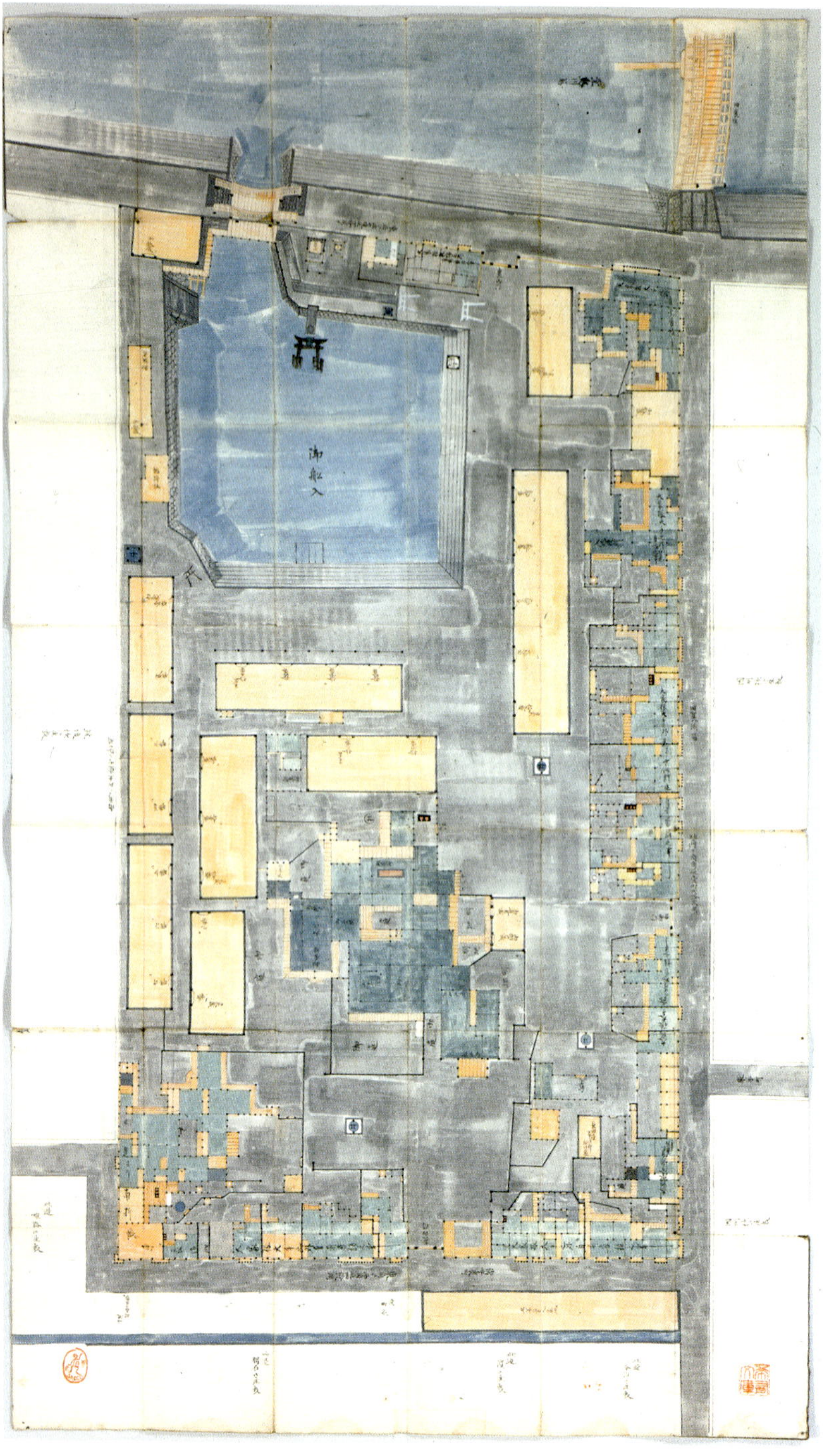

15. 広島藩蔵屋敷図（大阪商業大学商業史博物館蔵）

16. 高松藩蔵屋敷跡出土の陶磁器（18 世紀末～ 19 世紀初）

17. 高松藩蔵屋敷跡出土の陶磁器（幕末ごろ）

18. 高松藩蔵屋敷出土の化粧道具

19. 徳川期の土人形

20. 住友銅吹所跡全景

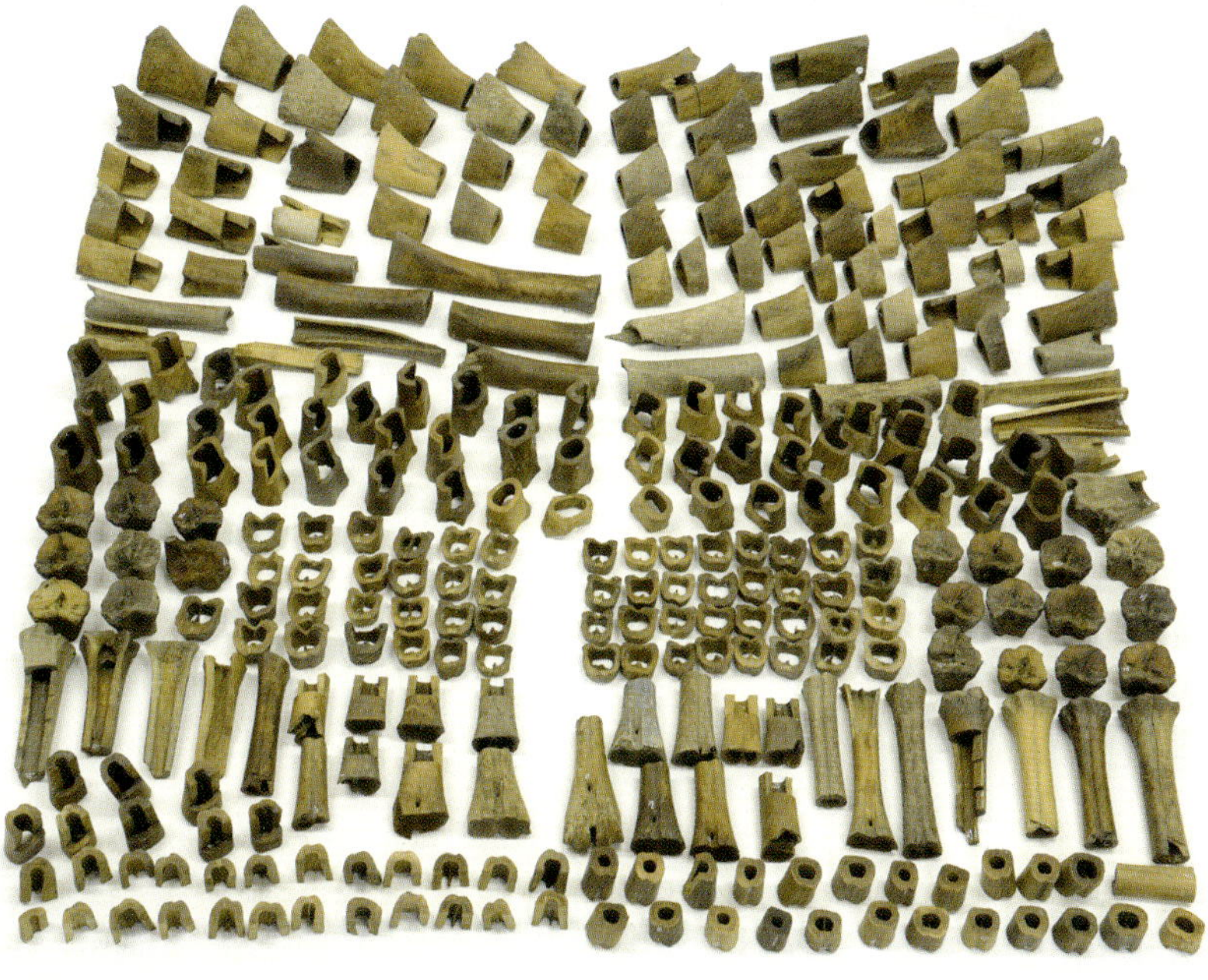

21. 大坂城下町跡出土の加工骨

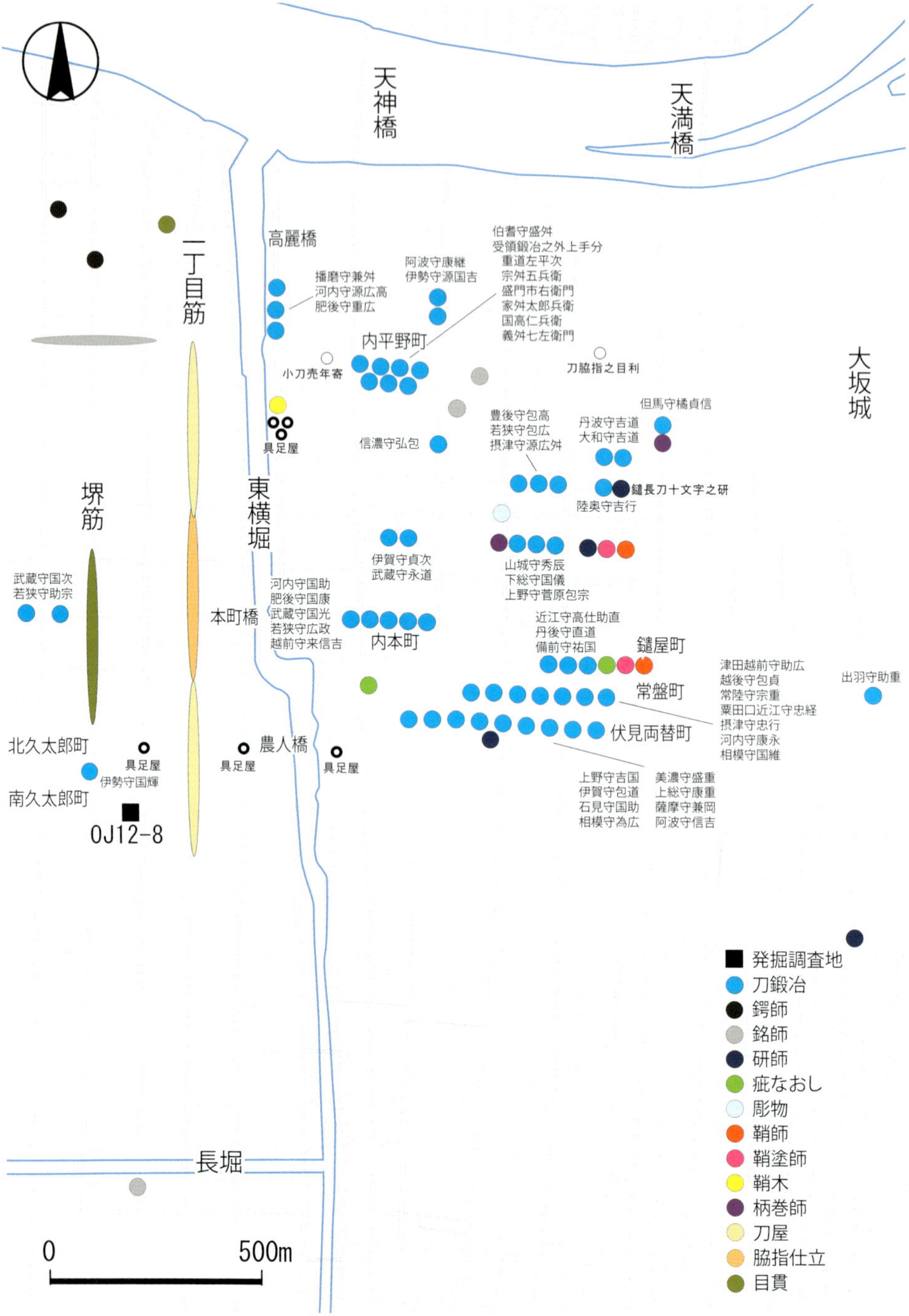
天神橋
天満橋
高麗橋
一丁目筋
播磨守兼舛
河内守源広高
肥後守重広
阿波守康継
伊勢守源国吉
伯耆守盛舛
受領鍛冶之外上手分
重道左平次
宗舛五兵衛
盛門市右衛門
家舛太郎兵衛
国高仁兵衛
義舛七左衛門
内平野町
小刀売年寄
刀脇指之目利
大坂城
具足屋
信濃守弘包
豊後守包高
若狭守包広
摂津守源広舛
丹波守吉道
大和守吉道
但馬守橘貞信
鑓長刀十文字之研
陸奥守吉行
堺筋
東横堀
伊賀守貞次
武蔵守永道
山城守秀辰
下総守国儀
上野守菅原包宗
武蔵守国次
若狭守助宗
河内守国助
肥後守国康
武蔵守国光
若狭守広政
越前守来信吉
本町橋
内本町
近江守高仕助直
丹後守直道
備前守祐国
鑓屋町
常盤町
津田越前守助広
越後守包貞
常陸守宗重
粟田口近江守忠経
摂津守忠行
河内守康永
相模守国維
出羽守助重
伏見両替町
北久太郎町
具足屋
伊勢守国輝
南久太郎町
0J12-8
具足屋
農人橋
具足屋
上野守吉国
伊賀守包道
石見守国助
相模守為広
美濃守盛重
上総守康重
薩摩守兼岡
阿波守信吉
長堀
発掘調査地
刀鍛冶
鍔師
銘師
研師
疵なおし
彫物
鞘師
鞘塗師
鞘木
柄巻師
刀屋
脇指仕立
目貫
0
500m

22.『難波丸』に見られる刀鍛冶関連諸職の分布図

はじめに

本書は大阪市に所在する大坂城跡と大坂城下町跡で、過去六〇年にわたって行なわれてきた発掘調査の成果をまとめた近世都市大坂の歴史を訪ねる案内書である。

大坂城跡は豊臣秀吉が築いた大坂城の範囲で、本丸・二ノ丸・三ノ丸、そして惣構《そうがまえ》で構成されている。大坂城下町跡も秀吉が建設した最初の城下町が順次拡大していった。築城当初は大坂城の南部と西部に細長く建設されたが、秀吉の権力が増強していくたびに大坂に人びとが集住してきたため町人地が拡張し、秀吉最晩年には大坂城西方の船場地区にも町人地が建設された。

こうして拡大した大坂も慶長《けいちょう》二十年（一六一五）の大坂夏の陣によって焦土となったが、徳川幕府の大坂城再築工事や市街地再生事業によってすぐさま復興し、往時の繁栄を取り戻すこととなった。なかでも船場地区の町人地は当初の範囲から西へ南へと拡大した。その一方、幕府直轄地となった大坂は武家地が極端に狭く、大坂城の近くに集められ、その広さは城下町全体の四分の一程度でしかなかった。

本書では城下町のシンボルとなる城郭や武家地だけでなく、秀吉が建設し、その後に拡大していった町人地に眼を向けている。城郭の外側に広がる町人地で行なってきた発掘調査で、そこに住まう人びとの生活を如実に示すさまざまな情報が多数得られているからである。

次に本書で使用する年代観について述べておこう。

大阪は古代の難波宮《なにわのみや》が都市としての萌芽ともいわれるが、現在の大阪の礎となったのは、やはり豊臣秀吉の大坂城築城であろう。だが、秀吉が築城する以前には、大坂城の地に大坂本願寺《ほんがんじ》と寺内町《じないまち》があった。さらに近年の発掘成果によれば本願寺寺内町だけでなく、南には四天王寺門前町、西には中世の港湾都市渡辺津《わたなべのつ》が存在していた。秀吉はそれらを城下町に取り込んで城下町を造ったのだ。

以下ではそうした大阪の歴史を鑑み、秀吉の大坂城築城以前の大阪を「**中世大阪**」と呼称し、大坂城築城開始から大坂夏の陣までを「**豊臣期**」とし、さらにその間を慶長三年（一五九八）の三ノ丸造成工事や船場地区の町人地建設を画期に「**豊臣前期**」と「**豊臣後期**」に区分する。そして大坂夏の陣後に徳川幕府によって復興されて以降を「**徳川期**」と呼称する。

多くの歴史書では信長や秀吉の時代を安土桃山時代と呼び、慶長八年（一六〇三）に徳川家康が江戸に幕府を開いてからは江戸時代と呼称するが、大坂は豊臣家の城下町として天正《てんしょう》十一年（一五八三）から慶長二十年（一六一五）まで豊臣家が支配してきたことで、慶長八年以降も「豊臣期」と呼び、豊臣家滅亡後を「徳川期」と呼んでいる。

大阪歴史博物館

公益財団法人 大阪市博物館協会　大阪文化財研究所

大坂　豊臣と徳川の時代　目次

第Ⅱ章　徳川時代の大坂

第Ⅲ章　大坂人のくらしぶり

第Ⅳ章　都市の産業

エピローグ　近世大坂の拡大と終焉　196

序章　中世の大阪

「東大寺大仏殿」銘軒丸瓦　拓本

図1　難波津の風景

第1節　大阪のなりたち

✣なにわ　古代の大阪

大阪は古代には「なにわ」と呼ばれ、「浪速」「浪華(花)」や「難波」などの字があてられた。古代、大阪の地形は西に大阪湾が広がり、東には縄文時代の河内湾の名残の河内湖《かわちこ》と呼ばれる水域が広がり、その間に半島のように南から北に突き出た上町台地があった。人びとはその台地の狭い場所に生活していた。

上町台地の北には淀川の河口に形成された三角州がいくつもでき、その間を網の目のように流路が走っていた。その一つ、上町台地のすぐ北にあった流路が「難波《なにわ》の堀江《ほりえ》」で、そこの水流が速かったことから浪速と名付けたと言われ、それが転じて浪華(花)や難波が用いられたとされている。

大阪は西日本の水上交通路であった瀬戸内海と当時の王権が所在した畿内中枢部との結節点にあたり、早くから水陸交通の要衝となり、古代より東西交流の中継地としての役割を果たしてきた。

早くは縄文時代に、東北地方や関東地方そして九州地方の土器が大阪にもたらされ、弥生時代から古墳時代においても他地域の土器が出土する遺跡が確認されている。

古墳時代においては当時の中央政権の港湾機能も有していた。その証拠とな

図2　四天王寺西門の鳥居

る遺跡が大阪市中央区にある法円坂《ほうえんざか》遺跡である。この場所は飛鳥時代に難波長《なにわなが》柄豊碕宮《らとよさきのみや》が造営されることになる。五世紀代に床面積が一〇〇平方㍍ほどにもなる正南北を指向した巨大な倉庫が十六棟も建ち並んでいた。巨大な規模と整然と並ぶ姿から、古墳時代に畿内を中心にしていた王権の倉庫群であろうと評価されている。飛鳥時代には日本最初の宮殿である難波長柄豊碕宮が同じ場所に建設され、奈良時代になっても遷都を繰り返す王宮が一時期、この地を都と定め首都となった。この時期の難波は政治史の上で重要な位置にあったのだ。

古代の政治都市として繁栄していた大阪ではあるが、奈良時代末に難波宮《なにわのみや》が廃都となって以降は大宮人の記憶からも消え去り、京から貴顕が参詣する四天王寺や住吉大社といった寺社が知られる程度であった。

✣四天王寺門前町

四天王寺は飛鳥時代以来法灯を守ってきた寺院で、それ以降、境内の周囲に門前町が形成され、室町時代の明応《めいおう》八年（一四九九）には「天王寺ハ七千間在所」（『大乗院寺社雑事記《だいじょういんじしゃぞうじき》』）と記される程の人家があった。特に四天王寺の西側に広がる町で発掘調査を行なうと、平安時代から室町時代の建物跡が重なり合って見つかり、長期間にわたって人びとが住んでいたことがわかる。

四天王寺は平安時代末に広まった浄土信仰の中心となり、京の貴顕だけでなく広く庶民の参詣地として信仰を集めていた。そうした参詣者を相手にする商業も四天王寺周辺には多くできていたようで、不定期な市だけではなく、常設

図3　中世渡辺の推定範囲

の店舗も存在していた。後世、豊臣秀吉が大坂城を築いた時、四天王寺を城下町の一角に取り込んだが、それほどに四天王寺の門前町が繁栄していたのだった。当時の畿内の都市的な場所と言えば、第一が京であろうが、その次には堺や奈良、四天王寺門前町が都市と言える町であった。当時の大坂の近隣には国内でも経済力が高い都市が集まっていた。

✣港湾都市渡辺津

難波に政治都市としての機能がなくなったとはいえ、交通の要衝という立地条件は変わっておらず、平安時代になっても西国との交易の際には船が集まる港町であった。また、四天王寺や住吉大社、さらには熊野への参詣の際には、京から船で淀川を下って、上町台地の先端付近にあった港で下船し、参詣地へと陸路を辿った。

この港は古墳時代にあった港湾機能を継承して、古代には遣隋使や遣唐使の船が発着する難波津となり、遣唐使が廃止された以降も港湾施設として利用されていた。平安時以降も窪津《くぼつ》（九品津《くぼつ》）、そして渡辺津《わたなべのつ》と呼ばれる港湾都市として命脈を保ってきたのだった。

平安時代末、源平の争乱によって奈良の東大寺が焼亡した。その復興のため、中国の宋より帰国していた重源《ちょうげん》が東大寺復興の責任者（大勧進）となり、再建事業に取り掛かった。重源は渡辺津に別所と呼ばれる東大寺の宗教施設を設置し、

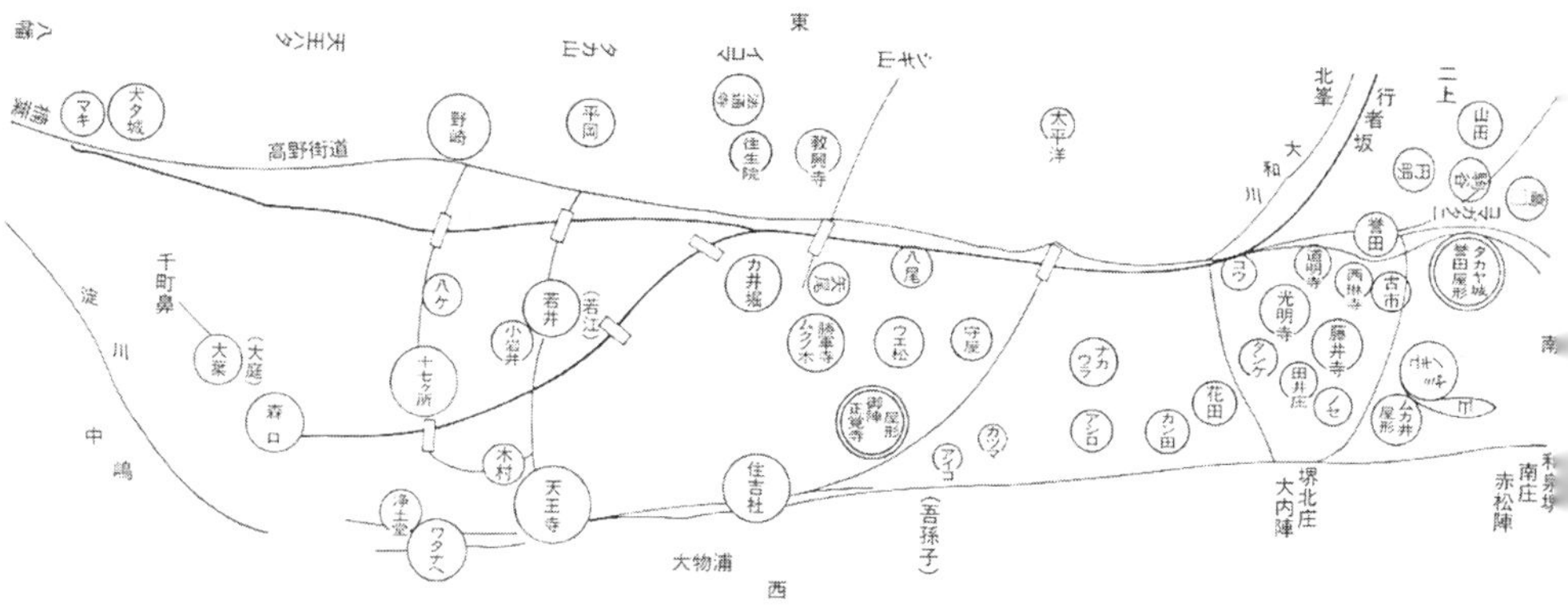

図４　明応２年御陣図（大阪市 1988 より転載）

あわせて「木屋敷地」と呼ぶ貯木施設を建設した。この事実から、渡辺津が東大寺再建の用材を搬入できる港であり、材木を保管する施設があったことがわかる。

この渡辺別所には阿弥陀三尊像を本尊とする浄土堂《じょうどどう》や来迎堂《らいごうどう》・娑婆屋《しゃばや》・大《おお》湯屋《ゆや》が各一棟ずつあり、信仰の拠点であった。重源による勧進の拠点でもあり多くの人びとが集まる場所であった。

✣描かれた渡辺

この渡辺の位置が「明応の御陣図」と呼ばれる室町時代中頃の明応二年（一四九三）に描かれた絵地図に見える。この絵地図は、室町幕府の管領であった細川政元《まさもと》が室町幕府第十代将軍足利義材《よしき》（義稙《よしたね》）に対して反乱を起こした明応の政変の戦場を描いたものである。絵地図には集落の地名だけでなく、川や道路が単純な線で描かれている。その中に大阪市域に含まれる地名として「天王寺」や「住吉社」のほか、荏胡麻《えごま》油の製造や販売を行なっていた「木村」の地名や、「天王寺」の北方には「ワタナヘ」と「浄土堂」という地名が記載されている。この二つの地名こそ、これまで述べてきた渡辺津にあたる場所なのだ。「ワタナヘ」は濁音を表記しなかった「ワタナベ（渡辺）」であり、「浄土堂」は先に述べた渡辺別所にあった浄土堂の後身で、人びとが集住する場所として記載される町であった。

✣発掘された渡辺

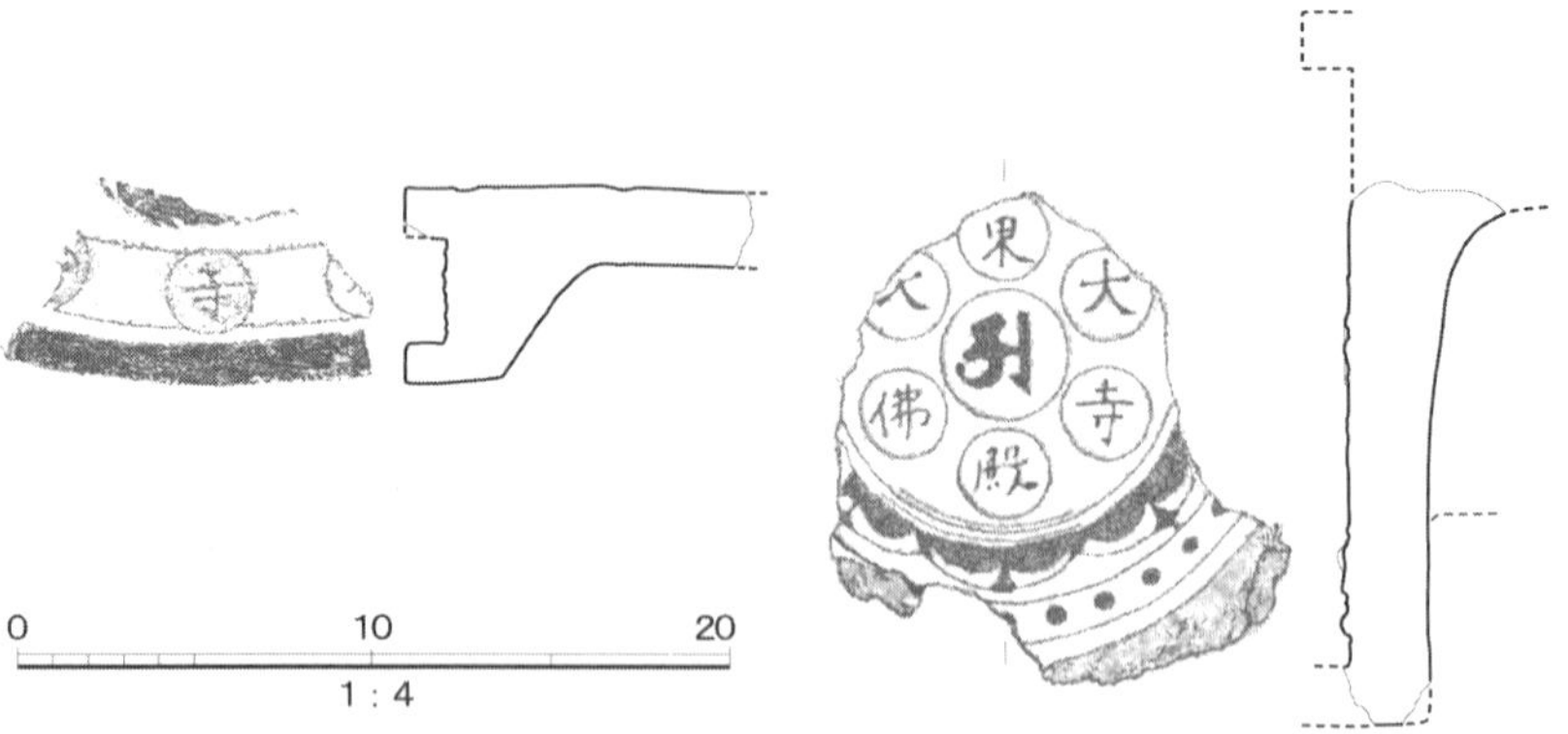

図5 「東大寺大仏殿銘」軒丸瓦（右）と「寺」銘軒平瓦（左）

この渡辺津の推定地一帯で発掘調査が数多く行なわれ、さまざまな資料が発見されている。その一つに大阪市中央区平野町一丁目で見つかった「東大寺大佛殿」の文字を瓦当《がとう》文様にする蓮華文軒丸瓦がある。まさしく東大寺にかかわる渡辺別所の所在地を示唆する大きな発見である。同じ場所から「寺」という文字を瓦当文様にした軒平瓦も見つかった。これは瓦の一部しか残っていなかったが、「寺」の文字の左右には東大、大佛殿とあったのかもしれない。

近年の発掘調査によってこれまで謎であった渡辺津の所在地が、天満橋の西側にある天神橋から難波橋にかけての川岸一帯ということが推定できるようになった。そして大川の南岸だけでなく北岸にも同じ時代の遺跡が見つかり、大川の北側にも広がっていたことがわかる。

✣摂州第一の城

後年、大坂が巨大な都市となった理由の一つに、大坂寺内町の存在もあげられよう。大坂寺内町は現在の大阪城の地にあったと推定されており、明応五年（一四九六）に蓮如《れんにょ》が坊舎を建立したことに始まる。その後、天文《てんぶん》元年（一五三二）の天文法華の乱によって山科にあった本願寺が焼亡したため、翌年に大坂に本願寺が移転してきた。それ以降大坂が一向宗の本拠となった。本願寺は室町幕府の管領家である細川氏などの武家勢力とも戦うなか、土塁や堀を構えて防御を固め、「摂州第一の城」といわれるようになった（『足利季世記』天文二年条）。

しかし、武家政権による天下統一を目指す織田信長と対立し、元亀《げんき》元年

図6　渡辺津と大坂本願寺

（一五七〇）から天正《てんしょう》八年（一五八〇）まで戦いを繰り返した。しかし天正八年、正親町《おおぎまち》天皇の仲介によって織田と本願寺は和睦し、その条件をのんで本願寺は紀州鷺森《さぎのもり》に移っていった。この戦で、織田信長は十年にわたって本願寺を攻め続けたが、堀や土塁の強固な防衛ラインに阻まれ、落城させることができなかった。この十年にわたる攻城戦を耐え抜いた大坂寺内の城郭としての堅固さに着目し、織田信長は大坂に城を築こうと考えたのではなかろうか。

✣大阪の特性

渡辺津は重源が渡辺別所を設置した十二世紀末から、織田信長が大坂本願寺を滅ぼした十六世紀後半まで賑わいのある港町として栄えていた。織田信長の事績を記した『信長公記《しんちょうこうき》』には「大坂はおよそ日本一の境地《きょうち》なり。（略）日本の地は申すに及ばず　唐土《もろこし》・高麗《こうらい》・南蛮《なんばん》の舟海上に出入、五畿七道集まりて売買利潤富貴《ふうき》の湊《みなと》なり。（略）」と記す。渡辺津が海外からの交易船も発着する富み栄える港湾都市になっていたのである。信長はこの港湾機能と堅固な城郭としての地形に目を付け、安土の次に大坂に本拠を構える目論見があったのではないか。そして信長の後継者の秀吉もこの大坂の地を「かの地（大坂）は五畿内の中央にして、（略）大船小船、日々岸に着く事、数千艘と云う事を知らず。（略）」（『柴田退治記』）と評価する。大阪の地理的条件が今の大阪を造ったと言えよう。それと、大阪周辺には京や堺などの都市が点在しており、経済的にも裕福な地域であった。それも大阪がもつ特性であった。

第2節　中世大阪の都市群

✣中世の大阪とは

古代、大阪（現大阪市エリア）は難波宮《なにわのみや》（京）が中心核であった。豊臣秀吉以降の近世でも、大坂城とその城下町を中心的な核として都市大阪は成り立っていた。では、中世の大阪ではどうだったのか。

　古代以来の地方政治の中心であった国衙《こくが》（現在の県庁にあたる）は徐々に機能を失い、中世後期の守護所《しゅごしょ》も大阪の地を離れていた。一般に中世は権力が一極集中せず分散していた時代とされ、朝廷・武家・寺社がそれぞれに独自の力をもち、それらが補完・競合しあって国が成り立っていた。

　大阪では、古代以来の歴史をもつ四天王寺、朝廷の支えを背景にした渡辺氏が掌握する渡辺津《わたなべのつ》、そして十五世紀末に小堂からはじまり十六世紀に本山の所在地となった大坂本願寺《ほんがんじ》が核となる都市が成立し、並存したのである。しかしこれらの都市は面積でみる限り大きな違いはなく、かつ近世都市とくらべればずいぶんと狭いものであった。

✣四天王寺と天王寺

　聖徳太子建立の四天王寺を大阪の人は親しみを込めて〝天王寺さん〟と呼ぶ。むしろ四天王寺とはあまり呼ばないかもしれない。一方、四天王寺の位置する

図７　江戸時代の四天王寺　四天王寺図　大阪歴史博物館蔵

地域は天王寺と呼ばれるのがふつうである。つまり、〝天王寺〟は寺院を指す場合もあれば、その一帯を指す場合もあるわけだが、実はこれは中世でも同じだった。

古代の四天王寺は朝廷のあつい保護を受けた大寺院だったが、十一世紀に浄土信仰が流行すると、現世利益《げんせりやく》を願う民衆や貴族たちにいたる広い層から参詣される中世寺院として姿を変えた［大澤 二〇〇六］。なかでも西方浄土《さいほうじょうど》への往生を希求する浄土信仰の高まりによって、寺院西側の空間が浄土の入口として重んじられるようになった。西門とその前の鳥居が寺院の正面性を帯びるとともに、その西側には門前町が広がり、さらに上町台地西側低地や北・東・南に隣接した村をも包括した、ゆるやかな都市的空間〝天王寺〟が成立した［伊藤毅 一九八七、大村 二〇一二］。

その規模を示す史料としてよく知られているのが、明応《めいおう》八年（一四九九）の「天王寺ハ七千間在所」（『大乗院寺社雑事記《だいじょういんじしゃぞうじき》』）の文言である。門前から西へ下ったあたりには浜市が立ち、周辺農村から持ち込まれたさまざまな生産品が売買され、さらに茶道具に使用される壺なども扱われた（『山上宗二記《やまのうえそうじき》』）。発掘でも西門前の遺跡では貿易陶磁が豊富に出土し、職人たちの住まいや工房の跡も確認できる［大澤 二〇一〇a］。

四天王寺が中世末まで継続して都市としての発展をみせていた様子は、発掘ばかりでなく、永禄《えいろく》十二年（一五六九）に織田信長が四天王寺境内に撰銭《えりぜに》令を出

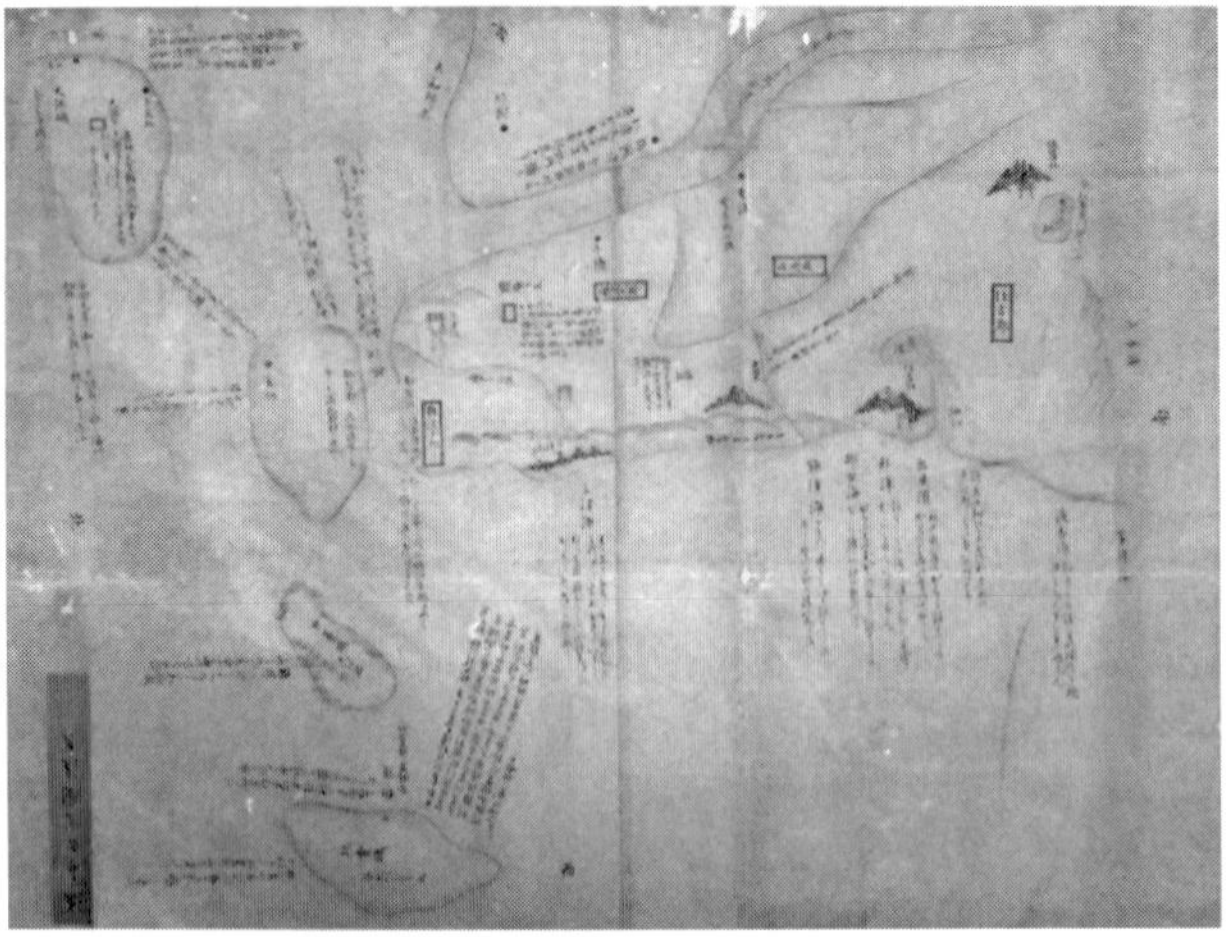

図8　古代の大坂　浪速往古図
大阪歴史博物館蔵

したことでもよくわかる。信長は貨幣流通の円滑化を図る目的に加え、四天王寺で行なわれる経済活動に介入することで、都市支配を強化しようとしたのである。

✣渡辺津と渡辺

延暦《えんりゃく》三年（七八四）に難波宮が停廃され、翌年に淀川と三国川（神崎川）を結ぶ工事が実施されると、難波の地は衰退していくとされてきた。それに歯止めをかけたのが十一世紀からの熊野信仰の高まりで、熊野詣での参拝客をあてこんだ渡辺津の登場と発展がその背景にあったと長らく理解されてきた。

しかし、渡辺津の中心部と想定される現在の天神橋南岸から北浜方面にかけてと、その川向かいの一帯を発掘しても、八世紀以降、十一世紀にいたるまで遺構・遺物が絶えることはない［村元 二〇一四］。この時期はまだ国衙がこの一帯に健在であったと考えられる時期でもあり、単純に難波の地とその港湾機能が衰退したとみることはできない。

渡辺津の港としての機能が高まるのは十二世紀のことである。それは淀川および瀬戸内海航路の水運と熊野街道などの陸上交通路との結節点として、人・物の経由地となったからである。そして渡辺は十五世紀にかけて大川両岸を包摂し、さらに長柄《ながら》（現北区）、福島（現福島区）までを含む広域の呼称としても使用された［大村 二〇〇七］。

渡辺津は皇族・貴族たちの寺社参詣の中継地点となり、朝廷とのかかわりが強い渡辺党が現地を掌握していたから、長らく幕府権力・武家が介入できない場所でもあった［生駒 二〇一二］。

この渡辺津の中心地は大川南岸にあって、東西方向に発達した川沿いの砂《さ》堆《たい》南側にできた入江が港機能を果たし、その東方に熊野参詣等に利用された「浜路《はまみち》」［大澤 二〇〇二］が接していた。津の一帯には、もともと摂津国衙があったとみられるほか、西成郡《にしなりぐん》唯一の式内社坐摩《いかすり》神社をはじめ、熊野参詣の第一王子窪津《くぼつ》（渡辺）王子、そして十二世紀末には東大寺復興を目指す重源《ちょうげん》により渡辺別所《べっしょ》（浄土堂）が建設された。

一方、大川北岸には平安時代以降に天満宮が置かれ、ここには中世に「地下《じげ》町《まち》」という門前の町場があったとする史料も伝わる（「滋岡家文書」）。おそらくこうした寺社ごとの小さな都市がいくつも形成され、それらの集合体として渡辺が成り立っていたのであろう。

渡辺津における関所津料《せきしょつりょう》の徴収権が朝廷によって興福寺・住吉大社などの寺社に与えられていたこともあり、渡辺津は在地・他所にかかわらず、さまざまな権門とつながりをもつ経済的要地だったのである。

✣大坂本願寺と寺内町

中世後期にもっとも隆盛をみせた大阪の都市は、大坂本願寺を中心とした寺《じ》内町《ないまち》（大坂寺内）だった。大坂本願寺は上町台地北端部、現在の大阪城の場所にあった。この場所には古代以来、東成郡《ひがしなりぐん》の式内社生国魂《いくくにたま》神社が鎮座しており、

図９　蓮如による大坂坊舎建立の場面　蓮如絵伝　大阪歴史博物館蔵

その近辺に本願寺蓮如《れんにょ》が明応《めいおう》五年(一四九六)に坊舎を建立し、それが本願寺の大坂御坊《ごぼう》をへて、天文《てんぶん》二年(一五三二)に本願寺が京都山科から移転したことで大坂本願寺が成立した。

蓮如時代から坊舎周辺には職人たちが居住していたが、本願寺成立以降は御《ご》影堂《えいどう》・阿弥陀堂《あみだどう》を核とした境内の周囲に六つの親町と四つの枝町を置き、さらには古代以来の生国魂神社を鎮守として寺内に組み込み、空間的にも社会的にも本願寺が大坂の主導的地位を握った。その結果、本願寺を単核とする求心的な空間構造をもち、それを惣構《そうがまえ》が取り囲むという〝先進的〟な都市が実現されたのである[仁木 一九九四・二〇〇三]。

大坂本願寺は宗教教団のトップでありながら、大坂寺内町の領主としてもふるまい、当地を支配する武家と交渉して諸役免除などの経済特権を獲得した。しかもそれをテコに教団内部の主要寺院を中心とした他の寺内町にも同様の特権が認められるよう交渉し、実現させている。

大阪府内では久宝寺《きゅうほうじ》・富田林《とんだばやし》・大ケ塚《だいがつか》・大伴《おおとも》などがそうである。そしてこれら寺内町は、各地域の核となる在郷町《ざいごうまち》として近世にも続いた。大坂本願寺自体は天正《てんしょう》八年(一五八〇)、織田信長との十一年にわたる石山《いしやま》合戦ののちに大坂を離れ紀州へ退去したが、ここ大坂で成し遂げられた都市としてのさまざまな達成は近世社会に大きな影響を与えたのである。

✣堺と連携した自治都市平野

図10　平野の土塁跡の高まり（左側）

大阪の中心部からやや離れた場所、天王寺の東南、摂津・河内の国境近くに平野《ひらの》（現平野区）があった。ここは平野川に接し、大和街道・中高野《なかこうや》街道などの陸上交通路が交わる要衝だった。

平野川の自然堤防上にあったことから古くから人が居住し、当地の宗教的紐帯である杭全《くまた》神社（熊野権現社）も社歴は長いが、周辺村落からの移住民により都市空間が形成されたのは十六世紀に入ってからのようである。この頃には平野の内部で複数の村（町）で共同祭祀が行なわれており、また戦争に対する守りを固める必要のある時代でもあった。こうした時代の動きが平野という空間を作り出したのであろう［大澤 二〇一〇b］。

平野は宣教師の記録にも名をとどめる富裕な都市であり、結束の固い自治都市でもあった。周囲に堀をめぐらして防御していたことも知られており（『兼見《かねみ》卿記《きょうき》』）、織田信長が上洛し堺に触手を伸ばした永禄十二年（一五六九）には、堺から避難する人たちと道具類を受け入れた（『天王寺屋会記　宗及他会記』）。

平野は最終的に武家の支配下に入ることになるが、天正六年（一五七八）には信長家臣蜂屋《はちや》頼隆《よりたか》の下代《げだい》（代官）による苛政を有力町人の連署によって忌避するなど［本城 一九七九］、町政の実質面においては譲らない部分があったようである。

四天王寺や大坂本願寺のような強力な領主的性格をもつ寺社が核となるタイプの都市ではなく、村落の結合体として誕生した平野は、大阪周辺における都市誕生のもうひとつのありかたをみせてくれる存在である。

✣飛躍する〝大坂〟

大阪にあった中世都市は、それぞれに個性を持ちながら、近接地にあって並存した。そしていずれも当時の都市としてはめざましい発展を遂げたのである。次代に登場した豊臣秀吉は、いわばそうした中世都市に依存する形で大坂城下町を建設した（第Ⅰ章第1節）。この城下町建設により大坂は日本を代表する大都市への階段を昇ることになったわけだが、その前提として中世都市の存在は不可欠なものだった。

とりわけ大坂本願寺の存在は大きな意味があった。本願寺は当時日本最大の仏教教団で、北海道から九州にいたるまで広範に門徒が分布していた。しかも、門徒や本願寺を警護する番衆《ばんしゅう》は全国から大坂へ集結し、門徒が納める懇志金《こんしきん》（お布施の一種）は、本願寺の財政を支えていた。

一方、本願寺はやさしい教義を説いて門徒に極楽往生を確信させ、さらに各地の武将と交流しながらも、ときには武力行使もいとわずに門徒の保護に努めた。こうしたタイプの仏教教団はそれまでにはなかったもので、その結果、大坂へ全国から人・モノが集まるルートが生まれることになったのである。その中心に多くの町人が集住する大坂寺内町が位置していたのである（第Ⅱ章第4節）。

十六世紀後半に大坂の知名度が高まっていった様子は海外で刊行された地図からも確認できる。一五五六年、倭寇《わこう》の取り締まり要請を目的に中国から来日

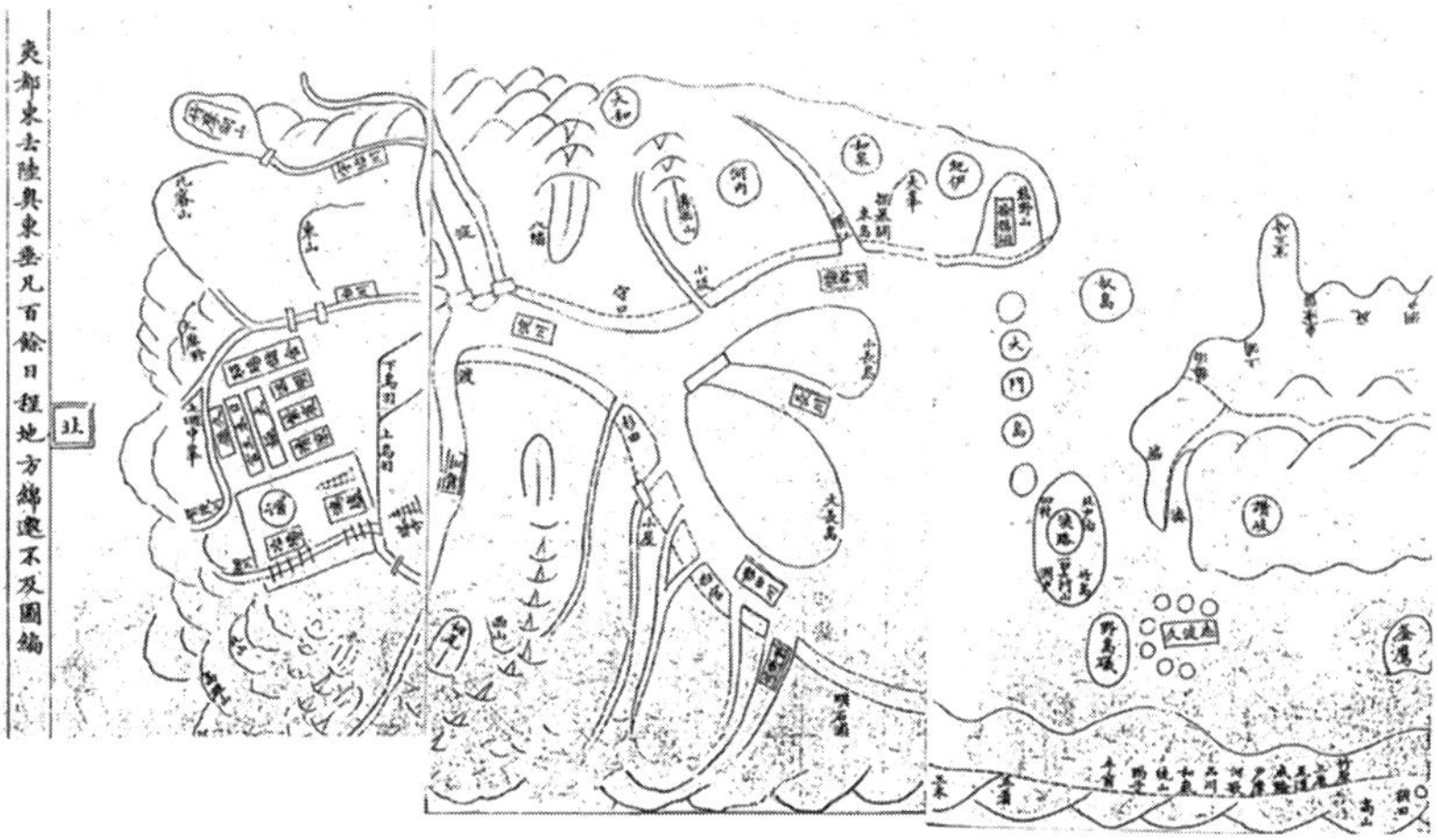

図 11　日本一鑑（木村晟ほか 1996 より転載）

した鄭舜功《ていしゅんこう》がまとめた報告書『日本一鑑《にほんいっかん》』の所収図に大坂は「小坂」と記されている。一方、隣接したはずの渡辺津の名はない［大澤 二〇〇七］。同時期にヨーロッパで刊行されたドラード型日本図のひとつ「Lazaro Luiz 1563」（一五六三年刊）も同様で、「ozaca」（大坂）はあるが渡辺津はない［中村 一九六六］。この近辺を代表する都市であった堺は両者に取り上げられているので、その選択には当時の都市に対する評価・認識が反映されているとみてよかろう。

大坂が渡辺津を凌ぐことができたのは、港の確保が大きな理由だっただろう。当初、上町台地の上だけだった可能性のある寺内町だが、大川に入る唐船《からぶね》が着岸できる港を遅くとも天文《てんぶん》十六年（一五四七）には確保していた。この港により、摂津・河内・和泉に生まれた寺内町との行き来をはじめ、他の港に依存しない流通活動が実現できたことは、都市の自立性確保という点で大きな意味をもつ。三好氏は渡辺氏を通じて同津の支配を試みたが［天野 二〇一〇］、逆に本願寺への介入はできなかったであろう。

本願寺教団という組織を背景に全国とつながるというありかたに加え、その実際の窓口となる港を確保するということが大坂を〝大きな〟都市に育てていったのである。こうした寺社を中心とした都市は中世的な世界である半面、本願寺の集権的な構造はまたその膝下の都市を巨大化させる大きな要因となったのである。その後、秀吉が行なった本願寺の天満・京都への移転指示はそうした側面を利用したものとみられる。

第3節　遺物からみた難波宮廃絶から中世大阪まで

✣古代難波宮・京から近世大坂への流れ

長岡京遷都後の平安時代以降は、難波宮が営まれた上町台地北端部では人びとの活動痕跡が希薄となり、総じて、良好な一括資料が出土する遺構の数も、資料の量も減少する。そうした動きのなかで、以下にあげる二つの地域では遺構・遺物が比較的まとまった形で見える。

一つ目は、難波宮の北西方に位置する大川沿いの一帯だ。遺跡で言えば、大川南岸の大坂城跡北西部から大坂城下町跡北東部にかけて、および大川北岸の天満《てんま》本願寺《ほんがんじ》跡《あと》南部から天神橋《てんじんばし》遺跡南部にかけての地域に当たる。明確な遺構の手がかりはないが、飛鳥・奈良時代においては難波津が置かれたと推定されてきたところだ。時代が新しくなっても、地域支配や交通の拠点として一定の影響力をもち続けたことがわかる。東大寺の新羅江荘《しらぎえのしょう》・安曇江荘《あずみえのしょう》といった荘園もこの付近と考えられている。

二つ目は、四天王寺を中心とした地域だ。七世紀前半に創建されてから現代まで法灯の絶えていないわが国でも屈指の古代寺院だが、周辺の開発はむしろ難波宮の廃絶前後からが顕著になるように見える。いわゆる門前町としての性格をもつのだろう。遺跡で言えば、四天王寺《してんのうじ》旧境内《きゅうけいだい》遺跡、伶人町《れいじんちょう》遺跡および

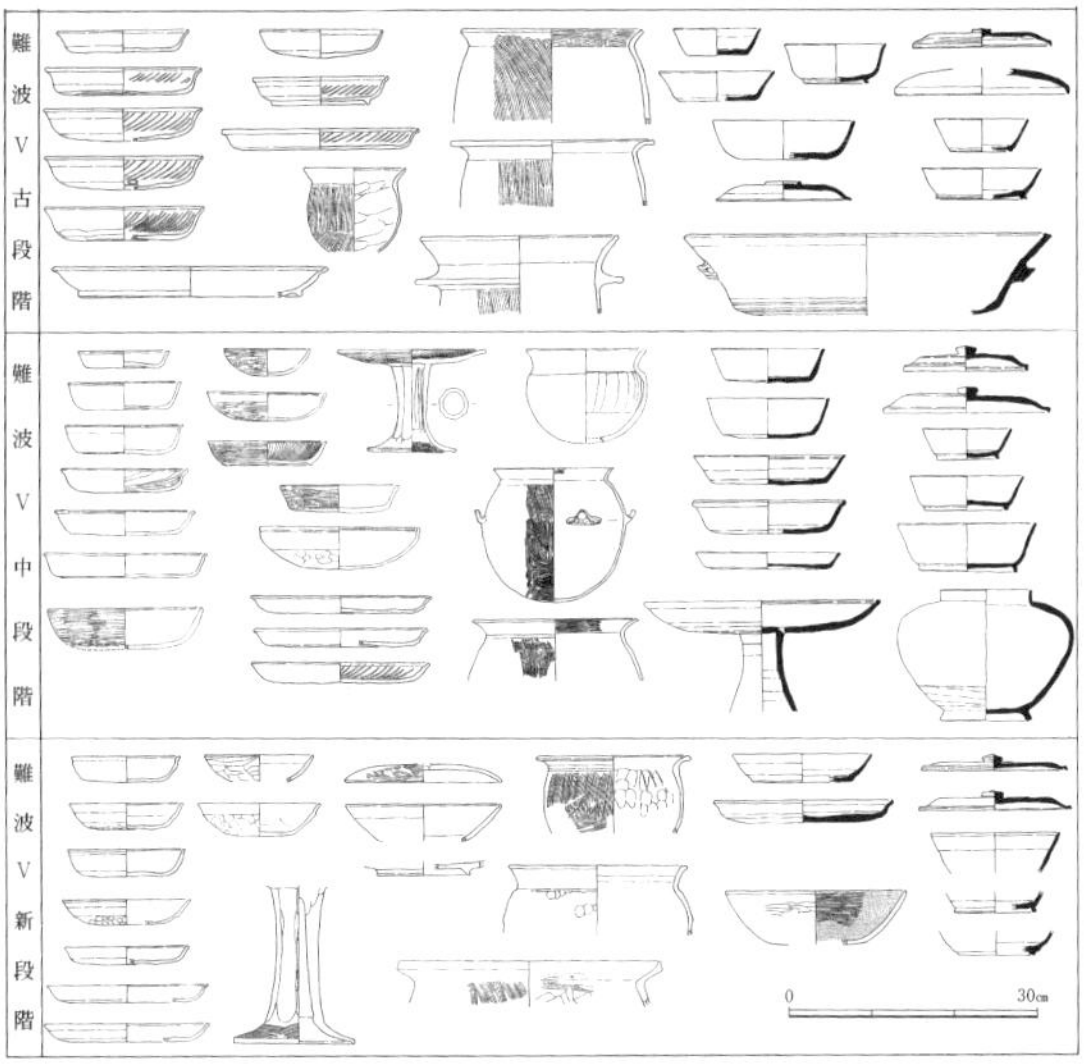

図12　難波地域の土器編年（難波V）

上本町《うえほんまち》遺跡の南部がこれに当たる。

ここでは、土器および陶磁器に見られる変化を中心に据え、それを補完する資料として瓦を用いながら、上記の大川沿いや四天王寺周辺の地域が豊臣期の大坂へ発展していく流れを遺物から追ってみた。

ただし、古墳時代から奈良時代までの古代難波地域や、豊臣期以降の近世大坂に比べると資料が欠落する時期がまだ比較的多い。以下では上記二地域の特記すべき資料をあげて、その特徴について述べていくが、必要に応じて他地域の資料も援用して紹介したい。

✣平安時代の様相

上町台地周辺では、平安時代の遺構・遺物の分布は上記の二地域に概ね集中する［村元 二〇一四］。九世紀から十一世紀を通じて大きな傾向は変わらない。ただし、そのうち大川沿いの地域に関しては、九世紀代には残っていた台地上の遺跡が十世紀以降はほとんど姿を消し、大川北岸や現在の東横堀川周辺といった沖積地に限られてくる、という変化が見過ごせない。

九世紀代とされる遺構・遺物を再検討すると、土器は五世紀から九世紀初頭にかけての土器編年［佐藤 二〇〇〇］における最終段階の難波V新段階に当たるものが大半で、九世紀中頃や後半に降るものはほとんど見られない。

こうした状況は四天王寺周辺でも同様で、上本町遺跡の調査（UH09—2次）では、難波宮の廃絶前後に谷を埋め立てるといった大規模な土木作業が確認さ

図13 大川周辺における平安時代の軒瓦（縮尺1／6）

れている。

同調査地で見つかった八世紀前半の橋脚は、難波京の実在を物語るうえでは重要な遺構だが、その後、八世紀末から九世紀初頭にかけて谷が埋め立てられる行為は、条坊制とは異なる開発としての位置づけが必要だろう。その北西では掘立柱建物群が検出された事例もある。出土した土器の主体は同様の時期だが、緑釉《りょくゆう》陶器を含むことから九世紀第1四半期頃までは存続したと考えられる。九世紀中頃や後半には、緑釉陶器や灰釉《かいゆう》陶器がまとまった形ではないが散見される。また、詳細な絞り込みは難しいとしても、大まかに平安時代前期と言えそうな軒瓦《のきがわら》はいくつかの地点で出土している（図13）。そのなかには平安京出土瓦と同じ文様をもつものが含まれる。

これらの地域と平安京の人びととが何らかの関わりをもっていた可能性はあるが、土器のまとまった資料が見られない事実は、関係が希薄であったことを示す。

十世紀に入ると、平安京と共通する形態の土師器《はじき》皿を伴う資料が見られるようになる。中央区内淡路町《うちあわじまち》一丁目の調査（ＯＳ96―52次）で出土した資料はその数少ない例だ。この頃から十二世紀にかけて、しだいに遺構や遺物の量が多くなってくる。

こうした現象は二つの地域に限ったことではない。かつて平野区長原《ながはら》遺跡一帯の遺構・遺物の消長について検討したことがある［佐藤 一九九二］。九世紀に

図14　北区菅原町出土の土師器皿

入って希薄になるが、十世紀末から再び増えてくることを荘園の再開発と結び付けて考えた。この動きは多少年代が前後することはあるが、周辺地域においても広く見られる傾向にある。

✣鎌倉時代～室町時代の様相

鎌倉時代、特に十三世紀に入ると上述の二地域では多くの遺構・遺物が見られるようになる。

大川北岸に位置する北区菅原町の天神橋遺跡の調査（ＴＪ00―2次）では、平安時代の土器や緑釉・灰釉陶器、軒平瓦《のきひら》なども出土しているが、明確な遺構から土器群が出土するのはやはり十二世紀末頃以降だ［大文協 二〇〇二b］。この調査地では十四世紀後半の遺構・遺物が注目される。堀や井戸、礎石、多数の柱穴などが検出され、多量の土器や陶磁器が出土した。

とりわけ目を引くのは土師器皿（図14）の多さで、中世京都と共通する形で土師器を大量に消費していたことを示す。何らかの儀式や宴会で使用した土器を繰り返し投棄したと考えられる。

陶磁器には中国から輸入した青磁・白磁（図15）を多く含むとともに、当時はまだ広く流通していなかった初期の備前焼擂鉢《すりばち》なども見られる。こうした遺構・遺物の特徴から、この調査地一帯は渡辺津（⇒渡辺党の拠点）の一部だった可能性が高い。ただし、この調査地ではこの時期以降、豊臣期までの間の遺構・遺物が激減する。それに比べると、大川南岸の東横堀川沿いでは比較的

図15　北区菅原町出土の輸入陶磁器

そうした断絶がなく、豊臣期までつながっていくように見える［松尾 二〇〇六］。代表的な調査地をあげておこう。

中央区北浜東の調査地（OS11―16次）は、上述した天神橋遺跡調査地の大川をはさんだちょうど対岸に位置する。十三世紀以降の資料として、土師器羽釜《はがま》を積み重ねた井戸をはじめ、多くの柱穴、土坑などが見つかり［大文研 二〇一二e］、破片ではあるが、多くの中国産青磁・白磁が出土している。この調査地でも十五世紀前半頃の土坑から土師器皿が大量に出土している（図16）。

これに続く十五世紀中頃から十六世紀にかけての遺構・遺物も異なる調査地では見られる。中央区内平野町《うちひらのまち》三丁目の調査（OS90―31次）、同内平野町三丁目・内淡路町《うちあわじまち》三丁目の調査（OS93―47次）、同高麗橋《こうらいばし》一丁目の調査（AZ87―5次）、同道修町《どしょうまち》一丁目・平野町一丁目の調査（OJ91―2次）といった調査地において、溝あるいは大溝と呼ぶべき遺構から土師器や瓦質《がしつ》土器、中国産磁器などが出土している。

一方、四天王寺周辺でも、遺構・遺物の増えてくる時期に大きな違いはない。また、土師器皿が集中して出土する遺構が見られること、中国産磁器が多く含まれることも同様である。

土師器皿の良好な一例としては、天王寺区四天王寺二丁目の調査（ST95―9次）の溝出土資料がある。中世京都のものと見分けがつかないほど上質につくられた皿と、法量だけを合わせて在地の工人がつくったとみられる粗雑な皿

図16　中央区北浜東出土の土師器皿

図17　平野区長吉六反一丁目の青花磁器碗

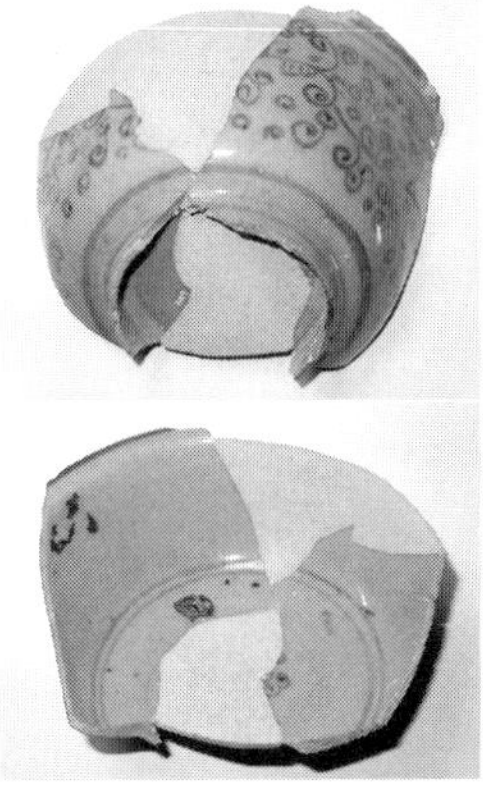

とが共存する。前者は天文元年（一五三二）に焼亡した山科本願寺の遺構から出土するものとよく似ており、暦年代推定の手がかりとなる［佐藤 一九九六］。

✣その他の中世集落

また、上記の二地域以外で周辺に集落域が形成されたと考えられる寺社としては住吉大社がある。これまで大規模な発掘調査の機会がなくて断片的な知見にとどまっているが、良好な一括資料が得られることもあり、中世京都との関係をうかがわせる土器も見られる［市川 二〇一三］。

それ以外にも大阪の中世を語る遺跡はまだまだある。淀川区加島《かしま》四丁目の富《ふ》光寺《こうじ》境内遺跡では、賀島荘の一部と考えられる十三世紀から十四世紀の良好な資料が得られている。

また南方の平野区では、周囲に環濠をめぐらせた平野のまちや、平安時代中期以後にいわゆる条里制地割に基づく本格的な開発が行なわれていった長原・瓜破《うりわり》・喜連《きれ》東《ひがし》の遺跡群などがある。喜連東遺跡では平安時代後期から室町時代にかけて営まれた墳墓堂群が見つかっている。

長原遺跡における近年の調査では、長吉六反《ろくたん》一丁目において長さ七〇㍍以上に及ぶ室町時代の堀が検出され、大阪市内の出土例としては最古級の中国産青《せい》花《か》磁器碗（図17）も見つかった。中世から近世にかけて、周辺では一面に田畑が広がっていた。この調査地の辺りは耕地化されなかったごく限られた範囲と言える。六反集落のもともとの中心だった地域と考えられる。

第4節　大阪と石山

✣大阪のはじまり

現在、大阪府という広域の自治体の名称としても使用されている大阪は中世にさかのぼって確認される地名である。

ただし、中世では大阪の用字は多様で、「大坂」の用例が多かったものの、「小坂」「尾坂」と書かれることもあった。読みは「おさか」が一般的だったようだ。江戸時代に入ると「大阪」も使われるようになり、明治元年(一八六八)に大阪府が設置されてから、「大阪」が定着したのである。「大坂」は「坂」が土偏に反と書き、「士にもどる」=消え去る、と解釈され、好まれなかったといわれている。

大阪という地名は、明応《めいおう》五年(一四九六)に本願寺蓮如《れんにょ》が書いた『御文《おふみ》』に登場する「摂州東成郡生玉ノ庄内大坂」が有名である。しかしそれより早く、正安《しょうあん》三年(一三〇一)までに成立していた『宴曲抄《えんきょくしょう》』にすでに「九品津、小坂、郡戸の王子」という記述があり〔大澤 二〇〇二〕、現在のところこちらが大阪の初見となる。

その当時の大阪は、現在の大阪府とはくらべものにならないくらい狭い範囲の場所だった。「生玉ノ庄」は上町台地北端(現大阪城地)にあった生国魂神社

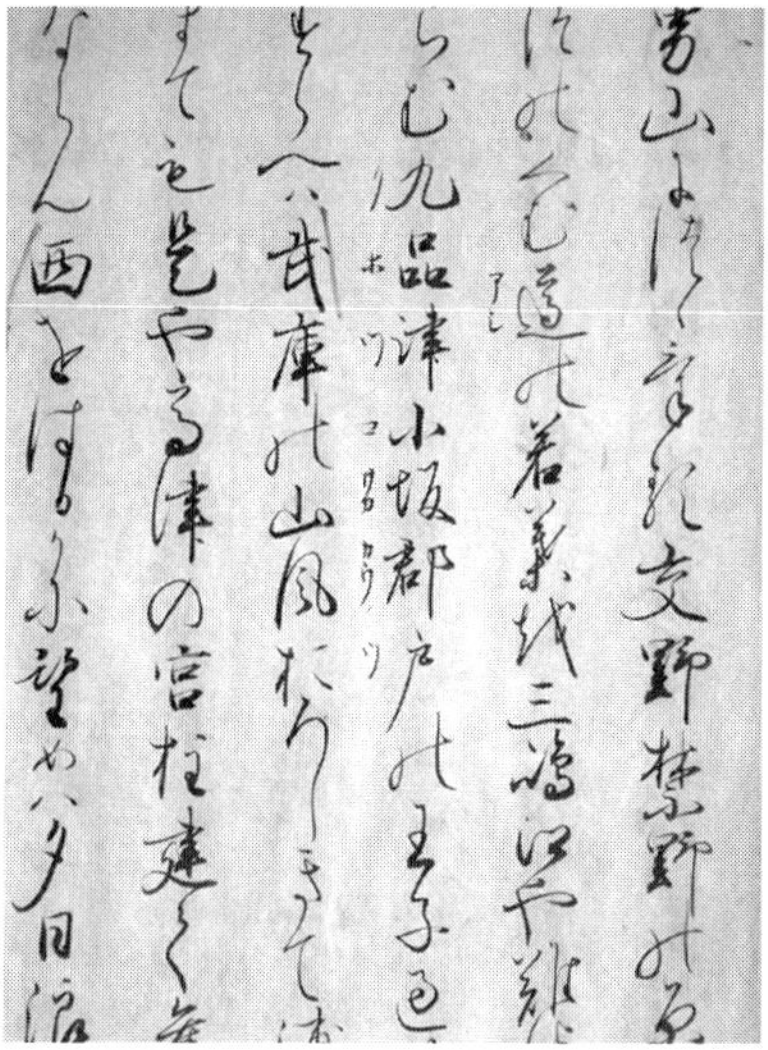

図18　宴曲抄　国立公文書館蔵

に由来しており、『宴曲抄』の「小坂」は上町台地西斜面にあった熊野参詣の坂口王子(中央区神崎町)付近を指した。また、本願寺蓮如も渡辺津付近の船上から上町台地を眺め、和歌に「大サカノ山」と詠んでいた。

これらの表現をみると大阪とは、急斜面だったことが復元されている上町台地北部から西部にかけての一帯[大文研他 二〇一四]を指す地名だったことがうかがえる。

✤石山の登場とその意味

大阪は、十六世紀に大坂本願寺が成立したことで一気に全国区の名前となった(序章第2節)。ところが、大坂本願寺はその後なぜか長らく「石山本願寺」と呼び慣わされることになり、現在でもこの呼び名は根強く使用されている。「石山」という呼称は大坂本願寺が存続した期間の史料にはみあたらないので、当時の呼び名でないことは明らかだし、実際には十七世紀半ば以降になって本格的に使用されはじめたことがわかっている[吉井 一九九六]。

ところが、十六世紀末の段階で大阪を「石山」と呼んだ史料のあることが確認された。博多の豪商神谷《かみや》宗湛《そうたん》はしばしば畿内を訪れ、武将や豪商たちとの茶会の様子を自身の日記『宗湛日記』に書き残したが、そのなかで宗湛は慶長二年(一五九七)三月十三日、大坂城で豊臣秀頼《ひでより》と昼食をともにした時のことを「大坂石山御城ニテ」と記しているのである。

宗湛はこれ以前にも数度大坂城での茶会に参加したことがあり、その際は

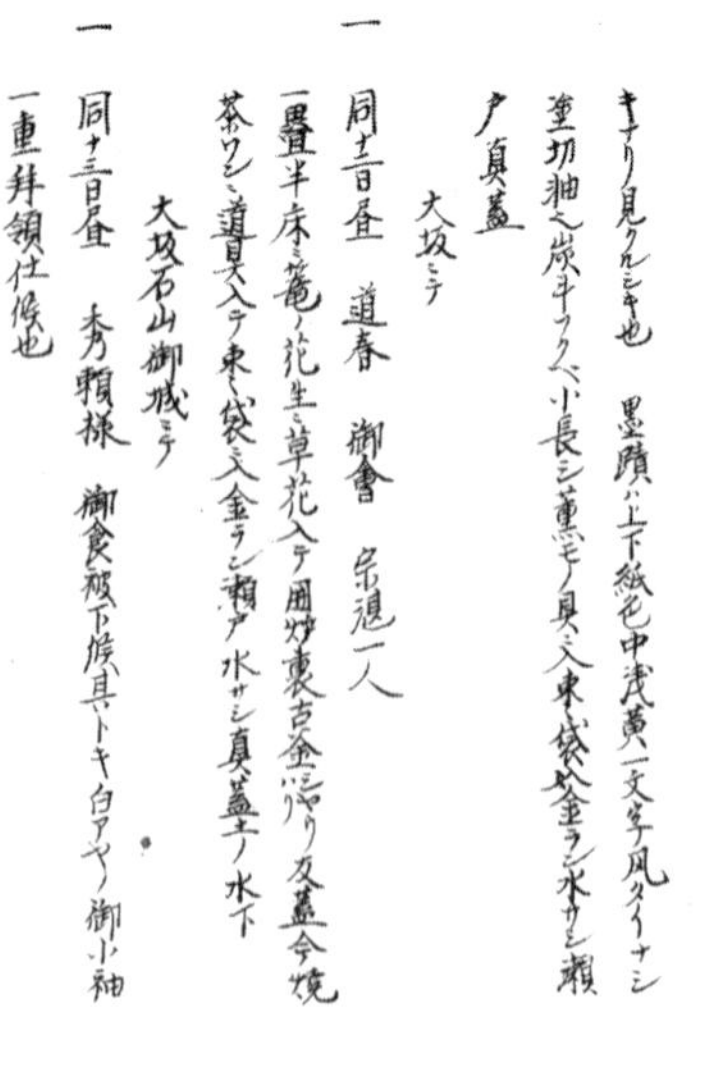

図19　宗湛日記　国立国会図書館蔵

「御城」や「大坂御城」とだけ記していたにもかかわらずである。宗湛はおそらくこのとき初めて大坂城を「石山御城」と呼ぶのを耳にしたのではないだろうか。そのため、わざわざ「大坂」と説明的に書き添えたのであろう。大坂・京都に知己が多い宗湛ですらこの状態だったことを考えると、「石山」の呼称はこの時期まだ市民権を得るにはほど遠い段階だったと推測される。

『宗湛日記』の文脈から推すと、「石山」は大坂城関係者のあいだで口端にのぼった言葉と思われる。大坂城の様子は織田信長の安土城の規模を大きく凌ぐものであり(『フロイス日本史』)、かつ大石を多用し、堀底から石を積む最新の技術で築城されていたと、驚きをもって記録されている(「大友宗麟書状」)。二ノ丸まで石塁で囲い込み、他の城とは隔絶したスケールを持つ大坂城が見る者に強い衝撃を与えたことは想像に難くない。

そうした総石垣造りの巨大城という姿が「石山」＝石でできた山(のような城)という代名詞を生み出したと考えてみてはどうだろうか。シンプルでありながら大坂城の画期性をよく表現した言葉ではないかと思うのである。

江戸時代前半であれば大坂城が大坂本願寺の故地だったことはまだ記憶されていただろう。大坂城(徳川期を含む)の雄姿が信長との長期の戦争に耐えながら、跡形もなく失われた大坂本願寺に投影され、「石山本願寺」の呼称が生まれたと考えるのは想像のしすぎだろうか。

第Ⅰ章　豊臣時代の大坂

金箔押桐文方形飾瓦
大阪市指定文化財

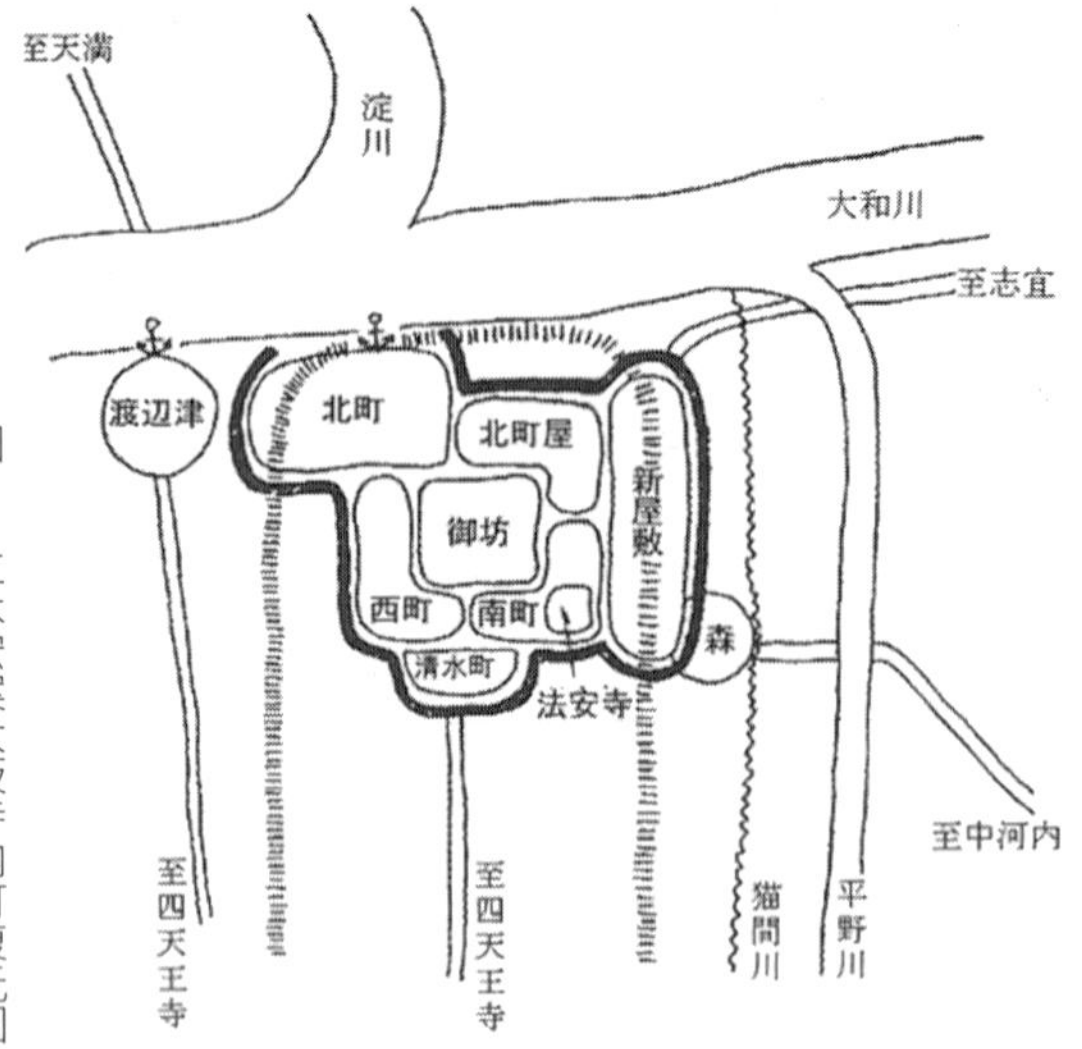

図1　仁木宏案大坂寺内町復元図
（仁木一九九四より転載）

第1節　豊臣大坂城下町の建設と拡大過程

✣秀吉、大坂を取る

天正《てんしょう》十年（一五八二）六月、羽柴秀吉は主君織田信長に謀叛《むほん》を起こした明智光秀を山崎の合戦において倒し、柴田勝家と並ぶ織田家家臣団の有力武将の一人となった。そして織田家の後継者と遺領配分を話し合った清須《きよす》会議において、柴田勝家の主張を退け、自らの主張を通した。

その後、翌天正十一年四月にはライバルであった柴田勝家を賤ヶ岳《しずがたけ》の合戦において滅ぼした。この合戦に勝利し織田信長の後継者となった秀吉は、大坂を領有していた池田恒興《つねおき》を美濃大垣に移し、大坂を自らの本拠地とし、同年九月から大坂に大坂城を築いたのである。

秀吉が大坂城を築く前、大坂には一向宗の本山である大坂本願寺《ほんがんじ》とその寺内《じない》町《まち》があった。本願寺教団は戦国大名とも合戦をする武装勢力で、武家政権の確立を目指す織田信長とも戦いを続けていた。しかし、信長との十年に及ぶ戦いで本願寺は降伏し、紀伊鷺森《さぎのもり》に移った。信長はその跡地に新しい町を建設するつもりではなかったかと推測されている。しかし、その目論みは明智光秀の謀叛によって潰えてしまった。

大坂の寺内町は六つの親町と四つの枝町で構成されていたが、それらの配置

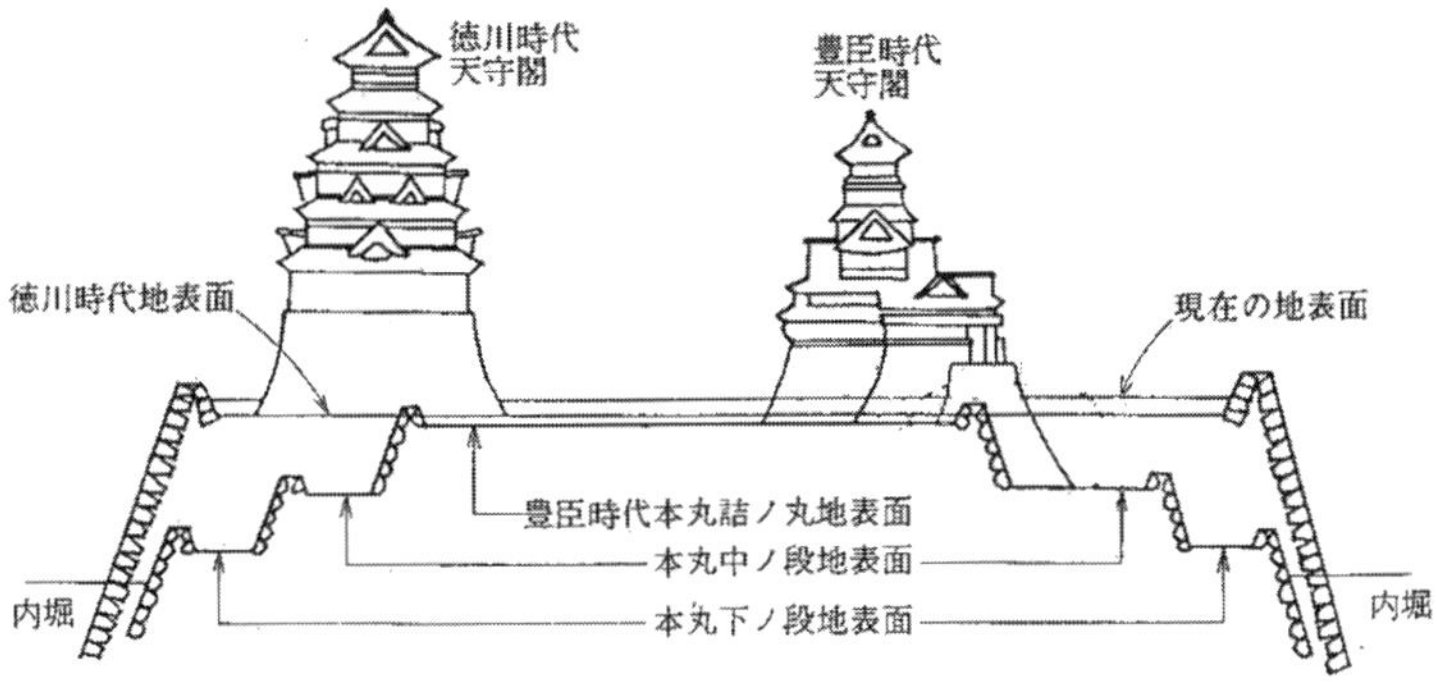

図2　大坂城の断割

や寺内町の形にはいくつかの説がある(図1)。大坂本願寺の場所については大阪城二ノ丸説と法円坂《ほうえんざか》説があるが、過去六十年にわたって発掘調査を実施している法円坂一帯では、古代の宮殿遺跡である難波宮の遺構は検出されるものの、本願寺と推定できる遺構は見つかっていない。こうした理由で、発掘調査はほとんどないが、大阪城内がその所在地と推定できる。

また、当時、日本に来ていたポルトガル人宣教師ルイス・フロイスがイエズス会に送った報告には、「(秀吉は)信長が六年間包囲した大坂の地に、別の宮殿と城郭、ならびに新市街の建設を開始した。」との記載があり、秀吉が本願寺の跡地に大坂城を築いたことが判明する。

✣大坂城の建設

大坂城の築城工事は天正十一年九月一日から始まった。当時、大坂に来ていた京都の神官である吉田兼見《かねみ》は日記(『兼見卿記』)に「今日より大坂普請」と記している。

秀吉は本丸から工事に着手した。本丸の姿は徳川幕府の大工頭であった中井家に伝わる豊臣大坂城本丸図によっておよそ知ることができる。本丸は広い平坦地が広がる現在の姿ではなく、下ノ段、中ノ段、詰ノ丸からなる三段構造で、それらを囲むように堀がめぐっていた(図2)。

詰ノ丸は天守や秀吉の家族が暮らす奥御殿が建つ大坂城の中心となる曲輪である。詰ノ丸の下にある中ノ段には表御殿があり、秀吉が政治を行なう場所で

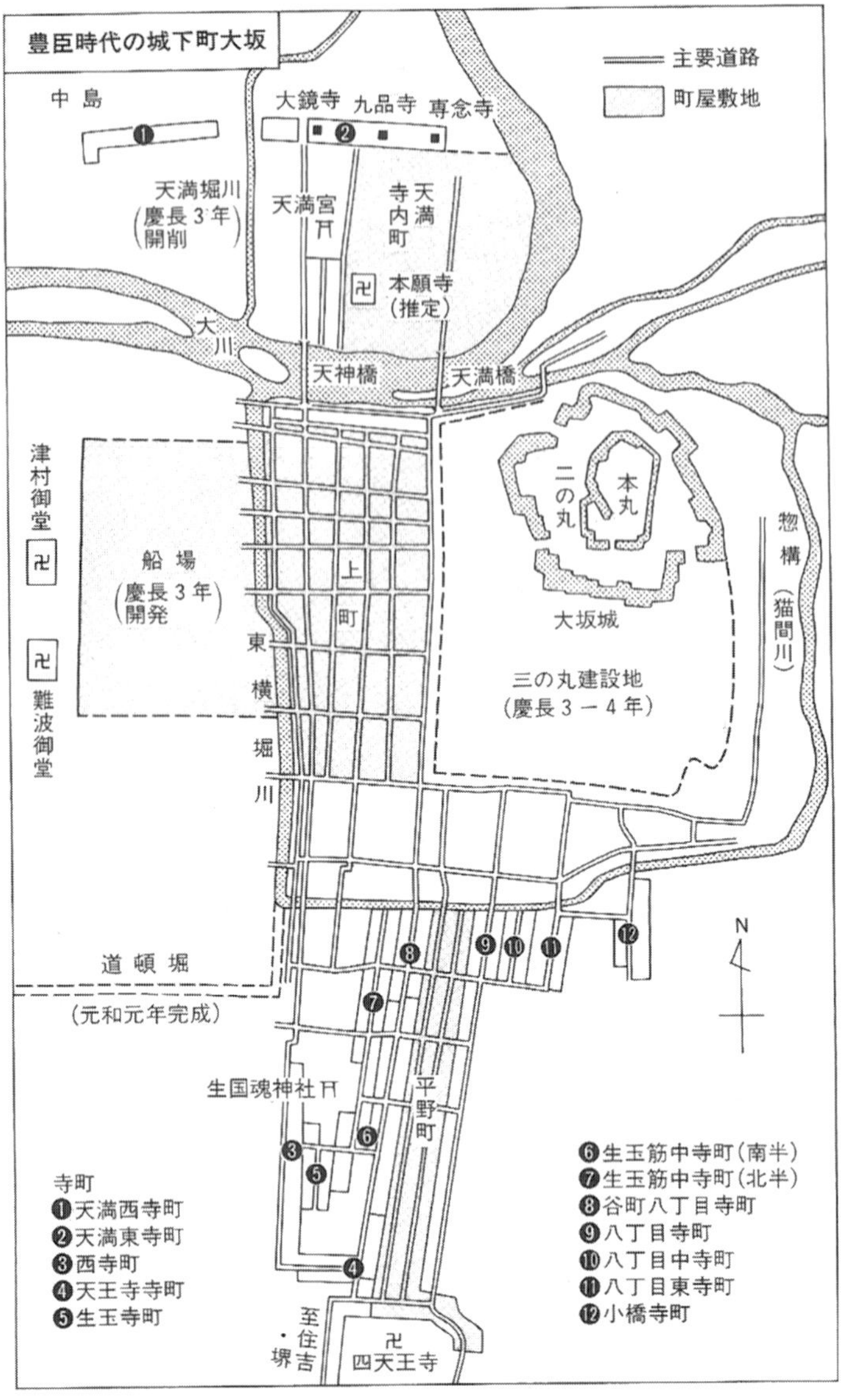

図3　内田九州男説大坂城下町（内田一九八九より転載）

あった。この表御殿の西側に、二ノ丸と通じる桜門があるが、この位置と虎口の構造は徳川大坂城とは異なっている。天正十三年に天守も完成し、本丸の工事は終了したようだ。

✣大坂城下町の誕生

本丸工事とほぼ同時に大坂の城下町の建設も始まったようで、吉田兼見が築城工事の始まりを記した九月一日の前日、八月三十日に細川忠興《ただおき》の大坂屋敷の普請現場を訪れ、細川屋敷の周囲にも多くの侍屋敷が建設されている様子を記しつつ、「在家天王寺へ作り続く也」と記している。大坂城辺りには多くの武家屋敷が建設され、四天王寺まで町屋が建ち並んでいる様を目の当たりにしている。大坂城普請と同時に城下町も建設されていたのである。

　吉田兼見が目にした町屋は四天王寺まで続いていることから、上町台地上の南北平野町であることが明らかにされている（図3）〔内田 一九八九〕。その街区の構造は南北方向の道路の両側に奥行き二十間の短冊型の敷地を並べた両側町を形作っている（図4）。城下町はそこだけでなく、大坂城から西の船場方面へも同じように建設されていたと推測されるようになった。

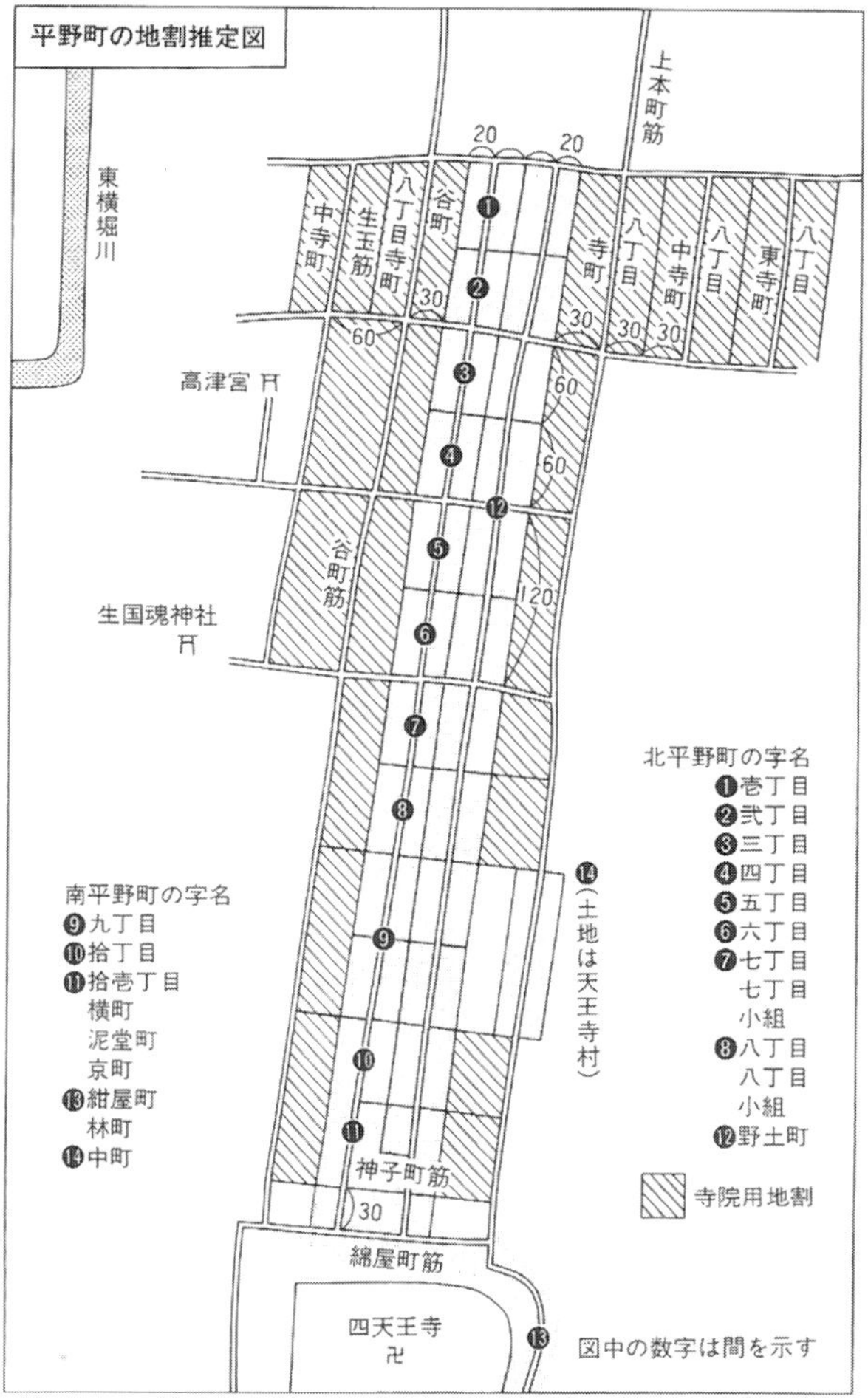

図4　内田九州男説平野城下町（内田一九八九より転載）

　その場所は大坂城二ノ丸北西部から西の高麗橋《こうらいばし》へと伸びる島町《しままち》通りを基幹とした東西方向の町で、島町通りと北の石町《こくまち》通り、その北にある崖下の土佐堀《とさぼり》通りを含めた三条の東西通りがそれに当たる（図5）。

　島町通りの南に面する街区は、奥行き二十間で、四天王寺まで続く城下町も奥行きは二十間と同じ基準で設計されている。島町通りと北の石町通りとの間も二十間となっている。島町通りの南にある釣鐘町《つりがねまち》通りから南の大手通りまでの東西

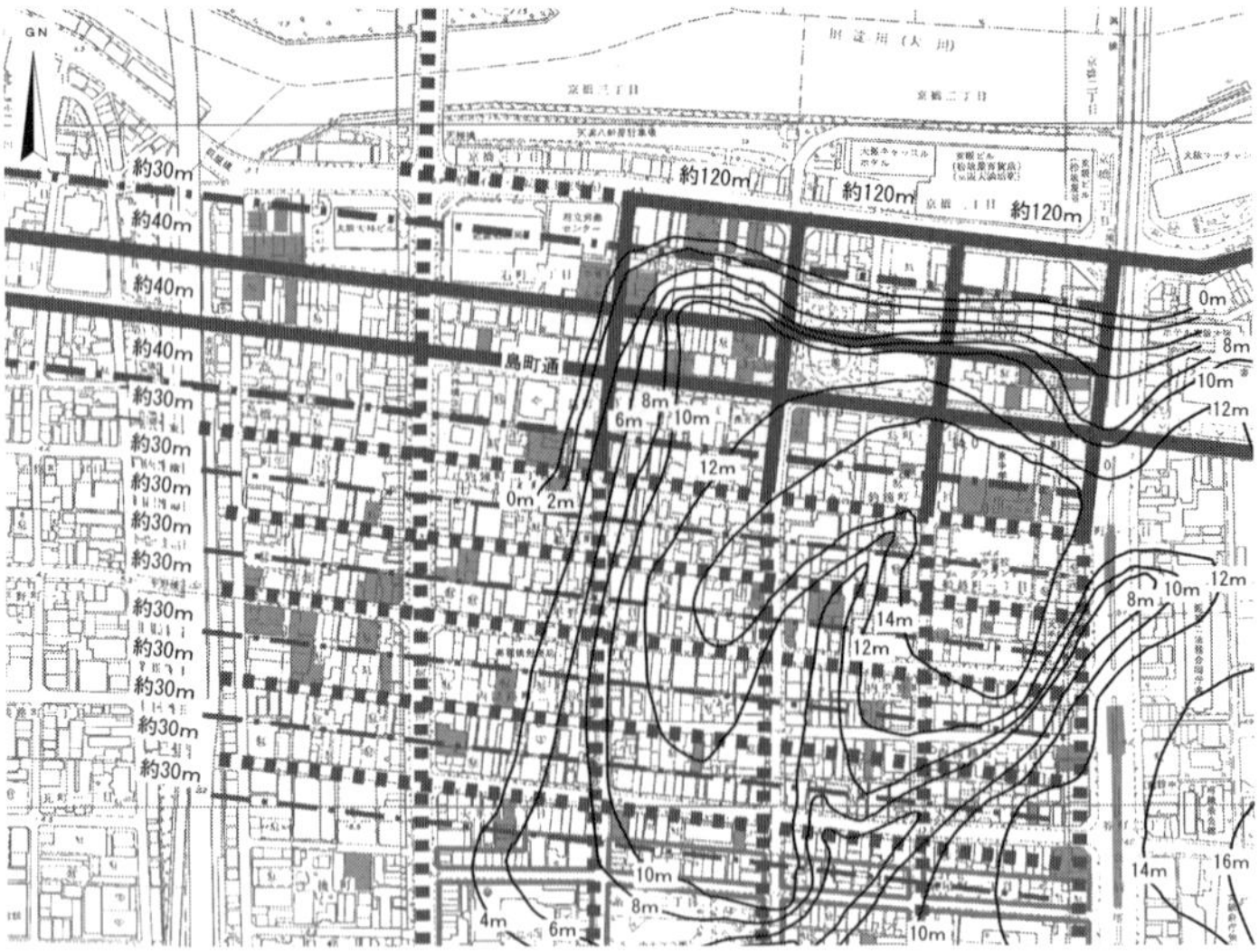

図5　上町北部の町割

道路に面する街区の奥行きは十五間で、街区の奥行きが違う基準で設計されており、建設時期が遅れると推定している。

島町通りは高麗橋を渡ると高麗橋通りにつながるが、大坂城工事が着手された天正十一年段階は、高麗橋が架かる東横堀川はまだ開削されていなかったと地理学の研究によって推定されている。島町通りは陸続きで高麗橋通りへと続いていたというのだ(口絵2参照)。

同様に、島町通りの北の石町通りも高麗橋通りの北にある浮世小路《うきよこうじ》へと直線でつながっていたと想定できる。土佐堀通りは上町台地北端では大川に沿ってゆるやかにカーブするが、東横堀川の西の北浜の通りにつながっていたとみてよい。

天正十一年頃は島町と高麗橋通り、石町と浮世小路、土佐堀通りと北浜通りで構成される東西方向の城下町と、四天王寺へと伸びる南北方向の平野町城下町が大坂の町人地として意図的に建設されたのだった。

これら二つの城下町は、大坂城下町を繁栄させるために建設されたもので、四天王寺へと続く平野町城下町は、室町時代から商工業都市として繁栄していた四天王寺門前町を大坂に吸収することを目的とし、高麗橋通りへと続く島町通りの城下町は、中世渡辺津の港湾機能を取り込むことを目的としたものと考える。大坂に基盤のない秀吉は、それまで繁栄していたさまざまな都市的な要素を自らの城下町に取り込むことで大坂城下町の繁栄を考えたのだろう。

図6　聚楽第碑

✣大坂城二ノ丸工事

天正十三年(一五八五)七月、秀吉は関白《かんぱく》に任ぜられ、九月には豊臣姓を賜っている。さらに天正十四年正月から大坂城二ノ丸工事に着手し、二月からは京での政庁として聚楽第《じゅらくだい》の建設工事が始まった(図6)。秀吉の権力が日増しに高まっていった時期である。

大坂城二ノ丸工事には中国地方の大名が参加したようで、「大坂ニハ中国之大名ノボリテ普請アリ、人足七八万、又ハ十万人」と記されている(『貝塚《かいづか》御座所日記《ござしょにっき》』)。大坂城二ノ丸は本丸を取り囲むようにあったのだが、その姿は同時代の絵図が残っていないためによくわかっていない。徳川大坂城の二ノ丸(現在の大阪城外堀までの範囲)とほぼ同じ規模だったと推定している。

秀吉の栄進に伴って、大坂には多くの人びとが移住してきたようで、フロイスの『日本史』には、

「旧城の城壁や濠は、このようにすべて新たに構築された。そして宝物を貯え、武器や兵糧を収容する多数の大いなる地下室があったが、それらの古い部分は皆新たに改造され、警備のために周囲に設けられた砦は、その考案と美観において新建築に属し、とりわけ天守閣は遠くまで望見できる建物で大いなる華麗さと宏壮さを誇示していた。(中略)街はすでに一里以上に達し、そこには豊富に食料品が充満し、腕利きの職人たちが居住している」

と大坂が巨大都市として繁栄している様子を伝えている。この頃に建設されたのが、島町の南にある釣鐘町通りから大手通りまでの街区ではないかと考えられる。

大坂城の二ノ丸工事は天正十六年三月に終わったようで、「（三月）晦日、（略）世上花盛也、大坂普請モヨウヨウ周備云々」（『多聞院日記《たもんいんにっき》』）と記す。この後、しばらく築城工事の記録は見えない。この段階で大坂城がひとまず完成したと考えていたのであろう。

✤大坂城増強工事

二ノ丸工事の最中、京都の聚楽第が天正十五年六月に完成し、秀吉は大政所《おおまんどころ》や北政所《きたのまんどころ》を伴って聚楽第に移り、翌年四月には後陽成《ごようぜい》天皇を聚楽第に迎えた。そして天正十八年には関東の北条氏を降し、天下統一を果たした。この頃が秀吉の絶頂期だった。

ただ、自らの実子に恵まれなかったために、後継者問題で頭を悩ますことになった。翌年、最も血筋の近い甥の秀次《ひでつぐ》に関白の座を譲り、自らは太閤《たいこう》として伏見に築いた隠居屋敷で国政の舵取りを続けることにした。その二年後の文禄二年、待望の男子である秀頼《ひでより》が誕生したのだった。秀吉五六歳の時である。

秀吉は秀次に関白の座を譲ったことを悔やみ、秀次への不信を増大させ関係を悪化させていった。こうした中、文禄三年（一五九四）から大坂城を広く取り囲む惣構《そうがまえ》工事が始まった。惣構工事は大坂だけでなく伏見城でも始まった。こ

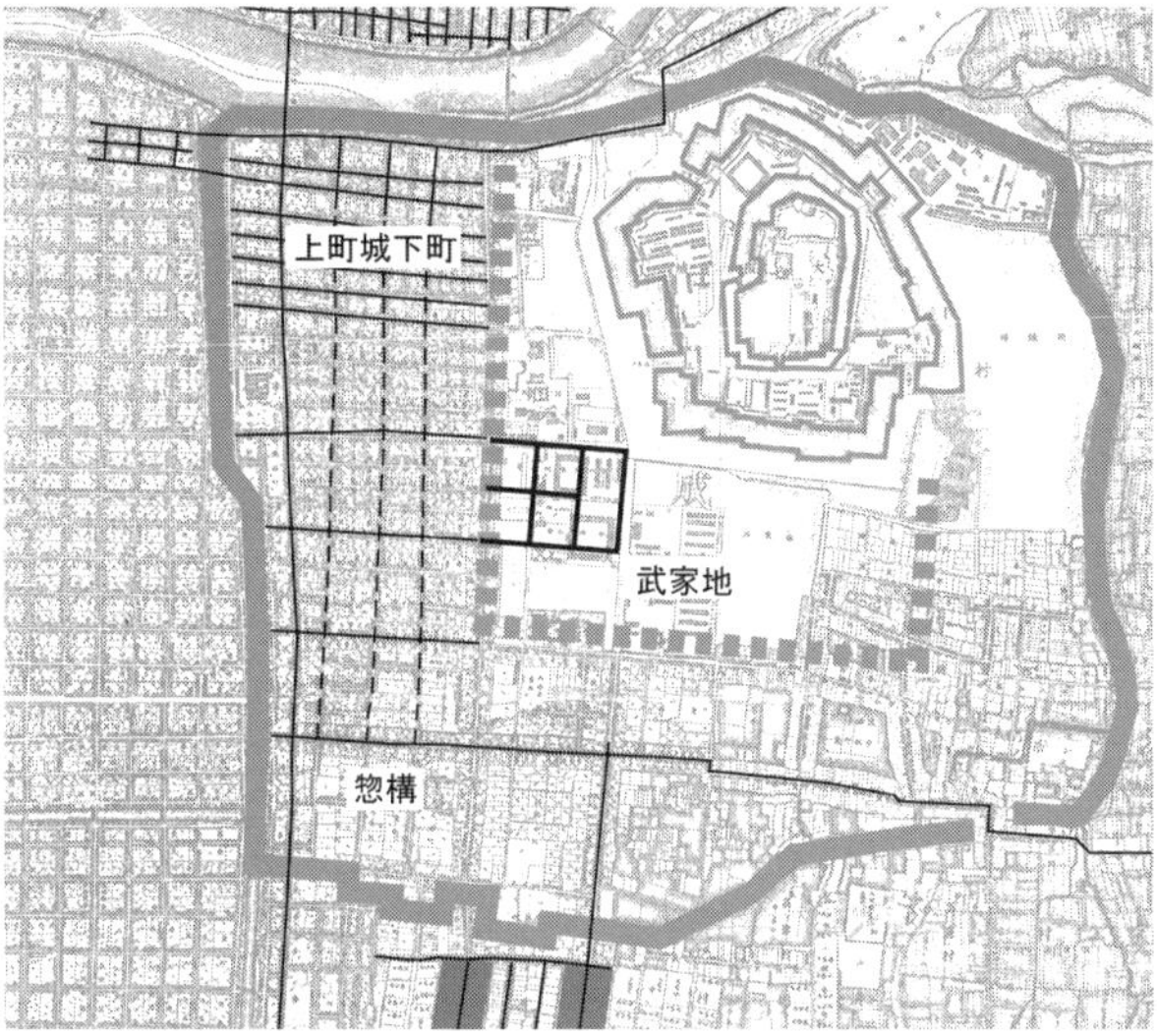

図7　大坂城惣構

れらの工事は聚楽第にいる関白秀次への威嚇ではないかともいわれ、翌文禄四年に高野山で自裁《じさい》させるに至った。数少ない親族の男子を自ら抹殺したことで、豊臣家の存続を危ういものにしてしまった。

　大坂城の惣構は、北は大川を利用し、東は猫間《ねこま》川(現在の大阪環状線付近)を改修し、西は東横堀川を開削し、南は上町台地を横断するように清水谷《しみずだに》などの谷地形を利用しつつ空堀《からぼり》を掘り、大坂城とその周囲の武家屋敷地や町人地を広く取り囲んだ(図7)。この時の工事で天正十一年の築城工事とともに建設した四天王寺までの町人地や高麗橋通りの町人地は郭外の町となった。

　文禄五年(一五九六)七月十二日深夜、上方を巨大地震が襲った。伏見城にいた秀吉は難をのがれたが、伏見城は建物の多くが倒壊し、使えなくなったため、七月十五日から新たな場所に伏見城の築城工事が始まった。

　大坂では地震の痕跡は発掘調査では確かめられていないが、当時の記録には「大坂の市では屋根瓦で覆われた家々やその他の諸建築物の大部分が、とりわけ川沿いで倒壊し、噂によると六百人以上が倒壊によって押しつぶされたという」とフロイスの報告がある。

✣秀吉の願い　夢のまた夢

　慶長三年(一五九八)、六二歳になった秀吉は嫡子秀頼が幼いことを案じ、その将来に不安を覚え、大名たちに大坂城の膝下に家族を住まわせる屋敷地を建設させた。その場所は大坂城南部の法円坂《ほうえんざか》から玉造《たまつくり》や清水谷付近や大坂城と谷

図8　豊臣後期の大坂

町筋までの間で、発掘調査でも武家屋敷地を囲う堀や、たくさんの金箔押瓦が見つかっている。

この工事をフロイスはイエズス会に「(前略)太閤様は〈日本中で〉もっとも堅固な大坂城に新たな城壁を巡らして難攻不落なものとし、城内には主要な大名たちが妻子とともに住めるように屋敷を造営させました」と報告している。

大名屋敷建設に併せて、それまでそこに住んでいた町人や寺院を惣構の外に新たに建設した船場の城下町に移転させた。

船場の城下町は奥行き二十間の両側町で、最初に建設された高麗橋通りの南に造られた伏見町《ふしみまち》から南本町《みなみほんまち》付近までである。そこには豊かな町人が多く住んでいたようで、発掘調査では桃山の茶陶と称される彩り豊かな陶磁器が大量に出土する。また、城下町の周縁部にも巨大な建物跡が見つかっており、町人地の外側に武家屋敷が建てられていた。そして町人地も南本町以南にも広がり、博労町《ばくろうまち》や順慶町《じゅんけいまち》あたりまで広がったようだ(図8)。

主君信長の安土城を凌ぐ絢爛豪華《けんらんごうか》な大坂城。豊臣家の本拠地としての大坂。国内各地や海外各国からも新しい文物が入ってくる大坂。多くの町人で華やぐ大坂。それは秀吉が夢見た新しい都市であった。

第2節　豊臣大坂城の構造と見つかった石垣

✣秀吉の大坂城

人間味あふれる個性的なキャラクターとして描かれることの多い秀吉の人気と、火中で自害したとされる淀君《よどぎみ》・秀頼の悲劇性とが相まって、大坂城は豊臣家興亡の象徴として幾多の物語の舞台となってきた。ただその実態となると、徳川氏による再築時に地中深く埋められ、また特別史跡として遺跡が保護されていることもあり、学術的な意味ではいまひとつ把握できていなかった。

ただ近年の研究動向では、近世城郭への画期として信長の安土城よりも秀吉の大坂城を重視する見解がある［中井 二〇〇八］。大友宗麟《そうりん》が「三国無双」と賞した豊臣期の大坂城——とくにその本丸——について明らかにすることは、史跡の学術的な価値を高め、その実像を広く伝えるために、極めて大きな意味をもっている。2節では、これまでに発掘調査により見つかった遺構などをもとに、豊臣期の大坂城本丸について論じたい。

✣総合学術調査で検出した豊臣期石垣（図14—A地点）

まず紹介するのは、現在の天守閣前の広場で一九五九年に検出され、豊臣期大坂城の調査研究に先鞭《せんべん》をつけた石垣である［村山 一九八四］。現在は空井戸状のコンクリート製縦枠の底に保存され、時折一般に公開されている（図9）。

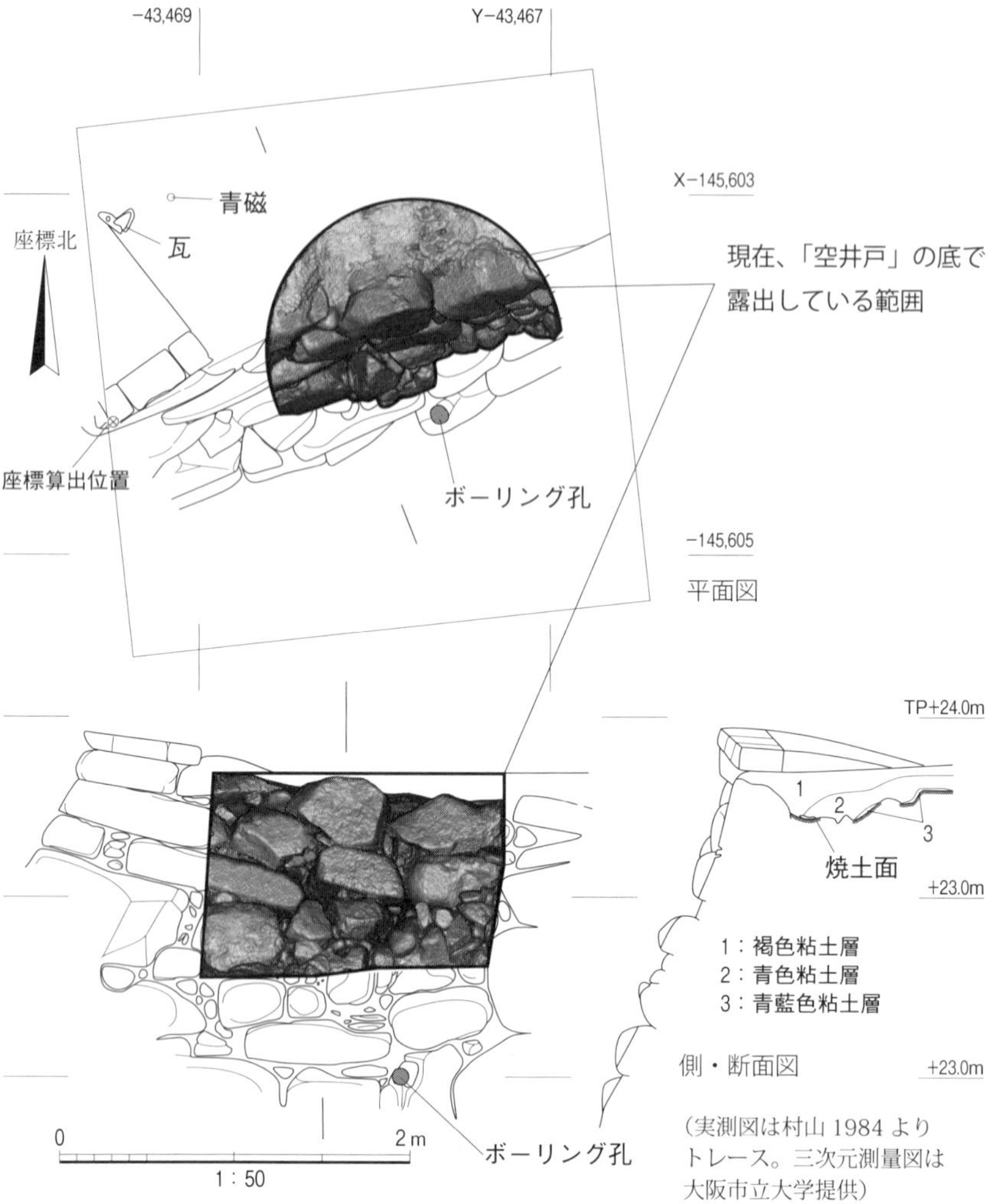

（実測図は村山1984よりトレース。三次元測量図は大阪市立大学提供）

図9　1959年発見の石垣（図14-A地点）

当初は諸説あったこの遺構の性格について、現在では豊臣期大坂城の中ノ段と下ノ段をつなぐ石垣であるとする見解に異論はないだろう。石垣はおおよそ東西方向に延び、西端で北へ屈曲している。後述する中井家本丸図と現在の大阪城（＝徳川期の大坂城）の対応を考える際に定点として用いることができるという意味で、隅角部を検出しえたことは極めて重要な意味がある。発掘調査では鉛直高《えんちょくこう》にして二・〇㍍を検出したが、ボーリング調査の知見と併せれば、少なくとも四・七㍍の高さがあることがわかる。

石垣の傾斜角度は約七〇度と急勾配で、反りを持たず直線的

図10　豊臣期大坂城中枢部の石垣

である。石材は花崗岩《かこうがん》を主体とし、斑《はん》れい岩《がん》を含む。築石部《つきいしぶ》は自然石による野《の》面《づら》積みで、矢穴《やあな》痕を観察できる石材はない。いっぽう隅角《ぐうかく》部は矢穴痕こそ観察されないものの、直方体状に整形された粗石《あらいし》を用いており、初現的な算木《さんぎ》積みが行なわれている。こうした諸特徴を現在の研究状況に照らすと、この石垣が豊臣期のものであることはまず間違いないといえる。

✣豊臣期大坂城の中枢部の石垣（図14―B地点）

その後、現本丸の東部、金蔵の東側で一九八四年度に実施されたOS84―17次調査で、二例目となる豊臣期石垣を検出する［大文協 一九八五・二〇〇二a、図10］。この石垣は豊臣期大坂城の中枢部である詰ノ丸の南東隅に位置し、詰ノ丸と中ノ段をつなぐものと考えられる。この調査では、南北二箇所の調査区が設けられ、このうち南区では、出隅《ですみ》部に当る石垣を検出した。東西に延びる石垣と南北に延びる石垣とが鈍角に接続している（図11）。

鉛直高は五・七㍍であり、石垣の傾斜角度は約七〇度で明確な反りをもたず、断面形状は一九五九年発見のものとよく似ている。ただ石材の大きさについては顕著な差異が認められ、当調査で検出した石材の方が、一九五九年発見の石垣より明らかに大きい。詰ノ丸は豊臣期大坂城の中枢部であり、とりわけ立派な石垣が築かれた可能性が高い。

また石材の種類については、花崗岩を主体とする点では共通するが、古墳時代の石棺未製品が転用された凝灰岩《ぎょうかいがん》や古代の礎石を転用した花崗岩が用いられ

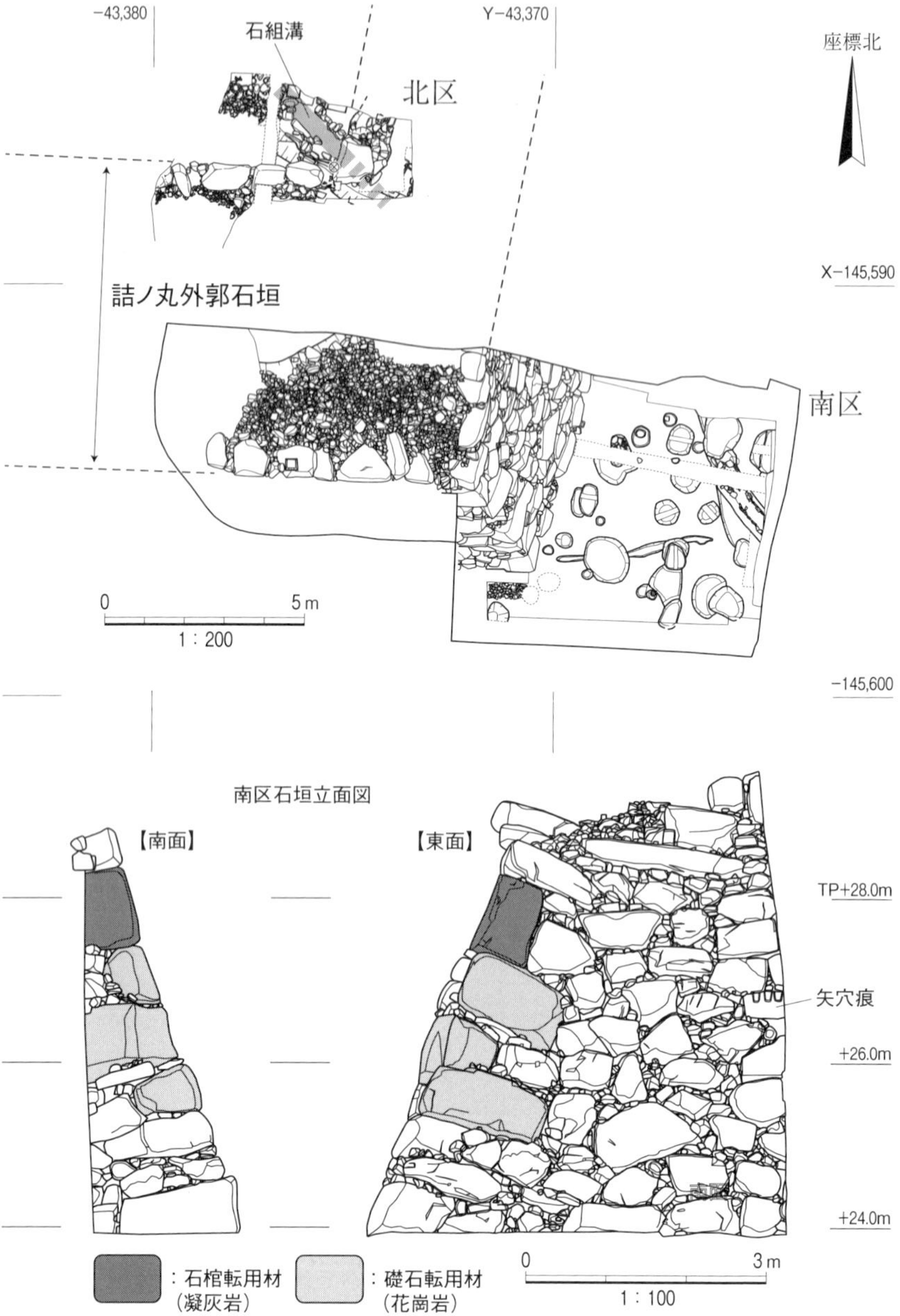

図 11　中枢部石垣の実測図（図 14- B 地点）

ていることなどは、一九五九年発見の石垣には認められなかった特徴である。

　これらの二石の転用石材は長辺が一・〇㍍以上ある大型の石材で、いずれも隅角部に使用されている。詰ノ丸を荘厳するに相応しい石材として石垣に組み込まれたのだろう。また石材の大小はあるものの、石垣の構築技術については、築石部は野面積み、隅角部は算木積みであり共通している。こうした諸特徴と出土遺物から、この石垣も豊臣期のものであることがわかる。

　一方、北区では、詰ノ丸外郭の入隅《いりすみ》部を構成する石垣や、石垣に潜り込む石組溝を検出した。最下段の石材しか残存しなかったため石垣の高さは〇・四㍍に留まるが、本来はさらに数段が上部に積まれていただろう。石材は花崗岩を主体とし、裏込めには緑色片岩や石臼なども含まれている。また、隅角部の石は石組み溝の蓋石を兼ねている。

✣豊臣期大坂城の埋没状況

　上記のような発掘調査成果のほか、約一五〇箇所で実施されているボーリング調査の成果に基づき、豊臣期大坂城がどのように埋没しているか、すなわち現在の大阪城本丸の地図（＝徳川期大坂城本丸の縄張り）と豊臣期大坂城本丸の縄張りとがどのように重ね合わせられるかを考えてみたい。なお、詳しくは拙稿［市川二〇一五］を参照されたい。

　重ね合わせ図については、宮上茂隆による先駆的な研究がある。宮上は建築学の立場から、中井家本丸図の精緻な観察と綿密な計算に基づいて研究を積み

図12　芦田曲輪の石組溝（図14―C地点）

図13　聚楽第の石垣（京文セ二〇一三より転載）

重ねた［宮上一九六七、渡辺・宮上一九九四］。

宮上の研究成果は、当初の復元案が示されたのち約半世紀の時を経た現在でもなお、豊臣期大坂城の埋没状況を考えるうえでまず参照すべき学術的水準を保っている。ただその後、豊臣期大坂城の芦田曲輪に当たる図14―C地点において現地表下約四・五㍍で豊臣期の遺構を確認するなど［大市教・大文研二〇一一、図12］、豊臣期大坂城について考える材料は増えている。現在得られているデータと照合した場合に齟齬《そご》が認められる部分があることは否めない。

そこで図14として、現状で得られているデータに対し、もっとも収まりがよい重ね合わせ案を示した。

✤秀吉の城としての大坂城

近年、秀吉が築いた主要な城郭に関する学術的研究が急速に進んでいる。本節で紹介した大坂城のほか、陵墓とされこれまで立ち入りの難しかった伏見城でも学術的な調査が緒に就いたし［大阪歴史学会二〇一四］、聚楽第でも二〇一二年の発掘調査により本丸南辺の石垣がその雄姿を現した［京文セ二〇一三］。

戦国期から近世への過渡期として、豊臣期の研究が果たす役割は大きい。そして城郭は、軍事拠点であると同時に為政者の権力と支配の象徴でもある。大坂城をはじめとする秀吉の城郭の研究が、日本史研究全体に資する部分大であるとする所以である。

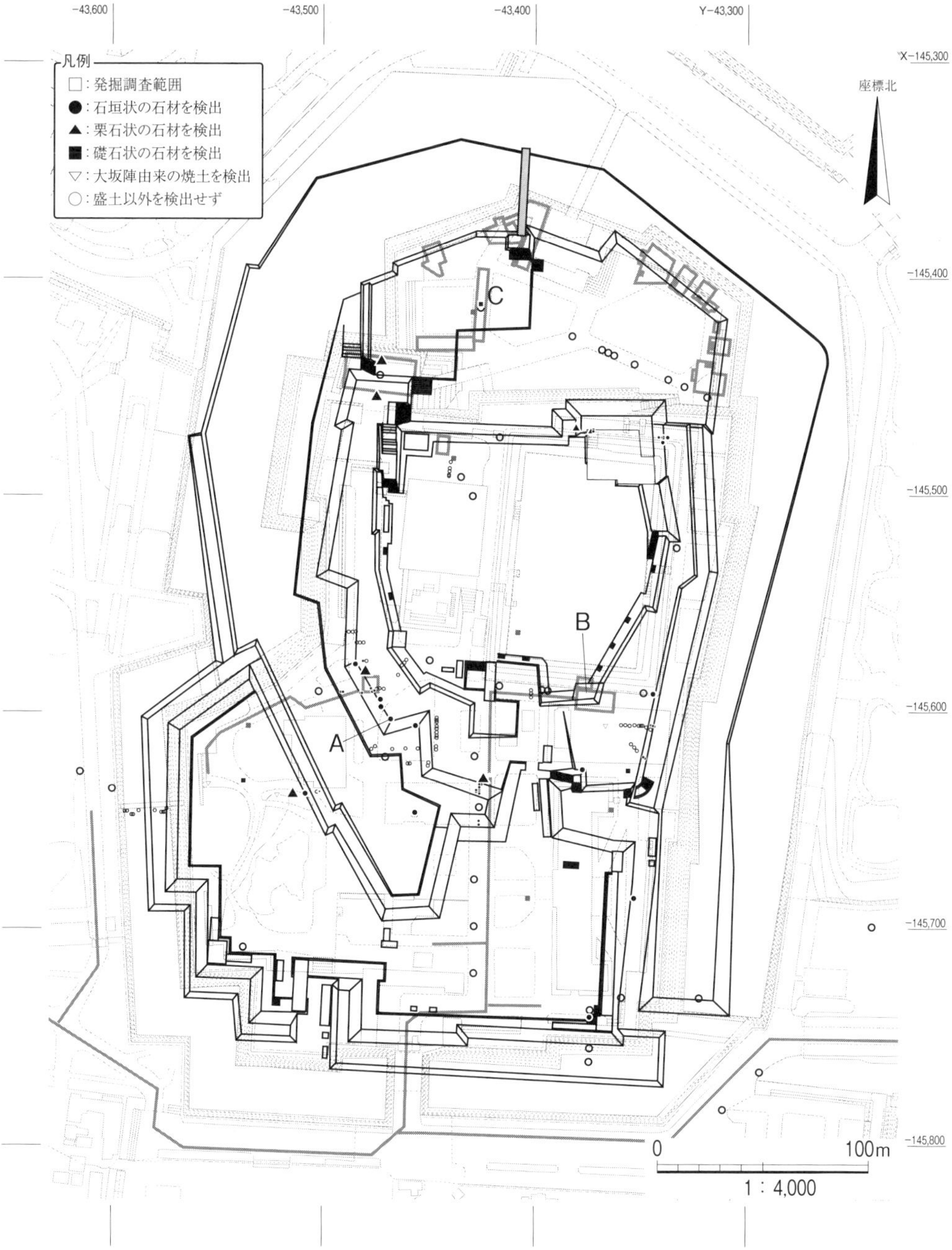

図14　豊臣期大坂城本丸と現在の地図（≒徳川期大坂城）の重ね合わせ図

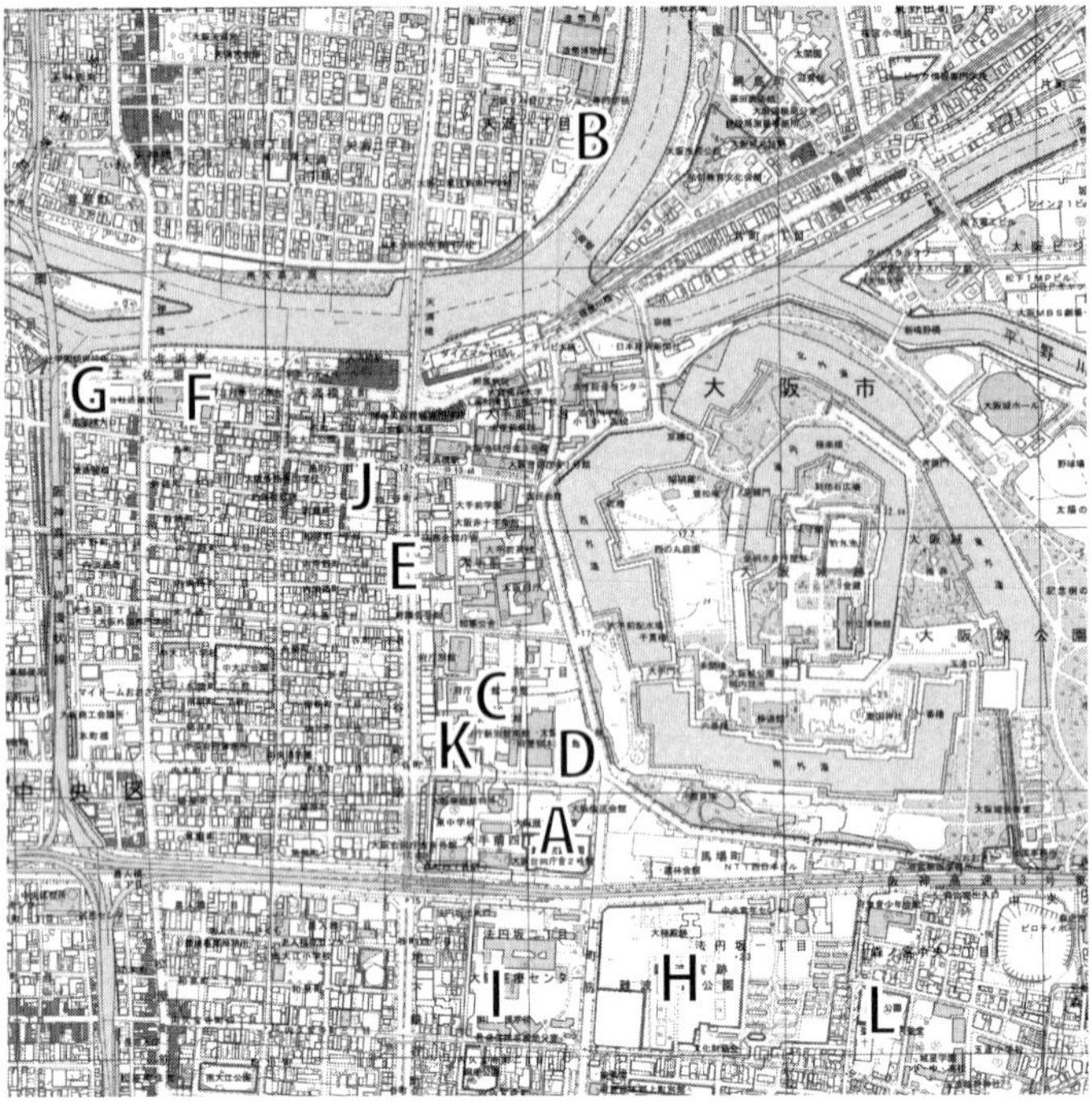

図15　大名屋敷関連地点

第3節　大坂にいた大名と発掘された武家屋敷

近世の城下町は、武家地と町人地、寺社地とが空間的に区分されていたことが特徴である。しかし、豊臣期の大坂に関しては、武家地と町人地が混在していたと評価されていた[渡辺 一九八三]。その後、遺跡の発掘調査が進むにつれて、大名屋敷の配置や具体的な家名に関する情報が蓄積されてきた。まだまだわかる範囲は限られているが、発掘資料から豊臣期の大名屋敷を見てみたい。

武家屋敷と町屋とでは空間の使い方(構造)に違いがある。すなわち、町屋が表通りに向かって母屋《おもや》(商家の場合は見世《みせ》店《だな》)があるのに対して、武家屋敷は塀で囲まれた中に建物が置かれ、屋敷内に空間地が多い点が特徴である。そして、武家屋敷の規模の大きなものが大名屋敷と考えてよい。

これまでに発掘調査で、遺構配置などから大名屋敷と判断されたのは次のような事例である。

✣豊臣前期の大名屋敷跡

大坂築城の開始とともに大名屋敷の建設も始まったが、発

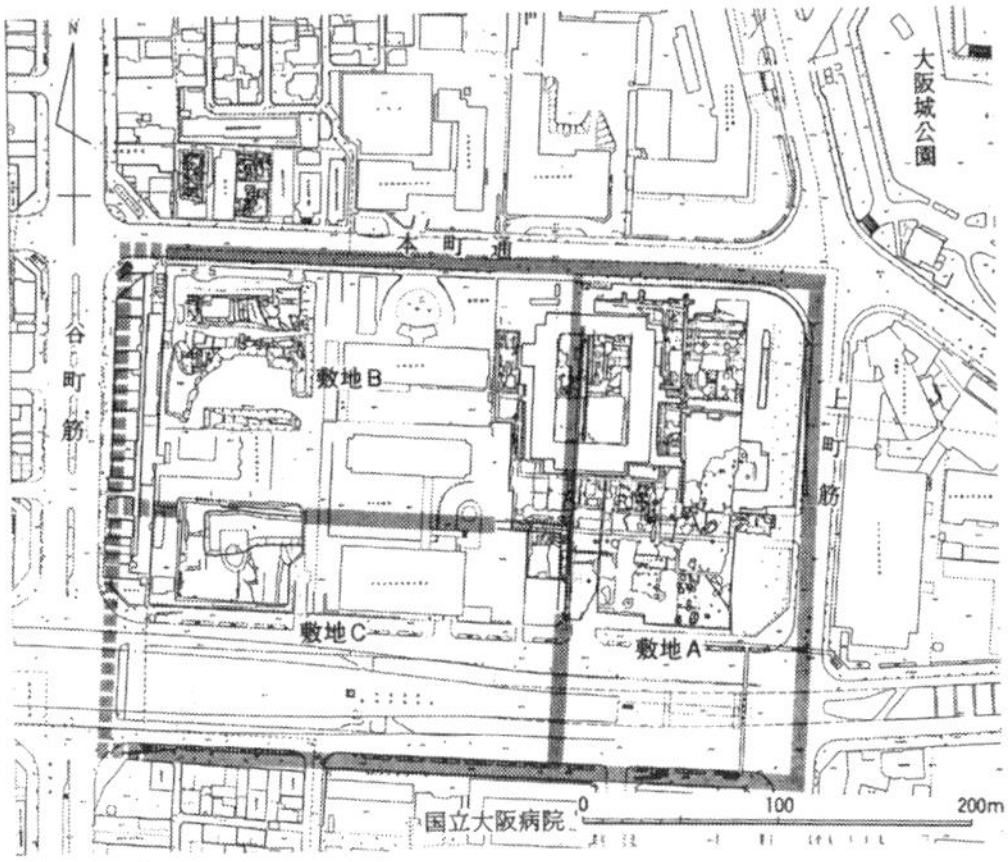

図 16　大名屋敷の地割復元（地点 A）

図 17　金箔押沢潟文方形飾瓦（地点 A）
大阪市指定文化財

掘調査で豊臣前期の大名屋敷が確認できた事例は少ない。

地点Aは現在の大阪歴史博物館・NHK大阪放送会館の敷地である。屋敷地を区画する南北の塀とL字形に屈曲する幅四・八～三・六㍍、深さ約三㍍の堀が見つかった。これらにより三つの屋敷地に分かれていたことが確かめられた。屋敷地の広さは約一二〇㍍×二四〇㍍と推定され、豊臣期大坂城下における大名屋敷を考える上での一つの目安になっている。そのうち一つの屋敷地からは金箔《きんぱく》押《おし》沢潟《おもだか》文《もん》方形《ほうけい》飾瓦《かざりかわら》が出土し、豊臣秀次の屋敷の可能性が指摘されている［中村博 一九八九］。ただし同じ街区の西側でも発掘調査が行なわれているが、当地とは状況が異なっており、関係性については不明な点が多い［大文協 二〇〇二a］。

地点Bは大川に面した天満の川岸に立地する。溝または道路によって区画された、東西約五五㍍（推定）、南北三五・二㍍の屋敷地が復元されている。川側には護岸の石垣が構築され、河原への出入口も見つかった。天満では天正十三年（一五八五）から本願寺を核とした城下町建設が始まるが、この地は本願寺とは直接かかわらない大名屋敷の可能性がある［大文協 一九九七a］。

✣豊臣後期の大名屋敷跡

秀吉は、慶長三年（一五九八）、自らの死の直前に大坂城下の大改造を命じた。その目的の一つは、大坂城下に東国大名の屋敷を、伏見城下に西国大名の屋敷を再配置する計画に伴って、そのための用地を確保することであった。これに

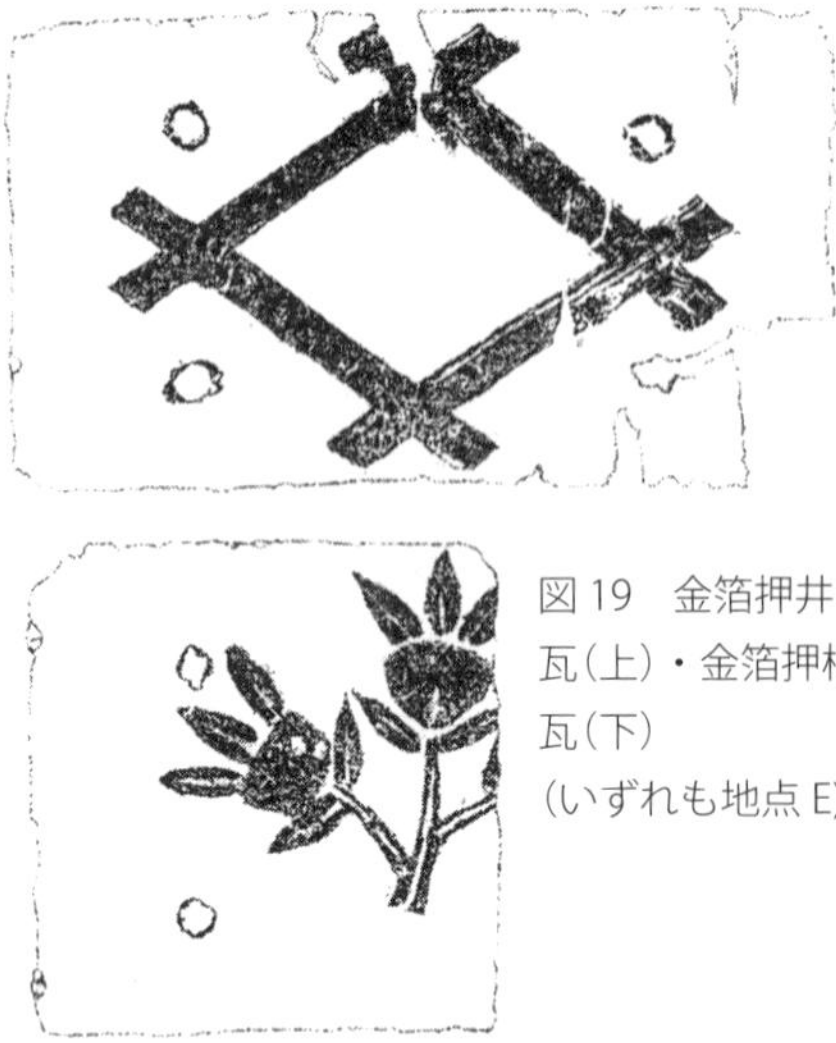

図19　金箔押井桁文飾瓦（上）・金箔押橘文飾瓦（下）
（いずれも地点E）

図18　「扇に月丸」文軒丸瓦
（地点C）

より、大坂城下には新たな大名屋敷が建設されることになる。

地点Cは大阪府庁新別館の建替えに伴う調査地点である。豊臣前期には、幅六〇㍍以上の東西方向の谷が走っており、谷底に沿って造られた道路を基軸として、最初は金属加工関係の職人の作業場として使われ、のちに町屋や小規模な武家屋敷となっていた。

豊臣後期になると、谷が埋め立てられて広い平坦地が確保され、南北方向の塀で区画された大きな単位の敷地となる。このうち塀より東側は、三〇〇〇平米を越える屋敷地と推定され、「扇に月丸《つきまる》」文瓦の出土によって、常陸の大名であった佐竹義宣《よしのぶ》屋敷であると考えられている［鋤柄 一九九四］。

その後、大阪府警本部建替えに伴う発掘調査（地点D）で、大坂城大手の馬出《うまだし》曲輪の可能性のある堀が発見されており、地点Cは大手門の近接地であることが判明した。佐竹義宣は豊臣秀吉から信頼された大名とも言われており、大坂城守備のための重要地点を任されたということであろう。

地点Eは谷町筋地下駐車場の建設に伴って発掘された地点である［大文協 一九九九a］。この地でも、豊臣前期には谷地形が残っているなど、自然地形に制約された開発が行なわれていた。

豊臣後期になると谷が埋め立てられて、その上に南北方向の土塀が築かれる。この塀より東側は大名屋敷地と推定され、井桁文《いげたもん》や橘文《たちばなもん》など金箔瓦を含む複数の家紋瓦が出土している。

図 20　桔梗文鬼瓦(地点 F)

図 21　大名屋敷の門と塀の跡(地点 F)

井桁文と橘文を用いた大名に井伊直政《いいなおまさ》がいる。井伊直政は徳川家康に従っていたが、家康が豊臣氏に臣従すると、直政の手腕を高く評価していた秀吉から豊臣姓を与えられており、また家康旗下として大坂を舞台とした外交活動を担当していたことが知られる。なお、この地では、大坂夏の陣(一六一五年)より前に上記の塀等が撤去され、別の建物が建てられた状態で大坂夏の陣を迎えている。

地点FとGは、ともに豊臣期大坂城の惣構内で大川に沿った位置にある。どちらも大坂の陣で被災している。

地点Fでは、豊臣前期の遺構から魚名を墨書した荷札木簡が出土しており、魚市場などがあったと考えられる。

豊臣後期になると大名屋敷に造り替えられており、調査地東側にある南北道路に沿って、塀の基礎となる石列と門の跡が出土した。塀は現在の道路際で見つかっており、この道路が豊臣期から踏襲されたことがわかる。

門跡は門扉《もんぴ》を受ける両側の礎石が残っており、柱間は三・三㍍である。この調査地からは桔梗文《ききょうもん》鬼瓦が出土した。この家紋を使った有力大名として、加藤清正《きよまさ》の名前があがっている。

地点Gは、現時点で大名屋敷の建物配置が最もよくわかる調査事例である［鈴木 一九八九］。屋敷地は東西四〇㍍以上、南北五〇㍍以上の規模で、発掘調査により九棟の建物が見つかった。一棟を除き礎石建物である(図22)。建物1

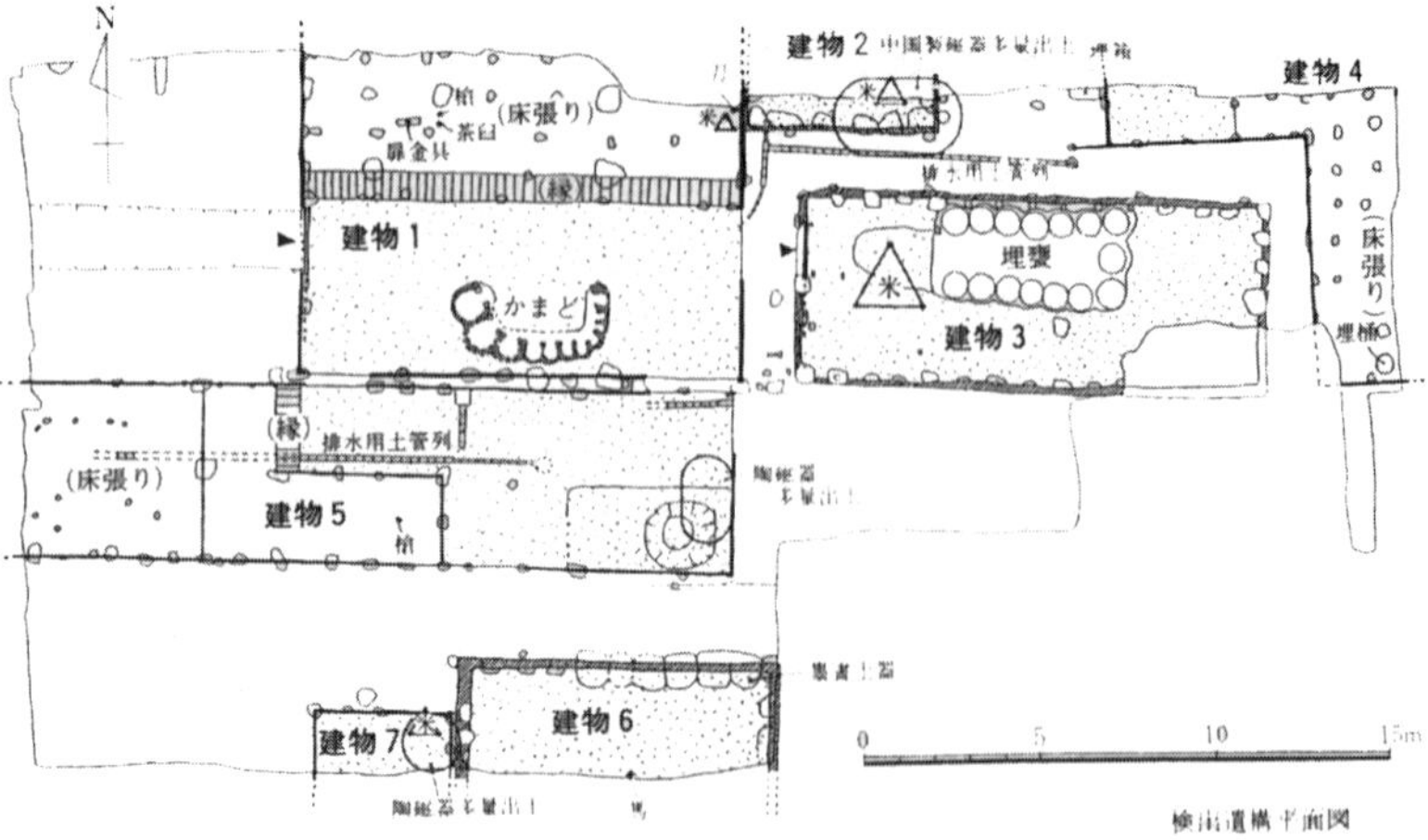

図 22　大名屋敷の遺構配置図（地点 G）

は床張りの部分と土間の部分とがあり、土間には十～十一連の大型の竈《かまど》があった。床張り部分では鑓《やり》や脇指《わきざし》等の武具が出土したほか、長さ六八センチ、最大幅一七・二センチの扉金具も見つかっている。

扉金具は、内部の建物のものとしては大きく、屋敷の門に使われていた可能性がある。建物3は内部に埋め甕を伴っており、蔵と考えられている。建物内から火災で焼けた炭化米《たんかまい》が多量に出土した。

豊臣期については、下層でもう一面の遺構面を検出しており、通路と見られる小石敷きとそれに取りつく建物跡が見つかっている。下層の遺構も一般的な町屋ではなく、武家屋敷の可能性が高いが、屋敷地の性格に関しては不明な点が多い。

このほか難波宮史跡公園内（地点H）では、屋敷地の区画施設と考えられる大溝が多数見つかっている［松尾 二〇〇〇］。豊臣後期に埋められたものが大半だが、立地としては豊臣前期から大名の屋敷地になっていた可能性が高い。

✣家紋瓦と金箔瓦

屋敷の主人を決めるための、最も有力な手がかりは家紋瓦であろう。すでにいくつかの事例を紹介したが、これ以外にも家紋瓦の出土例が報告されている。ここでは、すでに触れた資料を除き、代表的な家紋瓦の出土例を紹介する。ただし、同じ家紋を複数の大名が用いる場合があり、また断絶した大名家については不明であるため、提示した家名はあくまでも候補としての扱いである。ま

③金箔押輪宝文軒丸瓦(地点 F)　②源氏車文軒丸瓦(地点 F)　①木瓜文垂木先瓦(地点 I)

図 23　出土した家紋瓦拓影(1)

た、出土点数の多い桐紋と菊紋については、多くの大名が使用を許されており、家名が特定できないため、ここでは省略する。

図23①は、地点Ⅰで出土した木瓜文《もっこうもん》垂木《たるき》先《さき》瓦である。明確に大名屋敷を確定できる遺構は見つからなかったが、地点AやHに隣接するこの地は、大名屋敷地であった可能性が高い。木瓜文を用いた大名の代表は織田氏である。織田信長の弟である長益《ながます》(有楽斎《うらくさい》)や、小牧・長久手合戦ののちに従った信雄《のぶかつ》などが秀吉に近侍していたことが知られる。

同図②は源氏車文《げんじぐるまもん》軒丸瓦で、井桁文や橘文瓦が出土した地点Fの大坂の陣焼土層の下層から見つかった。この家紋を用いたことで知られる大名には榊原康《さかきばらやす》政《まさ》がいる。井伊直政と同じく徳川家康旗下の重臣である。また、豊臣秀吉の三中老の一人に数えられる生駒親正《いこまちかまさ》が「波切車《はきりくるま》」文を用いている。源氏車の上半分の半円形の文様だが、出土した瓦は下半部まで文様がある。

同図③は地点Fの大坂の陣焼土層からの出土で、金箔押輪宝文《りんぽうもん》軒丸瓦である。金箔瓦の使用を許されるほどの有力大名では津軽為信《つがるためのぶ》が替紋として輪宝文を使用したとされる。

図24④〜⑦は大坂城の南に広がる難波宮史跡公園内の発掘調査(地点H)で出土したものである。いずれも豊臣期のものと考えられるが、詳しい時期や出土状況についてはわからない。

同図④は「山の字」文の鳥衾《とりぶすま》で、最上義光《もがみよしあき》の山形城で出土例がある。また別

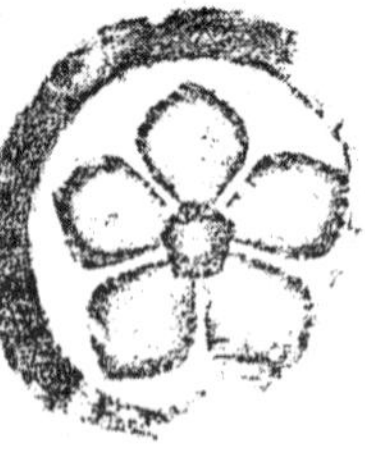

⑥桔梗文軒丸瓦

⑤「折敷に三」文軒丸瓦

④「山の字」文鳥衾

⑧永楽通宝文軒丸瓦

⑦違鷹羽文軒平瓦

図24　出土した家紋瓦拓影（2）　④〜⑦（地点H）・⑧（地点J）

に、山崎家治《いえはる》のものとする説がある〔中村博 二〇〇六〕。⑤は「折敷《おしき》に三」文で、この家紋を用いた大名として稲葉《いなば》貞通《さだみち》をあげることができる。

同図⑥は桔梗文《ききょうもん》軒丸瓦で、前述した加藤清正ほかいくつかの候補がある。⑦は違鷹羽文《ちがいたかのはもん》軒平瓦で、豊臣政権の五奉行の一人であった浅野長政《ながまさ》が用いている。⑥・⑦と同じ紋の瓦は、地点Cなど周辺の調査でも出土例がある。

同図⑧は地点Jで出土した永楽通宝文《えいらくつうほうもん》軒丸瓦で、仙石《せんごく》秀久《ひでひさ》が織田信長から与えられた紋として名高い。仙石氏時代の上田城に使用例がある。

大名屋敷を特定できる出土品に金箔瓦がある。金箔瓦は、信長の安土城で用いられ、少ないながら家康の江戸城下でも使用例があるが、最も多用されたのは豊臣の城郭・城下であることは間違いない。一九九九年までに出土した金箔瓦については、発掘報告書において集成されている〔大文協 二〇〇三a、ただし大阪府文化財センター、大阪府教育委員会調査地を除く〕。

詳しくはそちらを参照していただくとして、ここでは概要を紹介したい。金箔瓦は大坂城下の広い範囲で出土しているが（図25）、特に集中して出土しているのは、地点A・H・Iを含む地区で、C・Dでも多量の出土が知られる。

瓦以外で大名に関係する出土遺物としては、地点Kで出土した銅製の印章《いんしょう》がある。印面の文様がローマ字の「Dario」と読めることから、キリシタン大名として名高い高山《たかやま》右近《うこん》の父、高山飛騨守と関連づける説がある〔高槻市立しろあと歴史館 二〇一二〕。ただし、高山飛騨守は文禄四年（一五九五）に没しているの

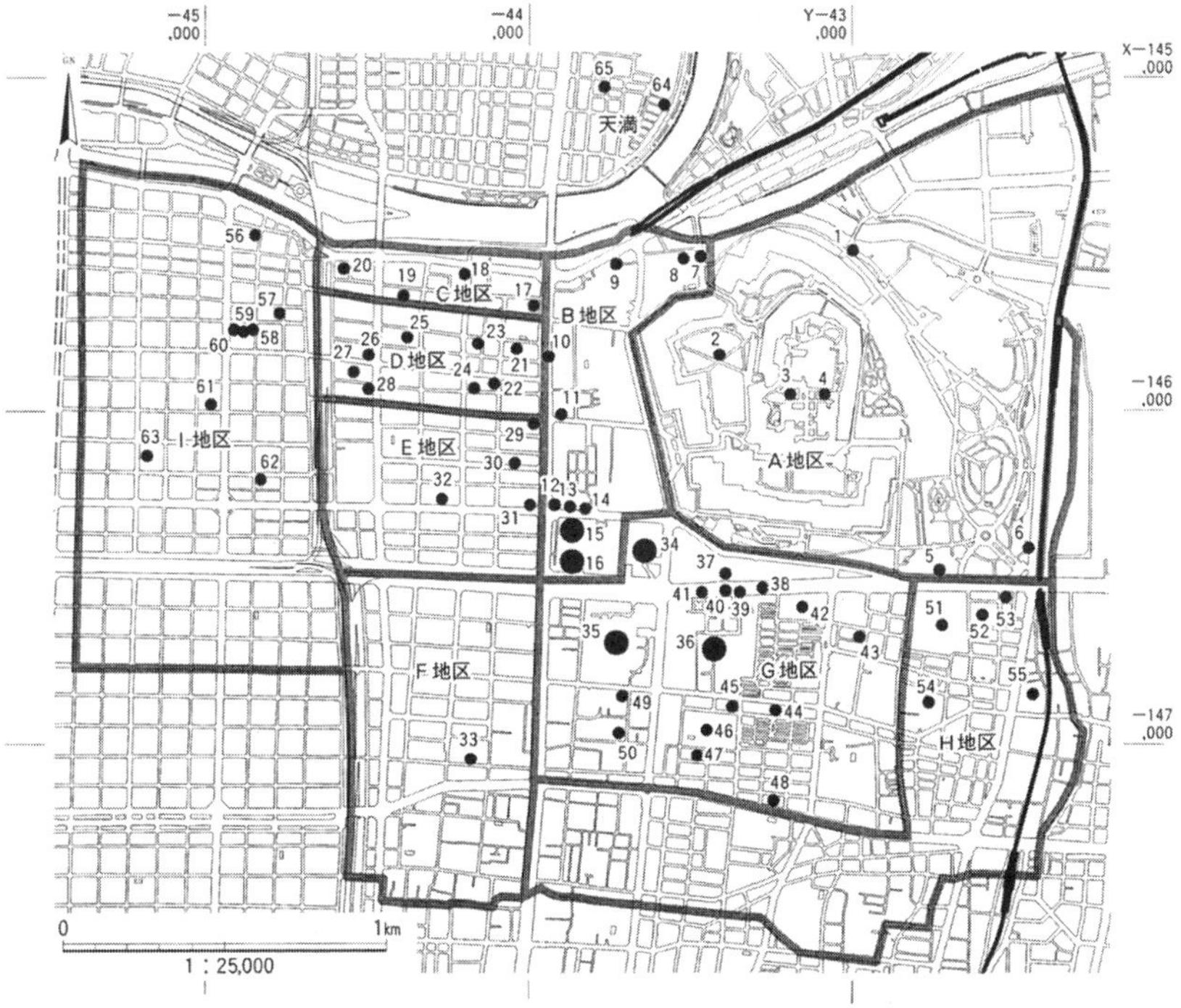

図 25　金箔瓦の出土地点（大きな丸は大量に出土した地点）

に対して、出土した遺構の時期が徳川初期であるため、直接関連づけることは難しい。

以上、発掘成果による豊臣期大坂城下の大名屋敷を見てきたが、実際には未解明の部分の方が大きい。豊臣期の大坂城下で最も知られた大名屋敷と言えば、細川忠興《ただおき》の屋敷であろう。

関ヶ原合戦（一六〇〇年）の際に、石田三成《みつなり》率いる西軍の人質となることを拒否して自害したガラシャ夫人との関係が著名であり、屋敷の遺構とされる井戸「越中井《えっちゅうい》」が現存する（地点L）。しかし、細川屋敷を含む玉造地区は、豊臣期の大名屋敷地の代表とも言うべき場所であるのに対して、発掘調査の手はほとんど及んでいない。

このように、豊臣期大坂城下の大名屋敷に関しては、まだまだ謎が多い。今後も発掘の成果に大きな期待がかかるところである。

図 26　銅製印章
（捺印状態：地点 K）

図27　堤の断面(調査地点1　北から)

第4節　天満地域の開発

✣本願寺移転までの天満

城下町として開発される前の天満《てんま》地域の中心に天満天神《てんまてんじん》(大阪天満宮)がある。社伝では天暦《てんりゃく》三年(九四九)もしくは同五年・同七年に建立されたといい、十一世紀末までには創建されていた[大村 二〇一四]。天満宮の周囲は天満地域のなかで最も地盤が高く、瓦・墨書土器・和同開珎《わどうかいちん》などが出土し、古代の官衙《かんが》や寺院などがあった可能性が高い。また、渡辺津の北岸にあたる現在の天神橋の北詰一帯は中世の一中心地であり、十一～十四世紀頃の遺構・遺物が濃密に見つかっている。現天満橋の北では、高麗王《こうらいおう》「熙宗《きそう》」陵副葬品と同タイプの十三世紀初めの象嵌青磁《ぞうがんせいじ》梅瓶《めいぴん》が出土した。同種の梅瓶は京・鎌倉など限られたところでしか出土せず、古代の新羅江《しらぎえ》から中世の渡辺へ至る、港津とその周辺という天満地域の性格をよく表わしている。

この地域が城下町となった契機は、豊臣秀吉による本願寺の誘致である。天正十三年(一五八五)四月、秀吉は大坂を退去していた本願寺に天満への移転を命じる。秀吉は、当初、京都から内裏《だいり》(朝廷)と五山《ござん》を天満に移そうと考えたらしいが[内田 一九八五]、それを断念し、和泉《いずみ》貝塚にあった本願寺に移転を命じた。その目的は、全国から集まる門徒衆を町の繁栄に活かすとともに、本願寺を大

図28　堤の上部(調査地点2　南西から)

坂城の眼下におさめ、不穏な動きを抑えるためであった(フロイス『日本史』第三三章)。

✣寺内町の四囲

移転を命じた翌月、秀吉は自ら現地で縄打ちを行なった。『貝塚御座所日記《かいづかござしょにっき》』によれば、寺内町の四囲は次のように決められた。

西:中嶋天満宮の会所　東:東の河縁(まで七町)
南:大川　　　　　　　北:(大川から)北へ五町

西限は当時の天満宮境内の東端で、南限の大川は今もかわらない。北限は、伊藤毅・内田九州男の研究により東寺町であることに異論がない〔伊藤毅 一九八七、内田前掲書〕。東限については、最近の発掘で秀吉築造の堤跡が発見され、現在の川岸より内(西)に入ることが明らかになった〔南 二〇〇九〕。堤跡は、桜宮橋の西詰からほぼ直線的に伸びて現造幣局を貫通し、造幣局宿舎と市街の境に続いて南の大川岸へ至る。現在の天満の町に埋まっていると考えられ、帝国ホテルの東側などでは今も目にすることができる。

大川岸で土地が低い天満に町をつくるには、洪水対策は焦眉《しょうび》の課題であった。顕如《けんにょ》らの天満移住の翌年、天正十四年四月に秀吉は堤を築造し、翌十五年四月に「南の舟付」に堤を延長した(『貝塚御座所日記』『言経卿記《ときつねきょうき》』)。これによって安定した町の開発が可能となった。発掘された堤跡は、泉布観《せんぷかん》の東(調査地点1)と北(同2)で地表下三〇〜五〇センチにあり、基底幅二〇〜二五メートル、上端の幅

図29　天満宮門前の豊臣期の遺構（調査地点33　西から）

七メートル前後、高さ三メートル以上である。

✣本願寺の場所

『言経卿記』などに記された建築過程や参拝の記事によれば、本願寺は大川から近い場所にあった。伊藤毅によれば、周囲の町割と異なって、江戸時代から明治時代と続く造幣局とその北側の大きな敷地が候補地である〔伊藤毅 一九八七〕。櫻井成廣・内田九州男は、旧興正寺《こうしょうじ》跡地の滝川公園を本願寺推定地としたが〔内田 一九八九〕、堤から遠く、敷地が狭いことなど不都合な点が多い。伊藤説の方が正しいと考える。

これまでの発掘調査で、本願寺に該当するような遺構を検出した例はない。造幣局の南（調査地点14〜17・19・20）や西（同3・18・21・22）では、現在の町割と合う豊臣期から徳川期の遺構が検出されるので、本願寺はそこにはなかったと推測される。現状の発掘データは消去法的に、伊藤説のうち堤跡より東を除いた地域を示している。

本願寺が移転（天正十九年）した京都の寺内町を描いた「六条御境内絵図《ろくじょうごけいだいえず》」（寛政八年）を見ると、大坂の天満寺内町と京都の六条寺内町の大きさは、じつによく似ている。「六条御境内絵図」では、本願寺の周囲には脇門跡の興正寺と下間《しもつま》氏などの高官の屋敷がある。天満では興正寺は本願寺から離れ、滝川公園の場所にあった可能性が高い。興正寺を除く本願寺と高官らの屋敷を合わせた広さは、京都の「六条御境内絵図」と、大坂天満で伊藤が推定した造幣局およ

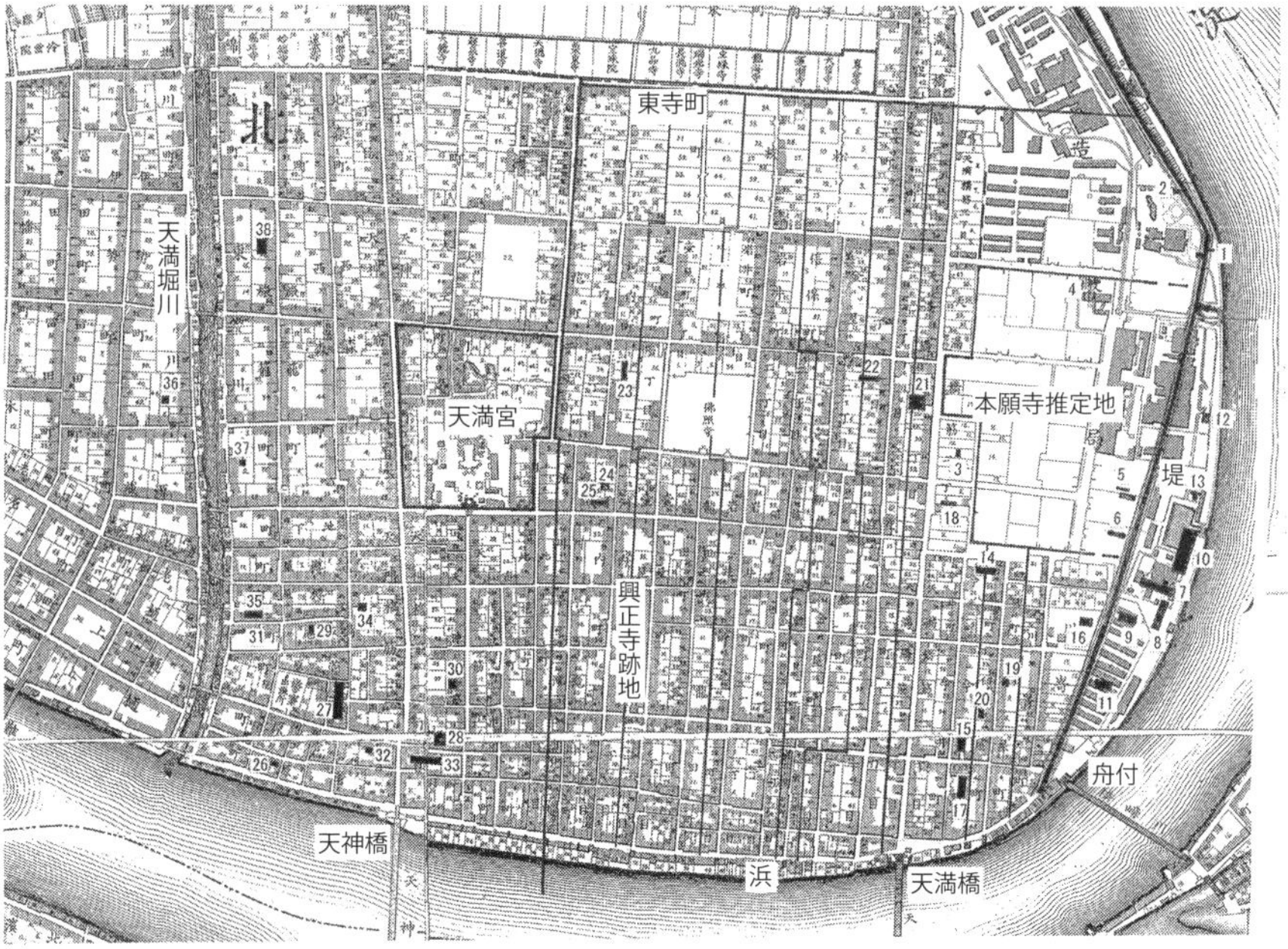

図 30　天満城下町の構造（元図は大坂実測図。番号は発掘調査地点）

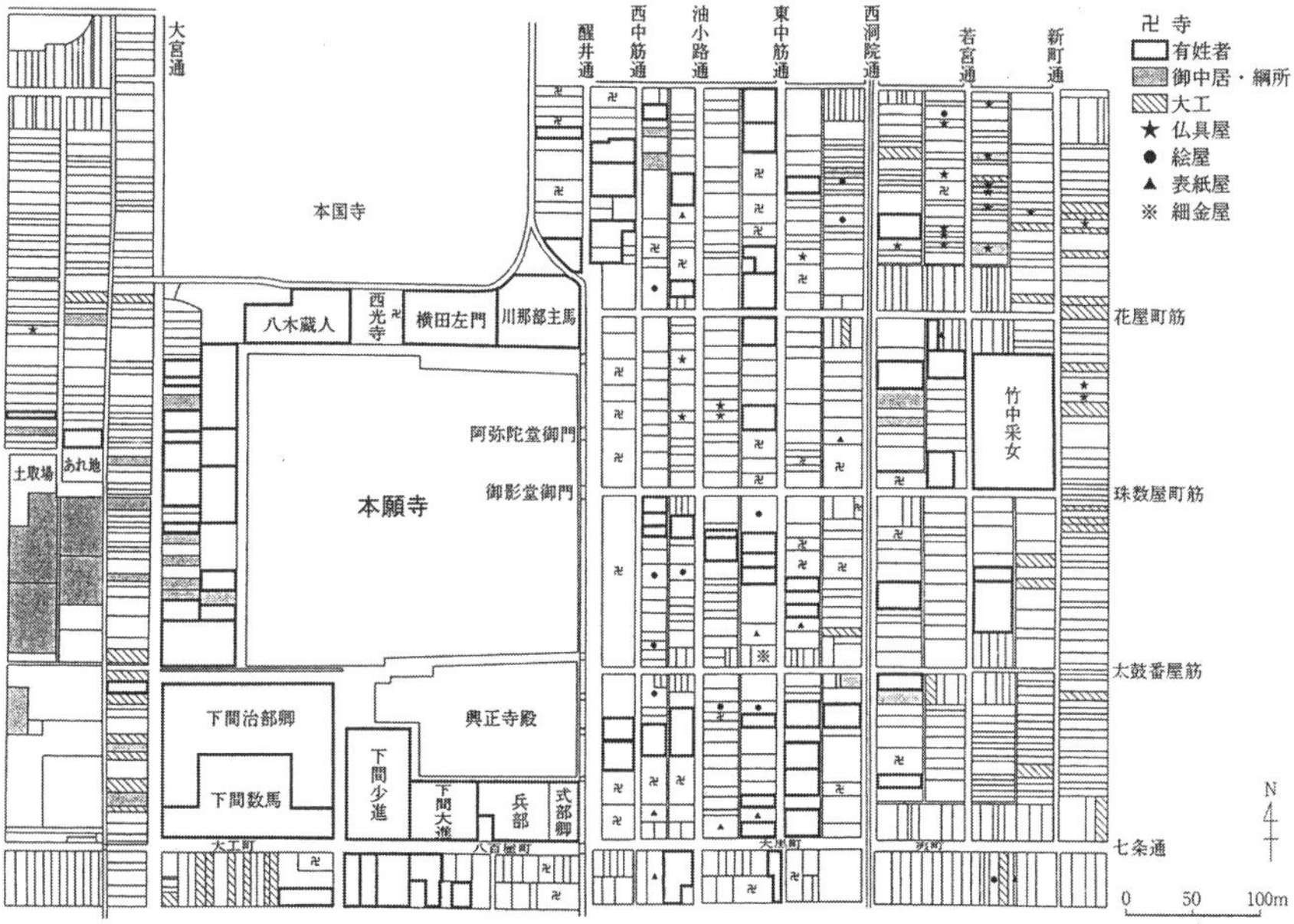

図 31 『六条御境内絵図』（杉森玲 2010 より転載）

図32　図29と同じ屋敷の6連以上のかまど（豊臣前期）

びその北側敷地でよく似ている。

当時の天満のもう一つの中心であった天満宮との関係、大坂や大坂城とつなぐ天満橋から北へ伸びる南北道との関係から、本願寺を伊藤説からさらに絞れば、現在の造幣局の西側工場から造幣局宿舎・滝川小学校付近と推測される。造幣局西塀沿いの南北道より西（滝川小学校等の敷地）が一段、高くなっているのも関連がある可能性がある。その北側（国道1号線付近から北）には、京都六条と同様に高官の屋敷などがあったのであろう。この推定地内の調査地点4では、各時期で踏襲された豊臣期の三時期の溝があり、町屋でない、大きな屋敷の区画と推測される。これは、本願寺周囲の高官屋敷やそれを引き継ぐ武家屋敷の可能性がある。

✣町　割

明治二三年地図は江戸時代のようすをよく留めており、天満の町割は南北に割っていくものである。道と道の間は四〇～四五㍍（二十間強）で、この二分の一の二〇㍍（十間）が敷地の奥行になる。奥行二十間の船場城下町に比べ小ぶりである。屋敷地は基本的には南北の道に間口をひらいている。『言経卿記』中の家を購入した証文には「永代売渡申家屋敷之事　合（一脱カ）所者、北町南ノ西角、口六間、奥十間也、」とあり、間口六間、奥行十間の敷地で、地図からの復元と符合する。

この復元町割を発掘調査と対比すると、推定本願寺の南や西では、復元され

図33　大川と北側屋敷(下に石垣と散在する切り石)

た町割に合う、東西に割られた敷地に合致する豊臣期の建物跡や遺構が検出されている。これらの地域は豊臣期にはまんべんなく開発されている。また、天満宮の南も寺内町の外であるが、豊臣期の前後期とも町割に合う遺構がある。東西七町の範囲を越えた天満宮門前まで、豊臣期に同様の街区が続いていた可能性がある。調査地点33は大きな屋敷の一部を発掘したと考えられ、絵図・地図にない豊臣期の南北道があった。一方、慶長三年(一五九八)に掘削された天満堀川に近い北西地域は、徳川期以降の開発が遅れる地域である。

　発掘調査からは、南北に町を割り、さらに奥行十間に敷地を区分する町割は豊臣期には存在したことがわかる。さかのぼって、本願寺が天満にあった天正十九年以前に存在した可能性も十分あると予測される。

✣大川縁の屋敷

　推定した本願寺敷地の南東角に接するように、堤外の大川縁で二つの大きな屋敷が発掘されている(調査地点7〜10)。屋敷は、豊臣前期(一五八〇〜一五九八年)に一・二〜一・四㍍の盛土を行ない、盛土の補強と河水への備えのため川側のみは石垣が造られていた。造成当初の屋敷は南側屋敷で南北三五㍍、北側屋敷で南北四一㍍あり、東西幅は両者とも堤との関係で四五〜五〇㍍と推測される。豊臣後期になると南側屋敷は南北四〇㍍以上、北側屋敷は南北五〇㍍以上に拡張された。南側屋敷の川側(東辺)にはスロープと門からなる出入り口があった。

図34　南側屋敷の石垣と出入り口(北東から)

この二つの大型の屋敷が造られたのは豊臣前期であるが、それが本願寺の時期(一五八五〜一五九一年)までさかのぼるか否かは、出土遺物からは決めがたい。一方、大坂冬の陣で焼失した後も、この屋敷は継続して使われている。徳川期には、当地は材木蔵や材木奉行屋敷が置かれるところである。本願寺敷地との間に堤があること、本願寺の京都移転に関連するような豊臣期の間の断絶がないことから、二つの屋敷は本願寺との関係は薄いと考えられる。豊臣期の出入り口と同様に、徳川期にも川側に石段が築かれ、絶えず川を意識した遺構配置になっている。あえて堤の外に造られたのは水運との関係であろう。これらの屋敷は、徳川期の材木蔵や蔵屋敷と同様の機能を果たしていたのではないかと考えられる。

天満地域の発掘調査は総面積約五〇〇〇平米で、町のごく一部に過ぎず、豊臣期の変化を詳細に追える段階ではない。しかしながら、豊臣期のなかで遺構の空白や断絶があるようには見えず、本願寺移転が天満の発展に打撃を与えることはなく、秀吉の当初の狙い通りに、城下町として順調に成長していったと考えられる。

大中院文書にみる大坂の旧住人

名前	現居住地	大坂→京都移動年	大坂での職業
又衛門尉	二条通土場西町	天正 17 年	大工
新介	大宮通二丁目横町	天正 17 年	商売
善五郎	大宮通二丁目横町	天正 17 年	商売
与左衛門	大宮通二丁目横町	天正 16 年	ふ屋
甚左衛門	大宮通二丁目横町	天正 19 年	こん屋

✤コラム✤移動する町人と広がる街区—豊臣大坂城下町の一齣—

豊臣大坂城下町の具体的な姿を伝えてくれる文字史料は意外に少ない。そのためわからないことは多いが、ここではこれまで注目されてこなかった二つの史料から大坂城下町の様子を垣間見ることにしたい。

大坂から京都への移住　京都市の大中院《だいちゅういん》には、豊臣秀吉が天正十四年（一五八六）二月に建設をはじめた京都聚楽第の城下町である聚楽町の住人に関する記録が所蔵されている。そこには聚楽町に属した個別町住人の名前、出身地、出身地での職業、在京年数、現在の職業が記されているが、文禄三年（一五九四）作成の記録には表のような「大坂」出身者の名前がみえる。

この当時「大坂」といえば大坂城下町のことなので、この記録の内容は、豊臣前期の大坂城下町に多様な商人や職人が居住していた可能性と、聚楽第の建設に伴い大坂から京都への移住者が一定程度存在したことを示唆しよう。

聚楽町の町々は天正十五年五月頃からその名があらわれ、天正十九年には移転・再整備されるので［杉森哲 二〇〇八］、表にみえる天正十六〜十九年という時期はまさに聚楽町へ商人や職人が続々と集まってきた時期となる。聚楽第の建設には堺や京都の住人が動員されたが、その城下となる新たな町にも商人・職人が広く呼び寄せられたのであろう。秀吉は当初大坂を〝首都〟として構想したが早々に断念し、聚楽第を建設した。大坂城下町は人が流入してくるイメー

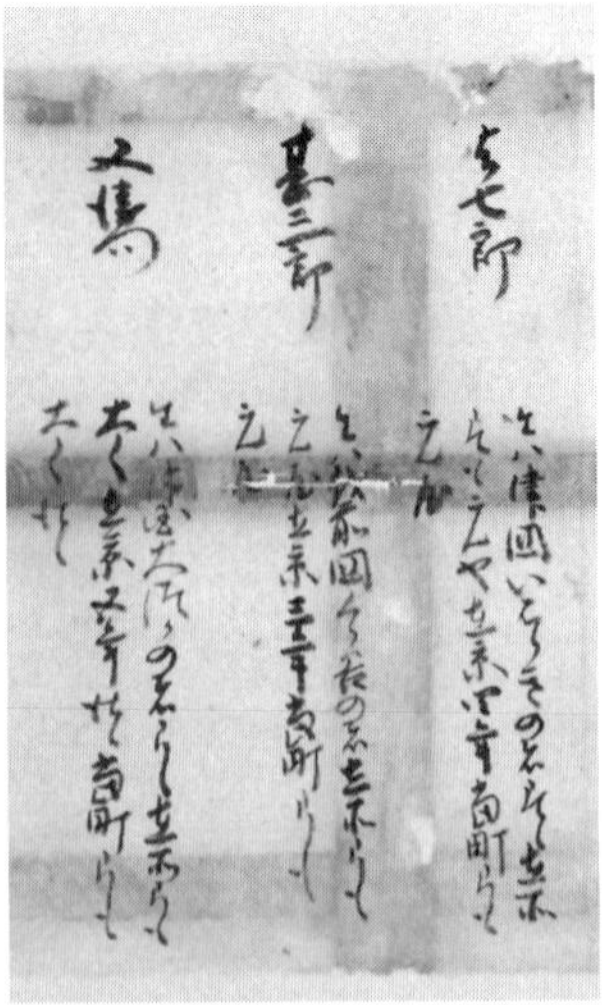

図35　左端が大坂で大工を営んでいた又衛門尉
京都市指定文化財 大中院文書 大中院蔵

図36　木簡「道正谷七町目」
大阪府文化財センター蔵

図37　木簡「あふらや　宗兵衛」
大阪府文化財センター蔵

ジが強いが、こうした流出例もあり、流動的な状況にあったのである。

船場の開発　二〇〇三年から行なわれた大阪府警本部庁舎建て替えに伴う発掘調査で「道正谷七町目」「あふらや　宗左衛」の墨書のある木簡が発見された。慶長十九年（一六一四）十二月に大坂城の馬出曲輪の堀を埋めた土の中からみつかったこの木簡は、遅くとも豊臣末期には〝道修町七丁目〟が存在したことを示す。道修町は慶長三年から開発が本格化した船場の北端にあたる東西方向の町である。船場の東端は東横堀川、西端は心斎橋筋（徳川時代には「惣尻切町」と呼ばれた）であり、東端を一丁目としたこの道修町の七丁目は、徳川時代前期の地図を参考にすると、栴檀木橋《せんだんのきばし》筋の西側のブロックにあたる。ここからもう一ブロック西へ行くと心斎橋筋なので、船場の西端に近かったことがわかる。

発掘調査の成果では、船場のなかでの町場形成は北東部の道修町・平野町一丁目付近が早く、西方向・南方向へ向かうにつれて遅れることがわかっている。道修町でも、栴檀木橋筋東側に位置した六丁目で確認された遺跡では豊臣後期の遺構面は一面しか確認されず、活発な生活行為の痕跡は認められなかったという［森・豆谷 二〇〇〇］。

そうしたなかでこの木簡の出現は、豊臣後期には船場に広く「〇〇町　××丁目」という町割が具体的に設定され、船場の西端近くまで実際に住民が暮らしていたことを明確に教えてくれたのである。

第Ⅱ章　徳川時代の大坂

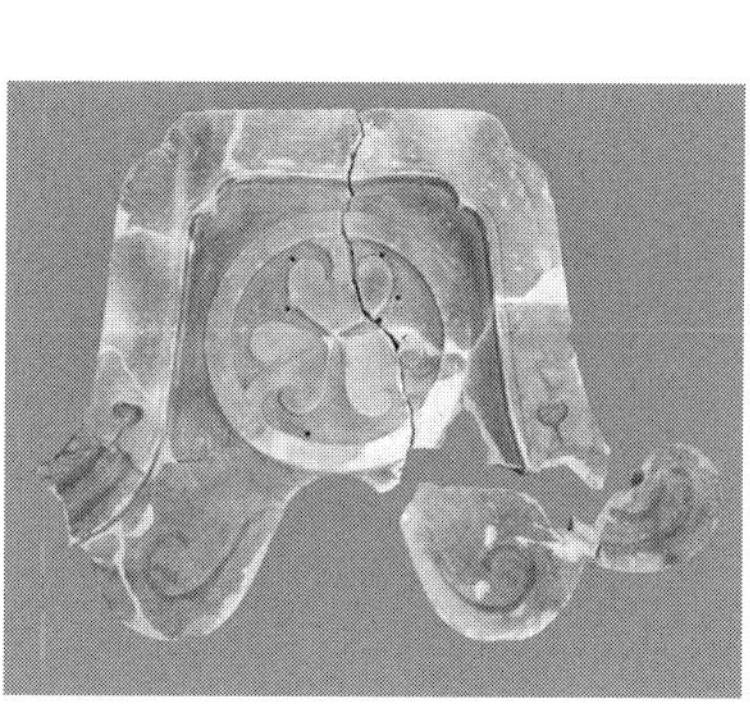

三葉葵文鬼瓦

図1　大坂安部之合戦之図　大阪歴史博物館蔵

第1節　城下町の再生と展開

✣豊臣時代から徳川時代へ

慶長《けいちょう》二十年（一六一五）五月八日、豊臣秀頼が自害して大坂城は落城した。ここに豊臣時代は終焉を迎えたのである。徳川家康は早速に行動を開始し、一ヶ月後の六月八日には外孫の松平忠明《ただあきら》を大坂に入れ、大坂の復興にあたらせた。伊達政宗は翌九日、ただちに忠明に書状を送り、大坂拝領を祝している（「忍東照宮文書」）。

忠明が最初に取り組まなければならなかったのは、戦乱により荒廃した大坂の町を復興させることと、町を運営するための制度と体制をつくることであった。具体的には翌元和《げんな》二年（一六一六）に実施された「御外郭」（惣構および三ノ丸）の撤廃、町割の実施、水帳の作成、そして有力な町人を元締衆《もとじめしゅう》に任命し、彼らが中心となって町割などの実務を行なわせる体制づくり（「大坂濫觴書《おおさからんしょうがき》一件《いっけん》」）、さらにはその活動拠点となる惣会所《そうかいしょ》の設置（北組）が行なわれた（「初発言上候帳面写」）。大坂を復興させるためには、なにより多くの人びとを住まわせ、そのうえで復興の財源となる地子銀《じしぎん》を収取する必要があったのである。

✣直轄都市大坂の誕生

忠明の事業がひと段落した元和五年（一六一九）、徳川幕府は大坂を幕領とし、

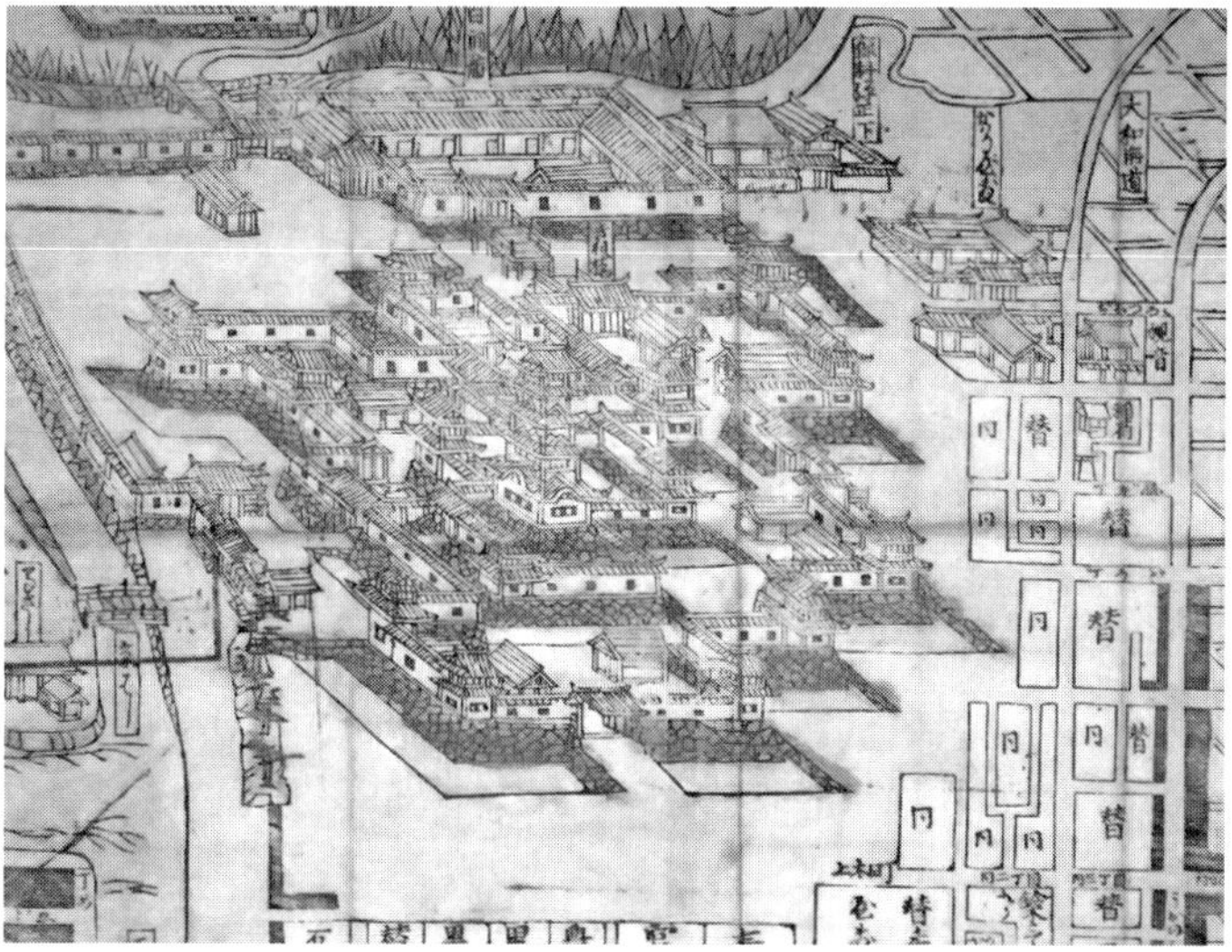

図2　徳川大坂城　寛文十一年新板大坂之図　大阪歴史博物館蔵

上方・西国支配の拠点に位置づけた。秋田藩主佐竹義宣《よしのぶ》が元和五年八月四日に国元へ送った書状では、松平忠明の大和郡山移封、伏見城の破却と伏見の番衆の大坂移住、そして大坂城築城の動きのあることが告げられている（「秋田藩家蔵文書」）。

徳川氏の手によって再築されることになった大坂城は幕府直轄の城と位置づけられた。よって城主といえば徳川将軍のことであった。徳川大坂城は第一期：元和六年（二ノ丸北・東・西の外堀、補修は七年まで）、第二期：元和十年～寛永二年（一六二五）（本丸）、第三期：寛永五年（二ノ丸南の外堀、補修は九年まで）の三期に分けて普請が行なわれた。これは西国・北国の六三藩、六四家の大名を動員するいわゆる天下普請であり、大坂でも多数の臨時人足が雇用された。その結果、大坂の町にはまれに見る好況がもたらされたのだった［脇田一九九四b］。

その後、寛永十一年（一六三四）、大坂の町は三代将軍家光《いえみつ》から地子銀免除の特権を得ることになった。これは家光自身が来坂し直接指示したものであり、ここに大坂の直轄都市としての仕上げがなされたのであった。

✣都市空間の改造

豊臣時代の都市空間は基本的に徳川時代に継承されていったが、改造されたところもあった。大きかったのはさきに述べた豊臣時代の「御外郭」（惣構および三ノ丸）の撤廃で、これは豊臣時代に武家地だった地区を町人地に転換することをもくろんだものである。ただ、徳川時代においても大坂城外堀の東・南・西に隣接する地区のかなりの部分は武家地（定番《じょうばん》・奉行衆《ぶぎょうしゅう》などの居宅）として利用されていくので、それ以外の武家地が収公《しゅうこう》され、町人地として開放されたのであろう。なお、武家地については天満の北にも新たに与力・同心たちの屋敷が置かれた。

ところで、大坂城西方の上町地区は、大手通り以南が豊臣時代は町人地でなく、豊臣政権にかかわる施設や武家屋敷のあった可能性が指摘されており、そこを通る東西方向の本町通りも屈曲していた［松尾 二〇〇三］。このエリアも惣構内であったので、元和二年に町人地化して町割がほどこされ、道路の直線化もその一環として施行されたものと考えられる。

一方、すでに豊臣時代の段階で整然とした街区が認められ、町割も施行されていた上町地区の大手通り以北や船場については、町名変更はあったかもしれないが、原則として豊臣時代の街区が徳川期に継承されたと考えられる（第Ⅰ章コラム）。

その多くが豊臣時代に成立していた寺社地については、徳川時代への移行段階で大きな変動はみられなかった。ただ、上町台地西下の下寺町で元和年間に寺院の流入がみられるのは、船場西部と中之島における開発の進行に伴う移転であろう［内田 一九八五］。こうして徳川時代の城下町の基本的なゾーニングが定まったのだ。

図3　現在の道頓堀川

✣村から町への転換

徳川時代になると、大坂では隣接する村落（農地）の町人地への転換がはかられ、市街地の拡大がはじまった。これは主に船場の南部・西部でみられたもので、堀川の開削とも連動した動きだった。

さきに堀川の開削状況を見ておくと、豊臣時代に着工されながら大坂の陣の影響で中断していた道頓堀川は元和元年（一六一五）中には完成し、続けて同三年に江戸堀川、同五年に長堀川と西横堀川、そして同六年には京町堀川・立売堀川が着工された。これらの堀川は村落の耕地に開削され、完成後はその両岸に町ができ、さらにその外側へと町屋敷がひろがっていった。たとえば中世以来の集落だった三津寺《みつでら》村は元和六年、上難波《かみなんば》村は元禄十三年（一七〇〇）に市街地へと転換されて消滅し、下難波《しもなんば》村も旧地を譲って三郷《さんごう》の南へと移転した（内田一九八二）。

✣大名にとっての大坂

次に豊臣時代から徳川時代にかけての大坂の都市機能をみておきたい。特に経済都市としての側面に注目すると、遅くとも文禄期は大坂が米や材木の集散地となっていたことが知られている（「山内家史料」、「今井博道家文書」）。筑後国柳川の大名立花氏が文禄五年（一五九六）、当主宗茂《むねしげ》の在京にかかる財務担当者（由布七右衛門《ゆふしちえもん》）を大坂に住まわせていたのも、大坂の経済機能が高まっていた状況を裏づけている（「堤伝収集文書」）。

豊臣時代、大坂には多くの大名屋敷が置かれたが、大名の意向によってはのちの蔵屋敷のような機能を担ったところもあっただろう。立地条件でみると、筑前黒田家のように長柄《ながら》、天満《てんま》といずれも河川による水上交通の便を意識したと推測される事例が見受けられるのである。

ところで、土佐の山内一豊《やまのうちかずとよ》は土佐に入部した慶長五年（一六〇〇）以前に土佐堀川南岸の白子《しろこ》町《まち》に屋敷を構えていたという（以下「山内家史料」）。しかし、大坂の陣後、大名が大坂に置いていた屋敷はすべて公儀に収公されたため、土佐藩でも江戸堀にて大坂町人を名代《なだい》として屋敷地を入手することになった。元和二年に百百《どど》七左衛門が「大坂御留守居役」を仰せつけられたという記録もある。

しかし、この地は狭かったので同七年には長堀白髪《ながほりしらが》町《まち》（長堀川南岸）へ屋敷を移し、長屋も建てられた。その後同藩は寛永五年（一六二八）に長堀川北岸で屋敷を二箇所、さらに同十三年には心斎橋に近い長堀十丁目南輪で屋敷一箇所を買い入れている。

このように、豊臣時代から徳川時代にかけて大坂に継続して屋敷を置いた大名は少なくなかった。もっとも豊臣期の屋敷設置は豊臣政権への忠誠が目的であり、徳川時代には経済機能へウェイトを置いた蔵屋敷へと性格は変化したのであるが、大名の領国外での活動拠点のひとつとして大坂の屋敷が重要な役割を持ち続けた点は注目される。

✣川筋の開発と新地の形成

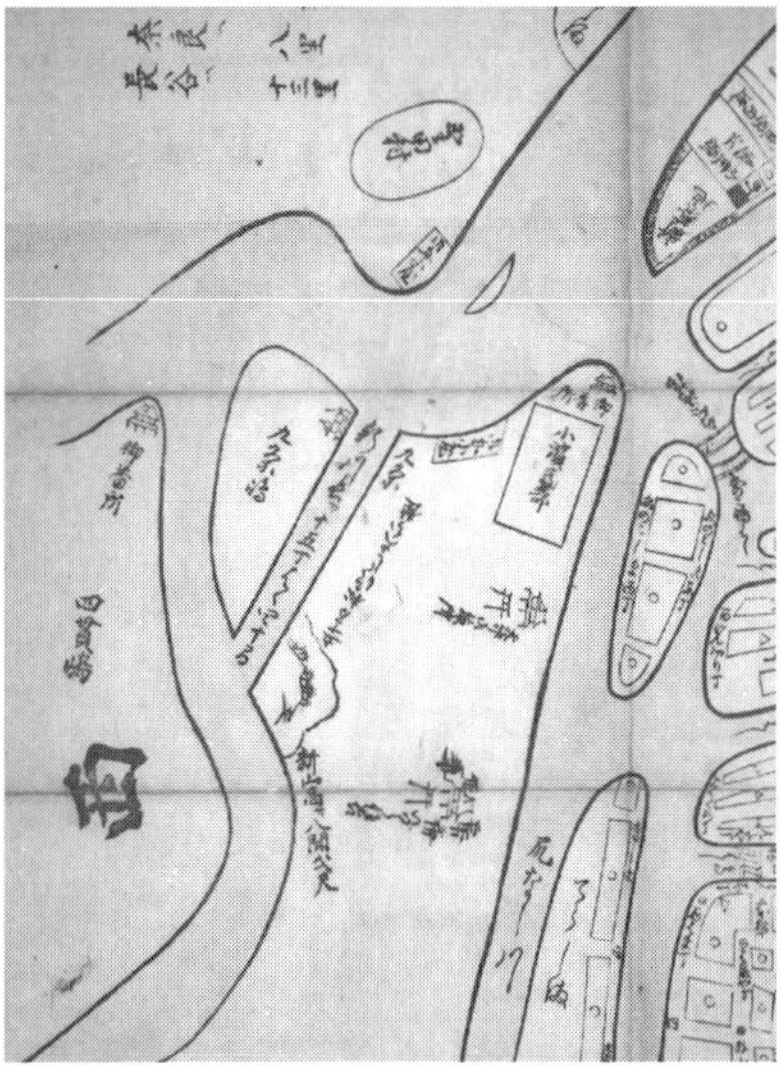

図4　開削されてまもない安治川（新川）
辰歳増補大坂図　大阪歴史博物館蔵

蔵屋敷の展開（建設と機能保持）にかかわるのが、大川の治水と川筋の開発だった。中之島は豊臣期に藤堂家の屋敷があったとするが（「高山公実録」）、幕領となった元和五年（一六一九）には淀屋《よどや》常安《じょうあん》や小倉屋《おぐらや》仁兵衛が開発をはじめた。大坂は直轄都市とはいいながら、都市の開発を実際に担ったのは富裕な町人層だったのだ。

中之島は本来中州であったが、北側を流れる堂島川・曽根崎川は十七世紀後半には水流が滞って干上がっていたと報告されるほどの状態だったので（『畿内治河記』）、川として安定していたのは南側の土佐堀川だけだった。山内家が初期の屋敷を土佐堀川に面して設置したのはそのためであり、元和三年という早い段階に土佐堀川に並行して江戸堀が開削されたのも、土佐堀川を補完する機能が期待されたためかもしれない。

川が浅くなると洪水を誘発し、都市が危険にさらされるので、幕府は河村瑞《かわむらずい》賢《けん》に抜本的な治水工事を命じた。その結果、貞享《じょうきょう》元年（一六八四）から三年にわたる工事で中之島周辺の流路が確保され、さらにその下流には安治川が開削されて通船の便が一気に改善されることになった。これによって、中之島西部や堂島の開発が進められることになり、安治川沿岸にも新地が設定された。元禄十年（一六九七）、全国の米相場を決める堂島の米市場が開設されたのは、こうした背景もあってのことだった。

なお、瑞賢はさらに元禄十一年にも堀江川の開削を実施しており、それをう

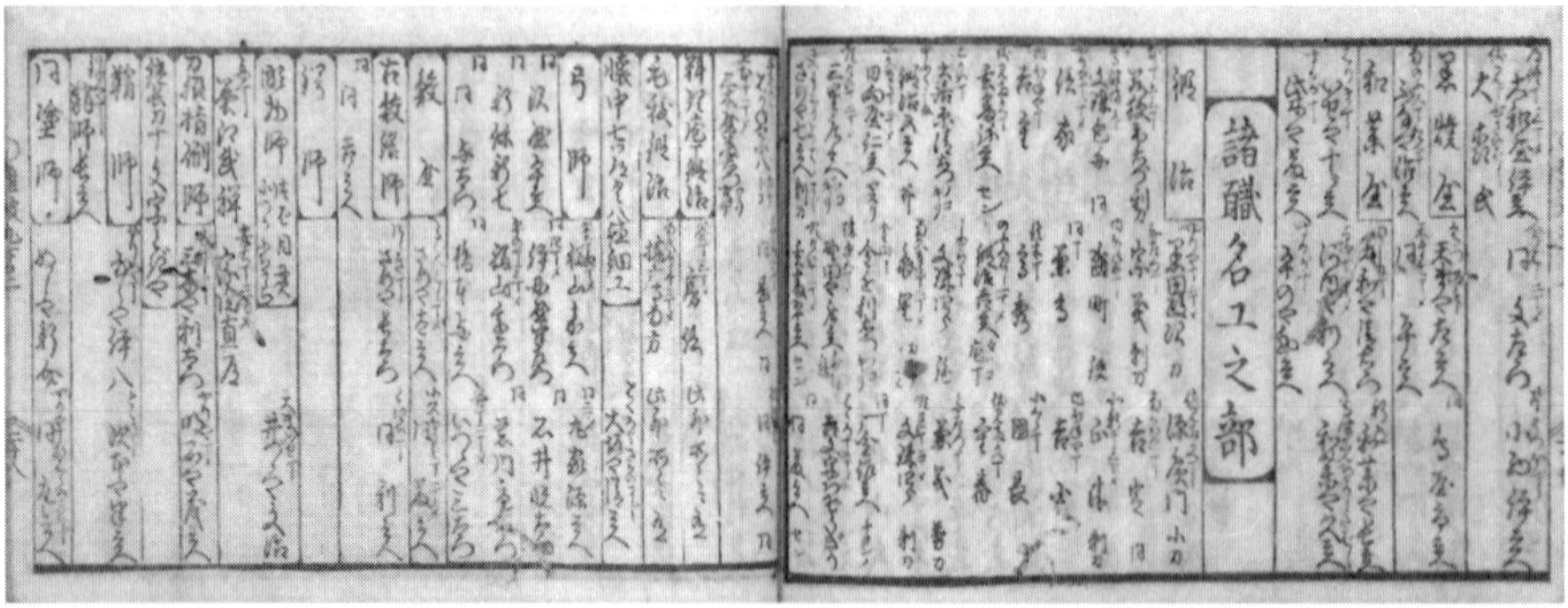

図５　近世大坂の諸職人　安永版難波丸綱目　大阪歴史博物館蔵

けて堀江地区では新地が成立し、町立てが行なわれた。

その後も宝永《ほうえい》五年（一七〇八）には曽根崎《そねざき》新地が成立し、同様に十八世紀前半からは難波方面での開発がはじまった。享保《きょうほう》九年（一七二四）には相生《あいおい》新地三町（本堺町・本京橋町・本相生町）が誕生し、同十九年（一七三四）には高津入《こうづいり》堀川が開削されて高津新地が生まれた。そして明和《めいわ》元年（一七六四）から開発がはじまった難波村では翌二年に難波新地の町割が施行された。こうして近世大坂の都市域はほぼ完成をみたのである。

✣加工業・製造業の展開

流通業や金融業のイメージの強い大坂だが、都市内での加工業・製造業も豊臣時代から都市周縁部で確認できる。また徳川時代になると多様な産業が確認されるようになり、都市民の暮らしを豊かなものにするとともに、移出品として大坂の経済を支えた。

これらの産業は同一地区に同業者が集団で店舗を構えた様子が指摘されている。それによれば、十七世紀末〜十八世紀初頃では上町台地《うえまちだいち》上には大坂城・武士とかかわりをもつ刀鍛冶《かたなかじ》や鞘師《さやし》、武具師《ぶぐし》、そして瓦職人、天満地区には鍛冶・鞴《ふいご》・臼《うす》など農村にもかかわりの深い製品に関する業種、海に近い西船場の河口部には船大工や材木商、そして石屋や船を解体する解船職人、船場・島之内地区の長堀・四ツ橋《よつばし》・道頓堀には金属工業の銅吹屋《どうぶきや》が確認される。

その他、『難波《なにわ》すゝめ』や『難波丸綱目《なにわまるこうもく》』をみると、紙加工品、文房具（硯・

図6　文久三年国宝大阪全図　大阪歴史博物館蔵

筆・墨等)、台所・日用雑貨品(まな板・砥石・桶・箒等)、塗物類(蒔絵・椀等)、繊維・衣料関係(紺屋・木綿・染め・足袋等)、家具・建具(箪笥・机・行灯・障子骨等)などにかかわる多彩な諸職人の名があわせて八〇職種ほどみることができる[大阪市 一九八九、杉本 二〇一四]。

✣近世大坂を支えたもの

近世大坂の城下町空間としては、さきに紹介したように新地が出そろったことによって完成することになった。しかし、大坂の都市民の暮らしは、都市内での加工・生産された二次的産品だけでまかないきれたわけでなく、生鮮食料品は周辺農村・漁村、そして新田にと多くを頼っていた。たとえば稗島村《ひえじま》(現西淀川区姫島)は青物《あおもの》商人をはじめ魚商人、川魚漁師も住む村であったが、彼らの生業は明らかに大坂の存在を前提としたものだった。一方、大坂の都市民の屎尿《しにょう》は周辺村落に運ばれ、農業生産に利用された。稗島村では北堀江から屎尿が運ばれたことがわかっている[大阪歴史博物館 二〇一〇]。

このように日々の生活において都市大坂と周辺村落は不即不離の関係にあった。幕末にいたるまで大阪湾岸に広がった新田からの青物が大坂へ供給されたことをあわせると、近世大坂の日常生活圏は相当な広がりを見せていたのであり、そのなかでの人間や物資の行き来こそが都市大坂を支える根本だったといえる。

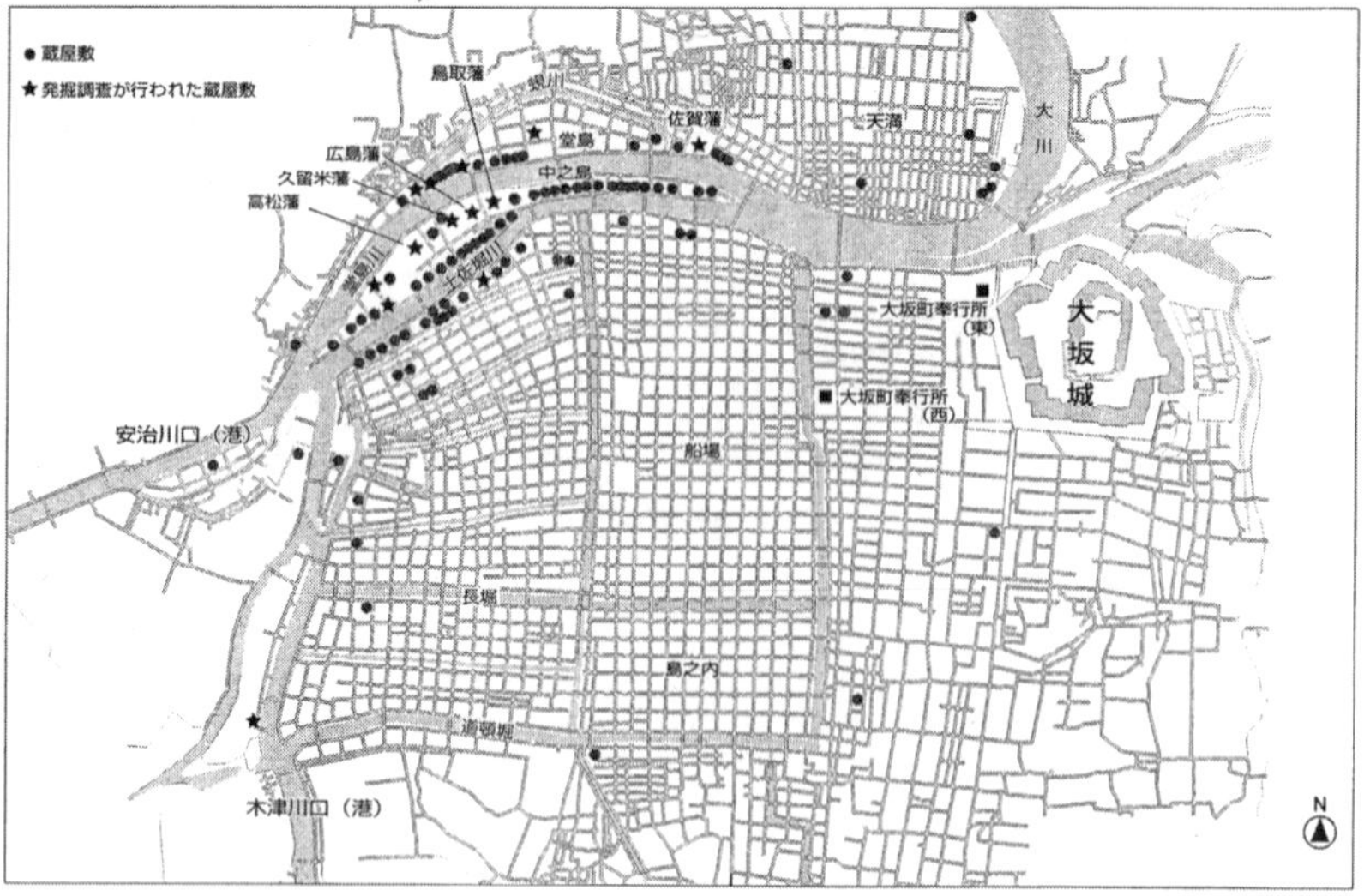

図7　蔵屋敷の分布（天保期）

第2節　発掘された蔵屋敷

✣蔵屋敷とは

蔵屋敷とは諸大名が年貢米や特産物を売買するために設けた施設で、倉庫と屋敷などの建物からなり、参勤交代時の藩主の居所のための屋敷をもつ場合もある。文献史料では天正《てんしょう》あるいは慶長《けいちょう》期には各大名が蔵を伴う屋敷を大坂に営み始めたといわれ［作道　一九八九］、その後、徳川期には堂島に米市場が設置されるなどしたこともあり、大坂に多くの蔵屋敷が設けられ、幕末には一三五箇所を数えたという［藤本　一九八九］。それらの多くは水運に恵まれた中之島や堂島に位置していた。

蔵屋敷の発掘調査は一九九〇年に行なわれた北区西天満における佐賀藩蔵屋敷跡の船入の検出に始まり［大文協　一九九一］、徐々に調査例が増加してきている。西方では西区千代崎から北区中之島、堂島、天満にかけての地点で調査され、現在では一〇地点を越えている（図7）。豊臣期にさかのぼる例はなく、徳川期、十七世紀代以降の屋敷が発掘調査され、さまざまな成果があがっている。

✣蔵屋敷の施設

まず蔵屋敷がどのような要素からなるか、調査成果から見ていこう。中之島にあった広島藩蔵屋敷跡は屋敷地が広範囲にわたって調査され、その様子を見

図８　広島藩船入（西から）

図９　広島藩屋敷（北から）

ることができる例である。文献史料では元和《げんな》年間には屋敷が成立していたとされ、その後の土地の追加も含め三九〇〇坪ともいう規模の大きさで知られていた［森泰博 一九九〇ほか］。

一九九五年度からの調査では十七世紀代に屋敷地となり、幾度かの造替が行なわれたことが明らかになり、そのうち幕末期の遺構面ではとりわけ広範囲が調査された。この屋敷については絵図があり、それと見つかった遺跡がよく対応することも判明した。

堂島川に面した屋敷地北側では船を引きいれる船入《ふないり》が見つかった（図8、口絵14）。周囲には石垣が残り、東西五一㍍、南北四八㍍ほどの規模がある。その南側には藩主も利用したとみられる御殿の跡が発掘された（口絵13）。礎石は残っていなかったが、その抜き取られた跡が整然と並び、絵図との対照で建物の位置などが推測された。その周囲には蔵跡があって基礎の石垣の部分が残り、蔵役人などが勤務・生活していた長屋建物跡などが周囲を囲んでいる。さらに井戸跡や排水溝跡、建物の間にはゴミを廃棄した土坑などがあった（図9）。このような施設から蔵屋敷がつくられていたのである。

船入が確認された他の例としては佐賀藩蔵屋敷跡があって、石垣がよく残存しており、二度の改修が確認された。さらに二〇一〇年からの調査では屋敷地を含む調査区で十七世紀代に始まる変遷が確認されている［大文研 二〇一二a］。また中之島で二〇一〇年に調査された高松藩蔵屋敷では、蔵跡が四棟検出され

図10　高松藩蔵屋敷の蔵跡

た(図10)。大きな礎石が並び、その地下の部分には溝を掘って、こぶし大の石材をぎっしりと入れ安定するようにするなど、砂地の中之島にあって入念な基礎地業を行なっている状況が明らかになっている[大文協二〇一二b]。

✣多様な蔵屋敷のありかた

前項ではどちらかというと大藩の屋敷を見てきたが、発掘調査ではそれにとどまらない蔵屋敷の状況が明らかになっている。中之島の北側、堂島での調査では小型の屋敷が見つかっている。この地点は十七世紀後半に堂島川の改修に伴って新たに陸地となったところで、その後に屋敷となっていた。蔵とそれにつながる屋敷跡があり、肥前大村藩そして越後長岡藩の屋敷と判明した[大文協一九九九b、大澤・古市二〇〇〇]。残されている関連の図面をあわせて検討すると、規模は東西十間、南北二十間あまりと小さく、高松藩や広島藩などの大藩にくらべて、面積で十倍以上の開きがある。

また新たな成果として、二〇一四年に調査された中之島六丁目の地点では四棟の蔵跡が発見され(図11)、全体が調査されたものでは幅八㍍、長さ三四㍍あまりの規模があった。島根松江、秋田矢島藩などが該当する可能性が考えられている。蔵以外の部分は明らかにはなっていないが、蔵以外の屋敷建物の部分はあまり広くなかったことが調査区の状況から推測でき、蔵が大半を占めていたことが推測された。小規模な屋敷の一端が明らかになったといえるだろう[吉田・市川二〇一四]。

図11　中之島六丁目で見つかった蔵跡

いずれの屋敷においても注意したいのは、幾度も造替を経ていることである。興味深い例としては中之島の南側にあたる江戸堀に位置していた萩藩蔵屋敷で、屋敷の変遷の過程が明らかになり、絵図等の分析で十八世紀後半には建物の一部を借家として貸し出して活用していた状況と、遺構の変化とが対応する可能性が指摘されている［松本 二〇〇一・二〇〇四］。また、中之島六丁目の地点では小型の船入を含む蔵屋敷の遺構が見つかり、数回の整地・建築を繰り返していることが判明し、中津藩や宍粟《しそう》藩などが入れ替わっていったことと対応すると推測された［大文協 二〇〇三c］。

このように蔵屋敷といってもその規模や建物の構成では差異が大きい。また、屋敷が固定していたような静的なイメージをもつこともあるが、文献史料や地図等の分析では各藩が入れ替わっていく状況も明らかにされており［豆谷 二〇〇二］、時代とともに建替えられたり、営む藩も入れ替わったりと変化する例があることも注意しておくべきだろう。

✣蔵屋敷に暮らす人びと

大名は大坂では土地・建物を直接保有することが許されていなかった。そのため、商人がもつ土地・建物を借り受け、その商人を「名代《なだい》」として屋敷を営んでいた。屋敷では役人の頭である留守居役や売買を担当していた蔵元、その他の諸役人がおり、国元から武士がやってきて交代で勤めていた。それに加え物品の売買を担当した町人蔵元や出納・金融を担当した掛屋《かけや》たちなど、さまざまな人びとが出入していた。

その暮らしぶりは、遺跡から出土する多様な遺物が手がかりとなる。その一つに土人形など、さまざまな玩具が見つかることもあるし［大文協 二〇〇四ｃほか］、鬢水入《びんみずいれ》や紅皿《べにざら》といった女性用の化粧道具類も出土する。蔵屋敷というと役人を務めた武士など、男性が主体であったとイメージしがちだが、女性や子供も含めて屋敷が営まれていたことを遺物は物語っている。

鳥取藩蔵屋敷跡では墨書のある土師器《はじき》皿が出土し、それには「おあみた様」などと書かれているものがあった。儀式の内容まではわからないが、仏事にかかわる皿であることは確かで、屋敷内で宗教的な活動もあったことが判明した［豆谷 二〇〇〇ａ］。また、各蔵屋敷で出土した遺物には宴席に使われたさまざまな食器・道具類もある。また多くの茶道具も見つかっていて、とりわけ徳川期に盛んになった煎茶にかかわる茶碗や炉などが出土している。蔵屋敷の役人らは北の新地で幅をきかせたともいうが、こうした道具を用いながらさまざまな交流があったのだろう。

また、蔵屋敷には神社などが設けられることもある。広島藩蔵屋敷では絵図から厳島社があったことが知られており、発掘調査ではその基礎の部分や灯篭《とうろう》の石材などが見つかった。こうした国元の神社を勧請する例には高松藩での金《こん》毘羅《ぴら》宮などもある。これらは単に神社を設けるだけでなく、名所参りの場となり、屋敷に在住していた者だけでなく、地元の人びとが参詣したといわれている。

蔵屋敷では物資の売買などの実務的な側面だけでなく、役人たちやその家族などの生活があり、商人らとの交流、そして屋敷内の神社に人びとが参詣するなど、多様な側面があったといえるだろう。

✣蔵屋敷と国元

さらに、蔵屋敷の調査では各藩の国元との関係を示す資料が出土する。たとえば広島藩蔵屋敷では、船入などで国元の地名等を記した木簡が見つかった。そこでは高田郡や世羅《せら》郡などの広島藩内の地名や「米三斗五升」といった記載のあるものがあり、国元からもたらされた状況を示している［大文協 二〇〇四c ほか］。

図12　佐賀藩蔵屋敷で見つかった鍋島焼

佐賀鍋島藩屋敷の調査では、高級磁器として名高い鍋島焼がまとまって出土したことに注目が集まった［大文研 二〇一二a］。鍋島焼は将軍家や諸大名への献上品として焼かれた江戸時代の最高峰の磁器で、一般的な商品ではなかった。発掘調査では三〇〇点を超える資料が出土し（図12）、使用痕があることなどから商品ストックではなく、藩主の使用などきわめて限られた目的のために屋敷にもたらされた可能性が高い。加えて丁寧なつくりで燻《いぶ》された痕が残る土師器皿にも注目したい。佐賀からもたらされたものとみられ、儀礼等に用いられていた可能性が考えられている。他に佐賀藩の紋である「杏葉《ぎょうよう》」家紋を示した瓦や、軒瓦で佐賀産とみられるものが出土している。同様の例として広島藩で「違《ちが》い鷹羽《たかのは》」の家紋を表わした瓦や国元に近い愛媛県菊間《きくま》産の瓦も確認されている。

また国元の焼物が見られる例として、高松藩蔵屋敷では高松で焼かれた理兵衛焼が見つかった例［大文研 二〇一二b］、久留米藩蔵屋敷跡でやはり国元で生産された朝妻焼《あさづまやき》が出土した例がある［阪大埋文 二〇〇三］。ともに大坂では他にないもので国元との関係によるのだろう。

より日常生活にかかわるものとして焙烙《ほうろく》があげられる。大坂で一般的だったものとは形の異なる「御厨系焙烙《みくりやけい》」あるいは瀬戸内系とも呼ばれるものが高松藩や広島藩の屋敷跡で出土している。

このように、売買を目的に運ばれた米などの物資に伴うもの、鍋島焼など藩主屋敷でのしつらえや儀式に伴うもの、家紋瓦などいわば各藩のアイデンティティにかかわるもの、日常生活に伴う焙烙など、各藩の出張所であった屋敷には、さまざまなものがもたらされている。

✣中之島・堂島の開発の進展と蔵屋敷

蔵屋敷の大半は徳川期に入って新たに設けられたもので、すでに開発が進んでいた地域ではなく、新たに開発が進めやすい場所に広がっていくことになった。中之島はもともと大川の中州として形成され、豊臣期あるいは元和年間に開発が始まったところといわれる。発掘でも広島藩蔵屋敷跡の敷地などでは蔵屋敷以前に耕作されていた跡が見つかっており、それらの上にさらに分厚く盛土をして屋敷地の造成が始められていた。

またその対岸の堂島では、十七世紀後半代に河村瑞賢《かわむらずいけん》による改修によって開発が本格化するが、その新しく造成された土地で陶器の窯が営まれた後、蔵屋敷へと変化していく過程が明らかにされている［大文協 一九九九b］。同じように堂島の新地造成の後に蔵屋敷が成立していく状況はより西側のエリアでも確認されている［大文研 二〇一一aなど］。

このように蔵屋敷跡の調査は、大坂における水辺の開発の進展と、都市として整備されていく状況を知ることができる場所でもあるのだ。

第3節　町人地の拡大と構造

✣豊臣の城下町から徳川の城下町へ

慶長二十年（一六一五）五月七日、炎に包まれる大坂城とともに、豊臣家は滅亡した。豊臣家を滅ぼさんとする徳川家康の執念によって、前年の大坂冬の陣、この年の夏の陣によって大坂は灰燼《かいじん》に帰した。秀吉の大坂築城とともに誕生した巨大都市は二度の戦乱によって焼失してしまった。しかし、豊臣時代に蓄えられた都市としての底力はこの戦乱でも失われることなく、徳川の時代になってもすぐに復興する力となった。京都に近く、西日本や遠く海外との交易ができる港湾機能を有していた大坂は、徳川幕府もその価値を認め、大坂夏の陣直

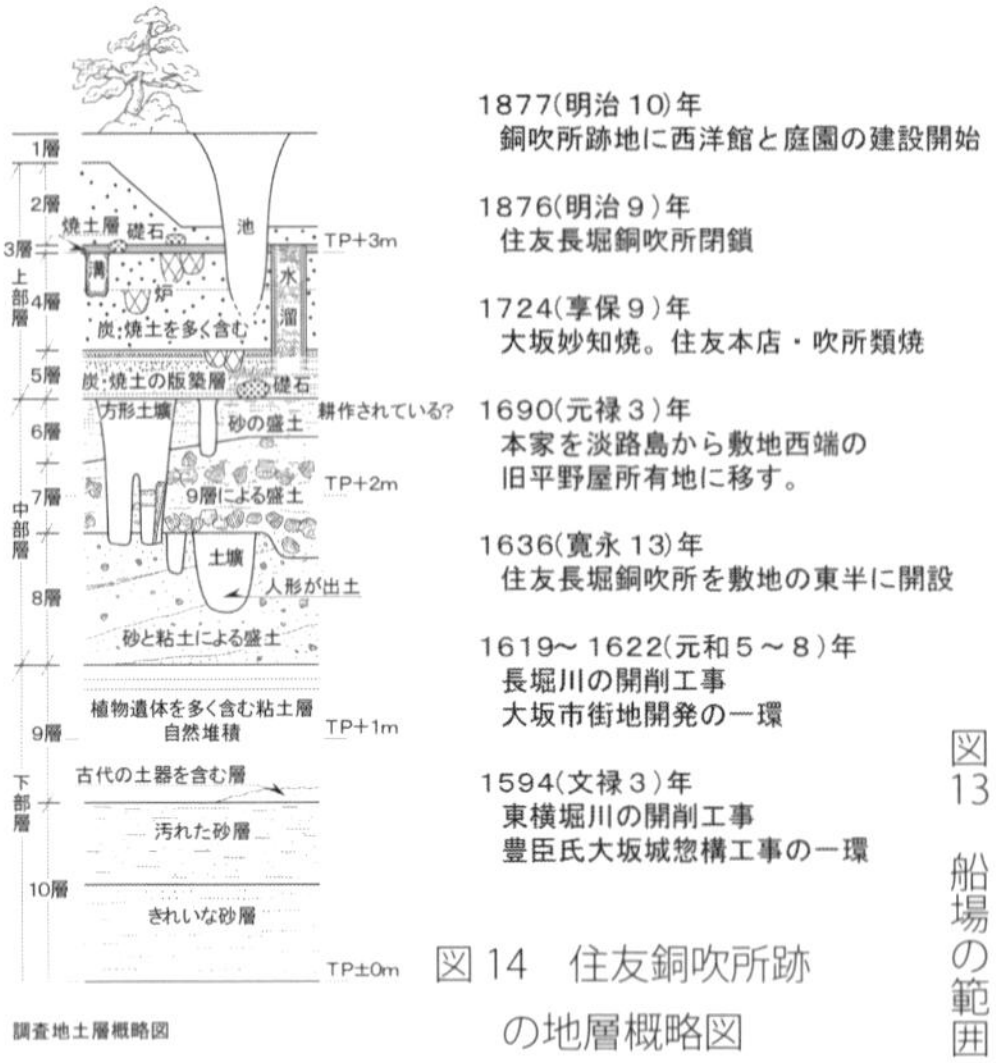

図14　住友銅吹所跡の地層概略図

図13　船場の範囲

後から市街地の復興事業に着手した。復興にあたっては大坂の陣の焼土層を覆い、嵩上《かさあ》げして新しい地面を造り出した。

✣船場と堀川の開削

東横堀川の西にある船場は、秀吉が亡くなる慶長三年（一五九八）から建設が始まった。その範囲は西が心斎橋筋《しんさいばしすじ》付近、南は南本町《みなみほんまち》と推定した（図13）。その後、繁栄する大坂への人口集中が進み、秀吉晩年には南は博労町《ばくろうまち》や順慶町《じゅんけいまち》付近まで拡大していった。西では船場の西にある西横堀川が元和六年（一六二〇）には完成したとされるが、開削工事は慶長五年から着手されたとも伝わる。その頃には市街地も西横堀川辺りまで拡張していたのだろう。

川を開削すると大量の土砂が出るが、その土砂を町の造成工事の盛土に使うことで、高燥《こうそう》な市街地が確保できる。堀川の開削は水運の便がよくなるだけでなく、市街地開発にも利点があった。中央区島之内《しまのうち》一丁目の住友銅吹所跡の調査では、最下層にこの地が海だった時の地層や湿地だった時の地層が堆積していたが、その上には上下二枚の厚い盛土があった。遺構や出土した陶磁器の年代から、下の盛土を文禄三年（一五九四）の東横堀川の開削工事で出た土砂で、上の盛土を元和八年の長堀川の開削工事で出た土砂を盛った地層と推定した［大文協 一九九八、図14］。発掘調査で確認できた堀川工事の痕跡の一つである。

西横堀川と木津川をつなぐ阿波座堀は慶長五年には完成している。道頓堀は慶長十七年（一六一二）から始まり冬の陣直後の元和元年に完成した。新たな市

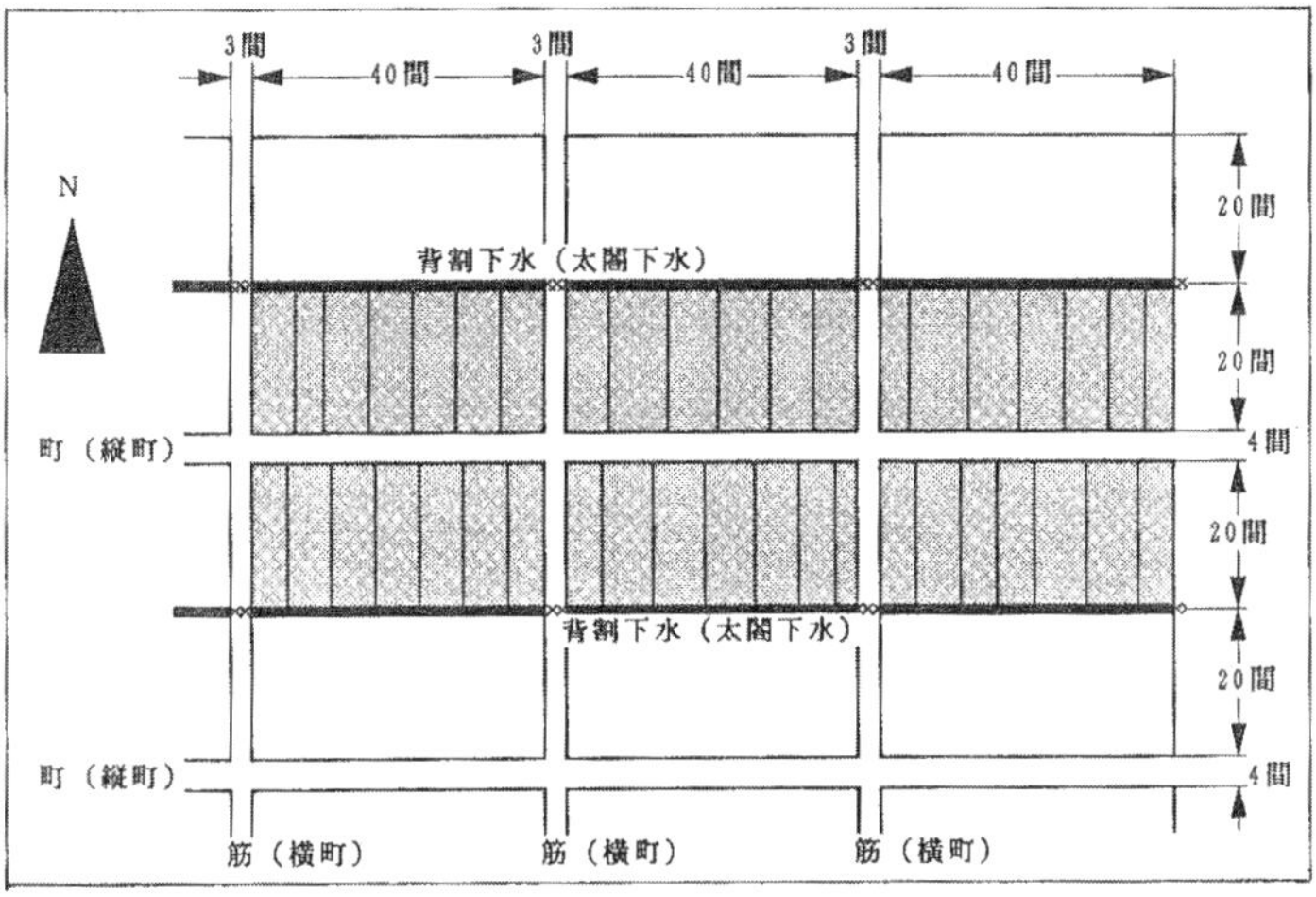

図15　大坂の町の形
（大阪都市協会一九八九より転載）

街地を開発する必要があったのだろう。そして冬の陣後には江戸堀（元和三年完成）、京町堀（元和六年完成）、長堀（元和八年完成）、立売堀《いたちぼり》（寛永三年完成・一六二六）、海部堀《かいふぼり》（寛永元年完成・一六二四）、薩摩堀（寛永七年完成）と開削工事が進行していく。大坂が西の大阪湾に向かって拡大していったのである。

✣街区と町

西へ南へと拡張していった大坂は、豊臣期の船場の街区を基本にして道路を延伸させて行く方法で拡大している。船場の街区は東西道路に間口《まぐち》（入口）を開く両側町で構成されており、大坂城の方、つまり東から一丁目が始まり、西の大阪湾に向かって丁目の数字が大きくなる。一つの街区の東西幅は四十間で、南北幅も四十間と正方形の街区となっている。

それぞれの屋敷の間口は二間から十間程で一定ではないが、奥行きは二十間と統一されている。それは東西南北の道路に区切られた街区を南北に二分する位置に排水溝が東から西へと貫通しているからである。そしてこの排水溝を境に町が異なっている。大坂の町は道路で囲まれた街区が一つの町ではなく、道路に面して間口を開く向かい合った両側の家並で一つの町を構成している（図15）。

✣町境としての背割下水

街区を貫通するこの排水溝は町の背後を通ることから「背割下水《せわりげすい》」とも呼ばれ、東横堀川付近から西横堀川の方へ直線で延びており、計画的な都市設計が

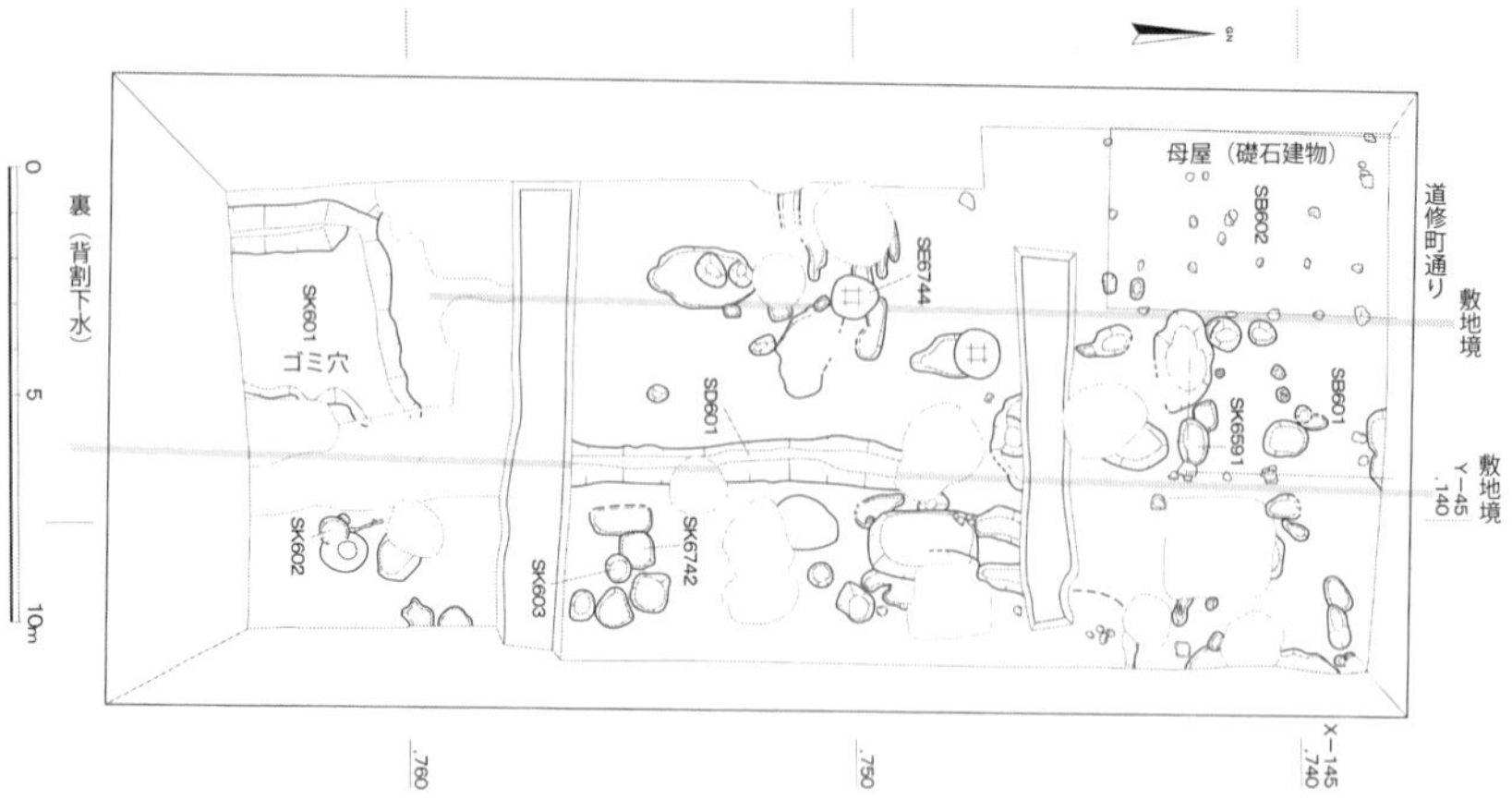

図16　道修町二丁目の豊臣後期（17世紀前半）の屋敷地

行なわれていることがわかる［大阪都市協会 一九八九］。この排水溝は「太閤《たいこう》下水」とも呼ばれているが、豊臣期から存在していたのかどうかは疑わしい。それは道修町一丁目と平野町一丁目にまたがる敷地の調査では大坂冬の陣の焼土層の下層ではそれに相当する溝がなく、焼土層の上層で見つかったからである。敷地の奥に蔵が建っていない敷地では敷地の幅いっぱいに広がるゴミ穴が掘られ、隣の敷地との境界の溝がそのゴミ穴に流れ込んでいるのが見つかっている（図16）。

船場の開発段階から背割下水が設置されていれば、敷地境の溝は背割下水まで延びていたであろう。敷地境の溝がゴミ穴に流れていた時代には、背割下水はなかったのかもしれない。ただ、その位置は町の境界として認識されていた。

✣大坂の町の形

大坂は東の上町台地の高台にある大坂城を高所として、西の船場方面にむかって低くなっていく。そして、大坂城方面へ延びる東西道路が町通りで、それに面して町屋の間口が開いている。上町《うえまち》地区の島町《しままち》通りや釣鐘町《つりがねまち》通り、船場地区の道修町《どしょうまち》通りや本町《ほんまち》通りなど、すべて東西方向の町通りである。

これに直交する南北方向の道路は筋と書き、建設当初は南北方向の筋は建物の横壁が連なる殺風景な景観で、間口を開く屋敷はなかった。それが十七世紀後半頃から南北方向の筋に接する角地が数軒の敷地に分割され、南北方向の道路に間口を開く町屋が建つようになった（図17）。ミニ開発の先駆けである。大

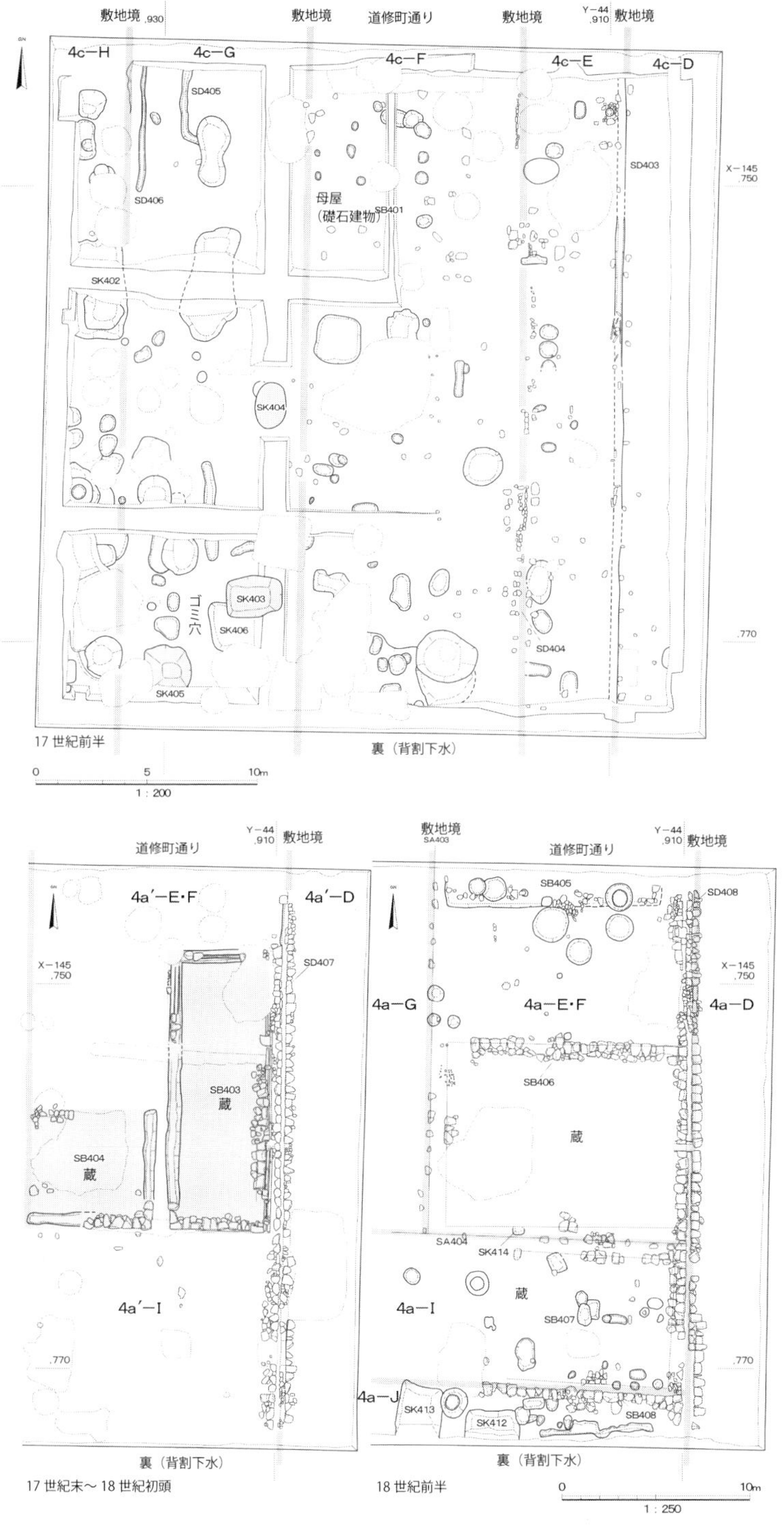

図17　道修町一丁目の屋敷地の変遷

坂で新たに商売を始めた人たちがこうした南北筋に間口を開く敷地に入ってきて、大店《おおだな》になる夢を抱いて商売を行なっていたのではないだろうか。

✣町の建設

大坂の町屋のほとんどは慶長十九・二十年(一六一四・一六一五)の大坂冬・夏の陣によって焼失した。しかし、戦後すぐに町の復興が進められた。船場地域での発掘調査では大坂の陣前後の町屋の姿を明らかにしている。

船場地域は慶長三年(一五九八)に建設されたと先に紹介したが、それ以前から北端部の道修町辺りには人びとが住んでいたようで、道修町一丁目には鋳造を生業とする町人が住んでいた。場所は天正十一年から町屋が建設された高麗橋通りの南に位置する。そこの町屋の建物は道修町通りに直交する方向ではなく、北の高麗橋通りの方向とも異なり、北で西に振っていた。建物が道路の方向に規制を受けていないことから、町の中に含まれていなかったと推定でき、道修町は慶長三年までは町の範囲ではなかったことがわかる。それが慶長三年の船場の開発で道修町の道路と同じ方向の敷地割が行なわれ、道修町通りに直交・平行する建物が建てられたのだ。その後は大坂の陣の後になっても同じ方向の建物が建ち続けていく。

✣町屋敷の内部

道修町やその南の平野町一丁目では一筆の敷地だけでなく、隣り合う数筆の敷地にまたがって発掘調査を行なったことがある。先に述べた背割下水を挟ん

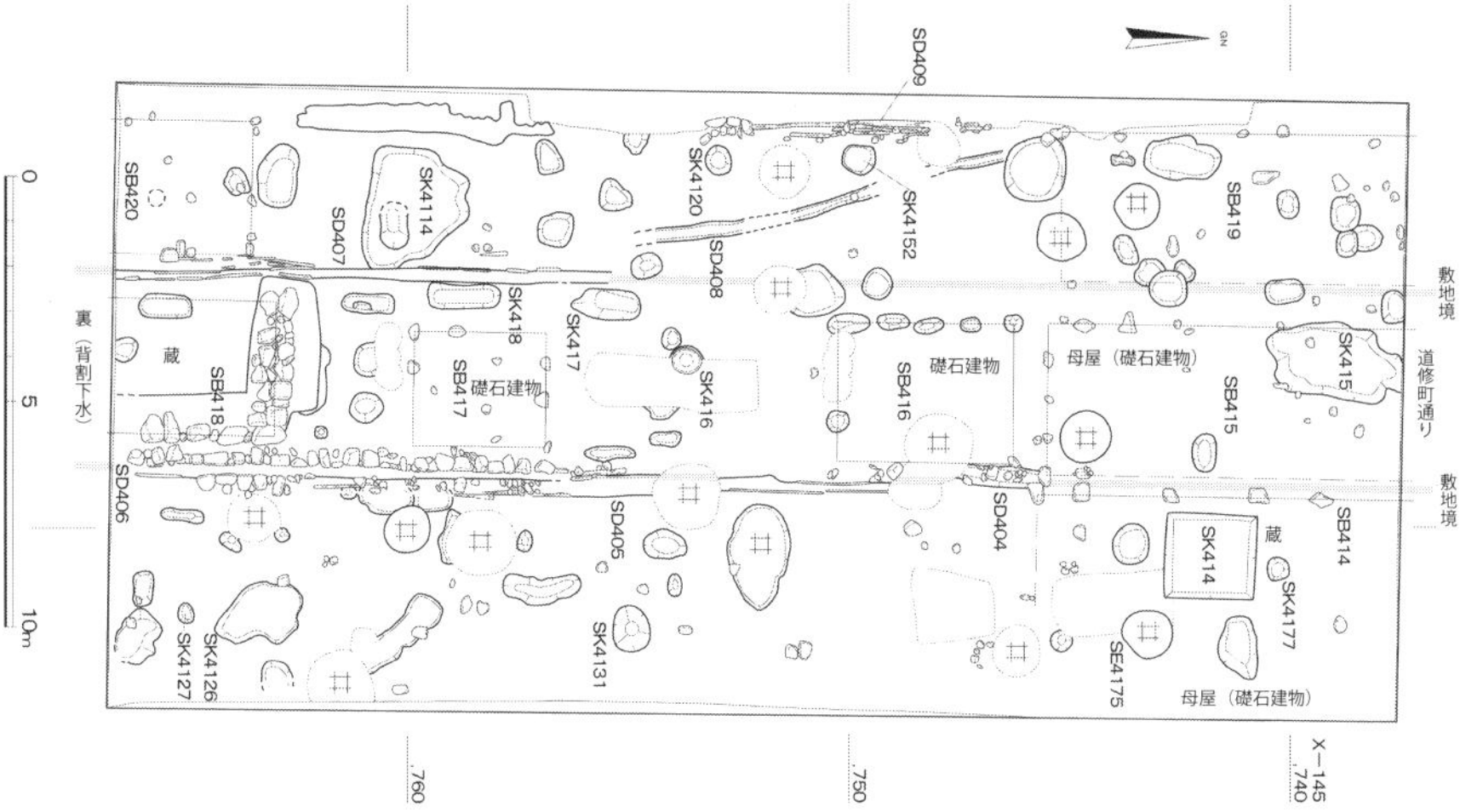

図18　道修町二丁目の徳川期（18世紀前半）の屋敷地

で背後の町まで調査した時には背割下水の出現時期を確認できたし、隣り合う敷地の境になる敷地境の溝も見つけている。興味深いのは現代の敷地境が江戸時代の敷地境を踏襲していることがわかったことと、その敷地境が大坂の陣の焼土層の下でも同じ位置に見つかったのである。町境の位置も豊臣期から変わっていないし、隣り合う敷地との境も豊臣期から同じ位置を踏襲している。敷地の間口（入口）には大きな礎石建物が建ち、道路に面していることがわかり、道路も同じ位置にあることが判明する。大阪は豊臣期大坂の町の姿が今でも踏襲されているのだ。

　町屋の敷地の中の変化も追える。豊臣期には道路に面する間口部分に母屋と考えられる礎石建物が一棟と、敷地奥は蔵と思しき建物が一棟ある程度だったが、大坂冬の陣後には至る所の敷地で母屋と蔵の間にも礎石建物が建つようになる。また、十七世紀末になると敷地奥の蔵の基礎が、柱位置に礎石を置く構造だったものから、四周の壁の位置に石を敷き並べた頑丈な基礎になってくる（図17・18）。この頃になって蔵の壁や柱などの構造が重厚になっている。都市は火災の頻度も多くなる。大坂も例外ではない。頻繁に起こる火災から家財を守るために費用を投じて火災に強い厚い壁の蔵を建て始めたようだ。同じ頃から母屋の地下に造る穴蔵にも石材を用いるようになっている。費用を惜しまず家財を守ろうとする大坂商人の姿が見えてくる。

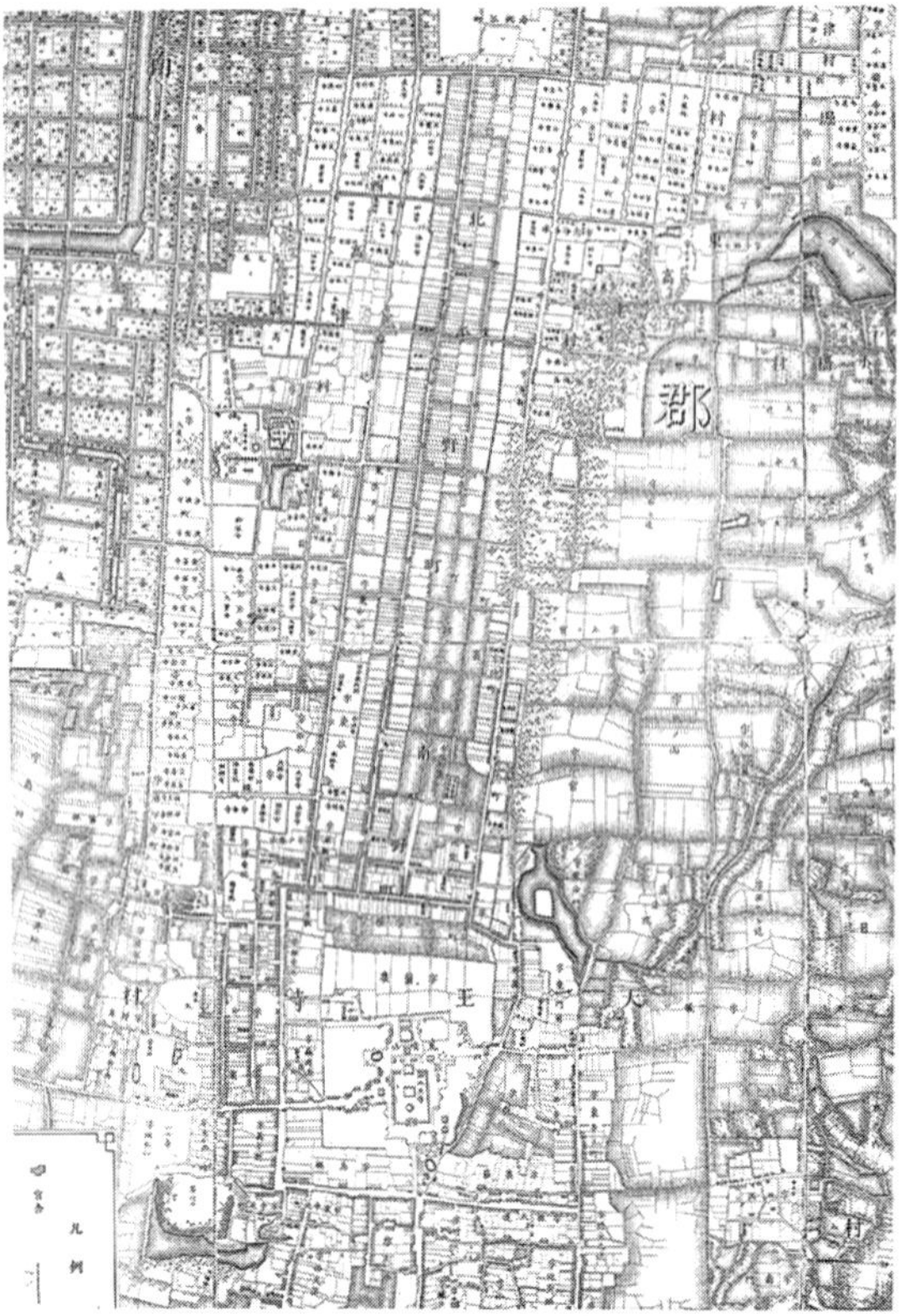

図19　平野町　大阪実測図

第4節　大坂をつくった町人たち

✣「町人の都」と「武士の町」

徳川時代の大坂はよく「町人の都」といわれる。これに対し、大坂が大坂城を基準に設計されたことや、少ないながらも武士が居住し、彼らが集住する「武家町」も存在したことから、最近では大坂を「武士の町」という観点から検討する研究もあらわれている［薮田二〇一〇］。

確かに大坂は城下町であり、その点で武家の存在・役割を無視することはできない。ただ同じく指摘されているように、徳川時代の大坂は最大人口が四〇万人だったが、そのなかで武士の人口は八〇〇〇人程度だったので、その割合は二％となり、城下町平均の一〇％よりずいぶんと低い。武士の居住域も当然狭く、城代も頻繁に交代したことから、武士の印象が薄い都市だったことは否めないだろう。では、逆に大坂に住む町人たちとはどのような人びとだったのだろうか。

図20　徳川大坂城の石垣

✣「大坂町人」の出自

「大坂町人」の出身地は？　というのは、何かおかしな質問のように思われるかもしれない。「大坂町人」は大坂の人なのだから。しかし、城下町は一般的にそこが建設される時に周辺の都市や村落から多くの人びとが移住してつくられるのが常だった。城下町のなかに住民の出身地の地名を冠した町名がしばしばみられるのはそうしたためであり、それは大坂でも同様であった。

では、「大坂町人」はどのように誕生したのであろうか。大坂本願寺の最末期、天正八年（一五八〇）までさかのぼってみよう。

現在の大坂城の地にあった大坂本願寺には寺内町が付属し、多くの人びとが住んでいた。織田信長は本願寺に戦争をしかけ、本願寺をこの地から追い出したが、町人については当地に残ることを認めた［仁木　一九九七］。実際どれほどの町人が残ったかはわかっていないが、そのまま豊臣期城下町の住人となった町人もいたであろう。彼らこそ大坂の根本住人と呼ぶにふさわしい人びとである。

✣周辺中世都市からの移住者

天正十一年（一五八三）、豊臣秀吉が大坂城下町を建設しはじめた時、大坂の東南部にあった自治都市・平野《ひらの》（現大阪市平野区）の住人に移住を命じ、大坂城と四天王寺のあいだを結ぶ街道に沿って町を建設させた（『兼見卿記《かねみきょうき》』）。

この町は彼らの出身地名をとって平野町と称した。平野は当時大変富裕な町

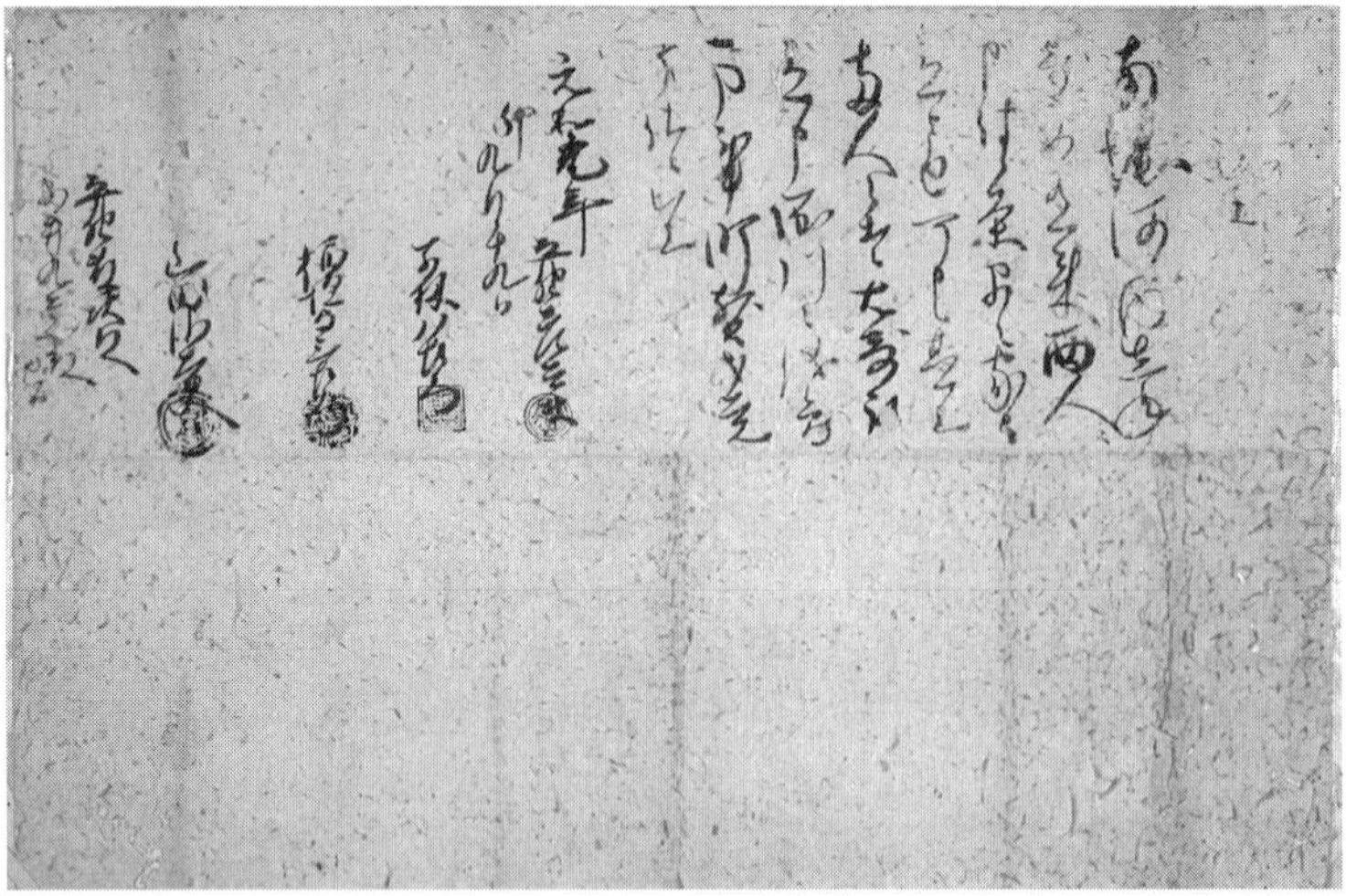
図21　道頓堀開削指示書（安井家文書）
大阪歴史博物館蔵

であり、秀吉はその財力を新都市・大坂の建設につぎ込ませたのである。

平野の東方には久宝寺《きゅうほうじ》がある（現八尾市）。久宝寺は十六世紀、寺内町として発展した町だが、ここを地盤とした土豪の安井氏も大坂に進出した。安井氏のかかわりでもっともよく知られているのは道頓堀川の開削事業である。道頓堀川は豊臣後期の慶長十七年（一六一二）に開削がはじまったが、その普請関係者は平野藤次・成安道頓・安井治兵衛・安井九兵衛とされている（「安井家文書」）。

ここに名前のみえる安井氏はまさに久宝寺出身であり、さらに道頓堀川が完成したのちにはその沿岸地の町場建設等にたずさわり、南組惣年寄の地位にのぼりつめることになった。なお、平野氏・成安氏については平野の有力者であり、平野の町人も各方面で大坂の建設に深く寄与した様子がわかる。

✣伏見町人の移住

平野や久宝寺の町人に開発を請け負わせた事例をみてきたが、徳川期にはいって大坂城下町が拡大するなかで、大きな役割を担ったのが京都・伏見の町人であった。伏見町人は伏見城の廃止に伴い、元和五年（一六一九）、将軍秀忠によって大坂移住が命ぜられた。伏見からは一〇八町が大坂へ移ってきたとされ、その移住先としては上町地区、玉造地区、船場の伏見町・呉服町地区、西船場の京町・京町堀地区、心斎町地区、下博労地区［内田 一九八二］、阿波堀南地区、新町地区［大澤 二〇一三］が知られている。このうち上町地区には、豊臣時代の武家地が町人地に転換したと推測される大手通～本町通の町々が含まれており、

図22　伏見町人が来住した伏見町・呉服町
明暦元年大坂三郷町絵図　大阪歴史博物館蔵

武家地の跡地利用策とみることもできる〔松尾 二〇〇三〕。また、船場の伏見町・呉服町については傾城町〔内田 一九八五〕や魚市場〔森・豆谷 二〇〇〇〕の跡地への配置と考えられる。長堀の開削にも伏見町人がかかわり、有名な心斎橋はやはり伏見出身の岡田心斎が架橋したことから命名されたものである。このように伏見町人の移住は大きな意味をもったが、移住当初は伏見由来を高らかに主張していた町名も十八世紀には改称され、伏見由来であることが一見するとわかりにくくなった（伏見立売町→常盤町、伏見鑓屋町→鑓屋町など）。伏見町人の「大坂町人化」が進んだ結果といえよう。

✣大坂町人が支えた徳川大坂城普請

元和六年に開始された徳川大坂城の普請には西国・北国の六四家の大名が参加した天下普請だったが、大坂に所縁のない大名たちを現地で実質的に支えたのが大坂町人であったことはほとんど知られていない。たとえば筑前黒田家に対しては東横堀川・長堀川の分岐点東側で町人六名が石垣石や諸資材の保管場所を提供し、賃料を得ていた。瀬戸内海を通って大坂に運ばれた石材などは、一気に大坂城まで運ばれるのでなく、このように大坂市中に設定された中継地点に仮置きされながら大坂城に運び込まれたのである。ここで保管場所を提供した中心人物は敷屋《しきや》茂左衛門だったが、当地のすぐ西に位置した長堀川南岸が茂左衛門町と呼ばれていたことから、彼はこの一帯の開発町人だった可能性が高い。

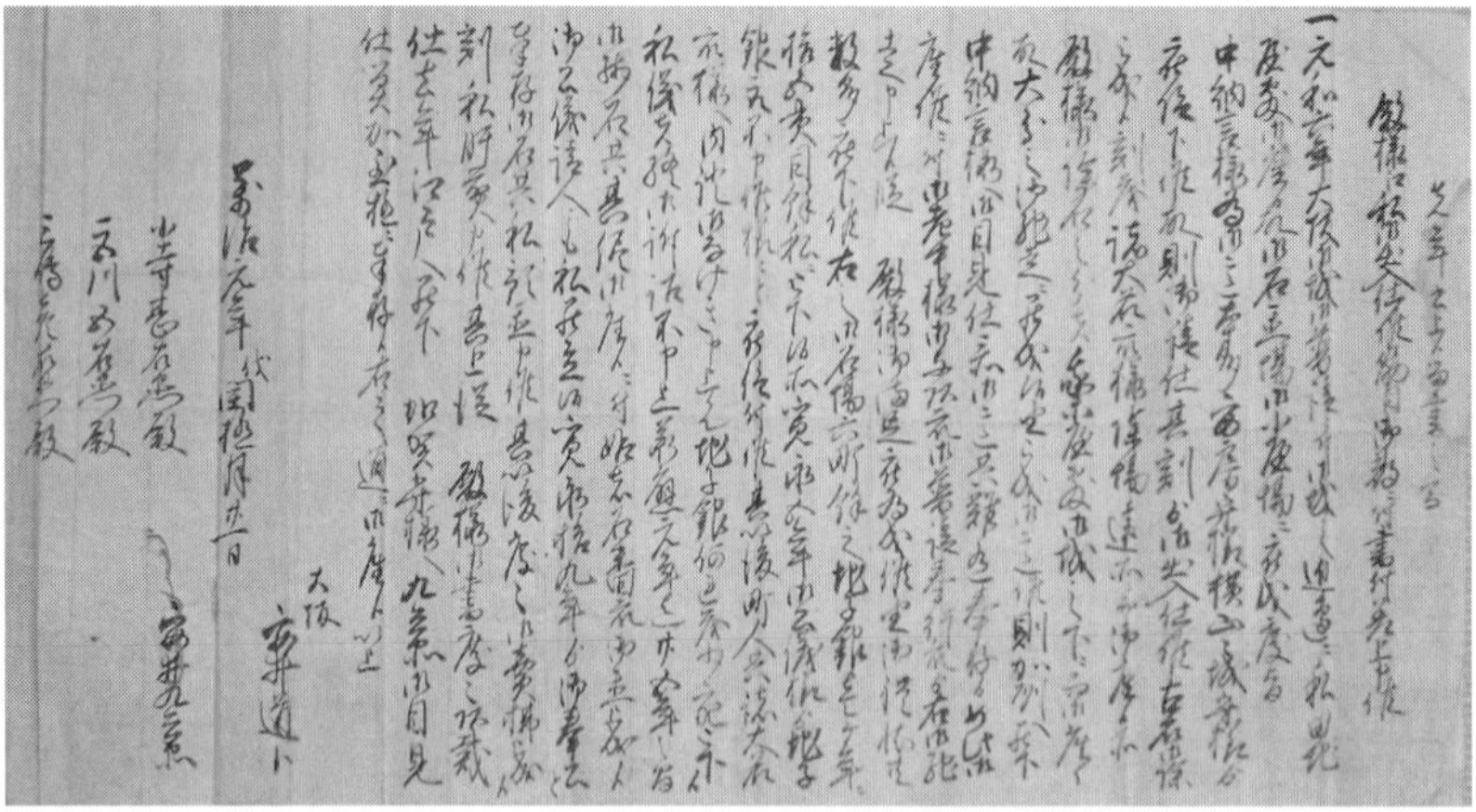

図23　安井氏が前田家の大坂城普請参加に助力したことを記した文書（安井家文書）
大阪歴史博物館蔵

敷屋以上の行動をみせたのがさきの安井氏である。安井氏は加賀前田家と昵懇の間柄で、第一期普請の際に大坂城近辺にあった安井家所有の田地屋敷を石置場・小屋場として前田家に賃貸していた。前田家も安井氏を頼りにしていたようで、当主前田利常《としつね》が安井氏の馳走に対し謝意を表したり、石垣石の調達段階から安井氏へ依頼をかけている。阿波蜂須賀《はちすか》家も同家の「普請人」に対する協力を当主直々に安井氏へ依頼するなど、安井氏に対する諸大名の信任は厚かった。なお、前田家との関係でいえば、安井氏は運ばれたものの結果的に使用されず残ってしまった石についても最後の売却処分まで請け負っており、前田家の大坂城普請への参加は安井氏抜きには考えられなかったといっても過言ではなかろう（以上、「安井家文書」）。

✣大坂町人の変動

徳川初期の大坂町人は安井氏や敷屋氏のように大坂の町の開発を請け負ったり、諸大名の蔵米販売や大名貸を行なったりして富を築いた者が少なくなかった。しかし、淀屋辰五郎が贅沢な生活に端を発する経営不振から闕所《けっしょ》になったように、十八世紀初めには町人の変動がみられるようになった。その結果、家と家業の存続を第一にしつつ、広範な事業に乗り出す新興の鴻池《こうのいけ》家や住友家に代表される豪商が登場する新たな段階を迎えることになったのである。

第Ⅲ章　大坂人のくらしぶり

慶長丁銀

図1　さまざまな焼物

第1節　大坂出土の焼物

十六世紀後半に豊臣秀吉によって新たに建設された大坂は、秀吉の権勢の上昇とともに巨大な都市へと変容していったが、その建設には前身となる大坂寺内町や渡辺津、そして四天王寺門前町などの中世都市の存在が大きかった。それらの都市については序章第1節や2節で触れた。また、大阪の中世都市に住む住人たちの生活道具についても序章第3節で紹介した。

それらは素焼きの土師器《はじき》や瓦質《がしつ》土器などの、一見、粗末な土器が多く、そうした中に国産の備前焼や常滑焼などのほか、海外からもたらされた中国製の陶磁器も用いられていた(図1)。

素焼きの土器は大阪周辺で生産されたものがほとんどで、鎌倉時代までは瓦のように燻《いぶ》し焼した瓦器《がき》の椀と皿があるが、その後、椀が減少し皿だけが残った。椀は木製の椀が使われたために生産量が減り、皿は酒器や灯明皿《とうみょうざら》としても使えるために残っていったのだろう。

食器以外では煮炊き用の羽釜《はがま》が多く出土する。鎌倉時代までは土師質の土器が主流であったが、室町時代には瓦質の製品が主流になる。

国産の陶器は飲食器では中国の青磁碗を模倣した瀬戸焼が大阪に搬入されている。これは喫茶用の碗で、飯碗として使用されたものではない。同様に中国

図2　渡辺津出土遺物

製の壺を模倣して瀬戸焼の壺が生産されていた。中国製の碗は高価だったため、国産の瀬戸焼の碗が庶民の中に広まっていたのだ(図2)。このほか備前《びぜん》焼の壺や甕、擂鉢《すりばち》が大量に出回り、それ以外でも常滑《とこなめ》焼の壺や甕が入っている。

中国からもたらされた陶磁器は青磁や白磁の碗・皿、白地に青い呉須《ごす》で文様を描く青花《せいか》が出土する。青磁碗は簡略された蓮の文様をヘラで描いたものが多く見つかる。青花は花や唐草の文様を青い呉須と呼ばれる顔料で描く碗や皿で、十六世紀前半までは青磁よりも出土量は少ないが、十六世紀後半になると出土量が増加する。

大坂城の地にあった本願寺が信長に敗北し、紀州(和歌山県)鷺森《さぎのもり》に移転した天正八年(一五八〇)に本願寺は火災に遭った。その焼土層から出土した生活道具は、土器では土師器の皿や羽釜が多く、瓦質土器は非常に少ない。陶磁器では国産の瀬戸美濃焼の天目茶碗と丸皿、備前焼の壺や甕、擂鉢で、常滑焼は出土していない。輸入陶磁器では青花の碗や皿が多くなり、白磁の皿がそれに次ぐ。青磁は非常に少なくなっている。

室町時代までの生活道具は土器が大半を占め、その中に国産や中国の陶磁器が混じる。しかし、十六世紀後半の室町時代末になると、青磁は碗、皿ともに減少し、白磁は皿が残るが、青花が圧倒的に多くなる。

天正十一年(一五八三)、羽柴(豊臣)秀吉が大坂城を築く頃、陶磁器の種類は、前代とさほど変化はない。国産の土器もほとんどが土師器の皿や煮炊き用の羽

図3　豊臣前期の陶磁器

釜や鍋が見つかる。陶器では瀬戸美濃焼の碗や皿で、初期には鉄釉《てつゆう》を掛けた茶色の天目茶碗や皿が多かったが、その後、灰釉《かいゆう》を掛けた灰緑色の碗や皿が増えてくる。貯蔵具は備前焼が占めている。また、擂鉢も備前焼が大半であるが、少量の丹波《たんば》焼や信楽《しがらき》焼が出土する。出土量や器種は前代よりも多くなってくる（図3）。

　輸入陶磁器は中国製の青花がほとんどで、白磁が少量混じる。青磁は姿を見せなくなる。器種は碗や皿で出土量も増えてくる。輸入陶磁器では朝鮮王朝陶磁の出土量も多くなる。器種には茶碗や皿以外に小さな口に下膨れの胴部の壺が見られる。非常に数は少ないがベトナム産の白磁碗も数地点から見つかっている。

　豊臣期は天正十一年（一五八三）の築城開始から大坂夏の陣で豊臣家が滅ぶ慶長二十年（一六一五）までの期間であるが、その間に秀吉による大きな都市改造が行なわれる。大坂城周辺に大名屋敷を建設し、それまでそこに居住していた町人や寺院を新たに建設した町人地（船場）に強制移転させた。これを「大坂町中屋敷替」（『松谷伝承記』）というが、これを画期に大坂が西へと拡大した。それまでにも秀吉の権勢が増してきたことにより初期の町人地が拡大したようで（第I章第1節）、大坂城下町跡の広い範囲で生活道具が出土する。

　この時期、陶磁器生産地でも、新たな動きがみられる。それまで鉄釉や灰釉を掛けた碗や皿を作っていた瀬戸美濃地方では黄色味が強い釉薬《ゆうやく》を全面に掛け、

図4　豊臣後期の陶磁器

部分的に緑色の銅緑釉《どうりょくゆう》を散らした「黄瀬戸《きせと》」と呼ばれる陶器が出現した。また、器の形も天目碗だけでなく、筒型の茶碗や鉢と呼ばれる器種が出現した。筒型の碗は侘《わ》び茶の道具として生み出された樂《らく》茶碗の形を模倣したもので、釉薬の発色も艶《つや》やかな漆黒《しっこく》色を呈していた。

少し遅れて白い長石釉《ちょうせきゆう》を掛けた上からさまざまな模様を描いた「志野《しの》」と呼ばれる陶器も生み出された。器も碗だけでなく向付《むこうづけ》や鉢などの食器や、水指《みずさし》・建水《けんすい》など茶の湯の道具も生産するようになった。向付と呼ばれる食器は筒型のものや波打った口を持つもの、四角い形をしたものなど、さまざまな形の器を生み出した。

そして、新しい器を生み出す動きは九州の陶器生産地でも始まった。佐賀県北西部にある伊万里市や唐津市一帯では天正年間から陶器生産が始まったとされるが、慶長期になると爆発的に生産されるようになった。陶器の碗や皿だけでなく茶の湯の盛行にあわせて向付と呼ばれる器や水指・建水なども生産し、茶の湯を嗜む人びとの需要にこたえていた。

唐津焼と呼ばれるこの陶器は、都市改造を行なった大坂に大量に運ばれ、それまでの食器組成を大きく変化させた。大坂では日本各地で活発になった窯業の生産品が大量にもたらされ、町人の生活道具が華やかになってきたのだ（図4）。

これに少し遅れて、瀬戸美濃地方では灰釉と銅緑釉を掛け分けた上に、鉄釉

図5　大坂出土の擂鉢
（手前は備前、奥右は信楽、奥左は丹波）

図6　焙烙
（奥左は16世紀末、奥右は17世紀、手前が18世紀）

で絵を描いた「織部《おりべ》」という陶器が登場する。これは轆轤《ろくろ》を用いて成形していたそれまでの陶器とは違って、薄い粘土板を組み合わせて作った奇抜な形の焼物で、それまでにはなかった器であった。

海外から運ばれた陶磁器も種類や形が豊かになる。最も多くみられるのが中国製の青花で、直径四〇チセンを越える大振りの皿も出土する。朝鮮王朝陶磁も多く出土し、茶の湯の器として使用されていた。

桃山の絢爛豪華《けんらんごうか》な風潮は普段の生活道具であった食器から新しい生活スタイルの中で用いられる器となった。「桃山の茶陶」と呼ばれるこれらの陶磁器は秀吉の豊臣期の大坂の繁栄の中で生み出された陶磁器群であり、華やかなこの時代が生み出したものだった。

こうした陶磁器が大坂では慶長十九年（一六一四）と翌年におこった大坂の陣の焼土層から大量に出土する。それらは武家屋敷と町人屋敷で出土するものとの違いはまったくなく、早くから都市として繁栄していた堺や京都から出土するものとも違いはまったく見られない。この時期に各地で建設されていた城下町でも同じような陶磁器が出土している。

豊臣家が滅ぶと大坂は徳川幕府の支配が及んだ。この時代になると、それまでの華麗な陶磁器の姿が見えなくなり、実用向きの食器が多くなる。瀬戸美濃焼も茶陶の志野や織部が姿を消し、大坂への瀬戸美濃焼の搬入が激減した。大坂の市場を唐津焼が席巻した格好である。唐津焼もまた茶陶がなくなり、絵唐

図7　焼塩壺と蓋

津と呼ばれる器も消え、絵のない碗や皿へと交代する。

同じ頃、佐賀県の有田地域では磁器の生産が始まる。伊万里焼と呼ばれる白地に青い呉須で文様を描いた染付は、中国での明清交代の騒乱の影響で輸入が途絶えるようになった青花に代わり、国産磁器である伊万里焼が大量に流通するようになった。

これ以降、大坂はもとより国内のすべての都市では伊万里焼と呼ばれる肥前磁器が広く流通した。碗や皿といった食器だけでなく徳利や花生けなどの壺や蕎麦猪口、酒杯、仏飯器など、現代の私たちが使っている陶磁器のすべてが生産され広く流通する。

陶器については、西日本と東日本で状況が違い、唐津焼の産地に近い大坂では肥前陶器が主流を占めるようになった。大坂は西日本最大の市場であり、九州から運ばれる肥前陶磁器が生活道具の主流であった。ただ、壺や甕については備前焼や丹波焼が多く、擂鉢も備前焼や丹波焼のほか、大坂近郊の堺で生産された擂鉢も大坂に入ってきた(図5)。

土器では皿以外に羽釜や焙烙《ほうろく》(図6)といった調理具が中世以来、形を変えて使われていく。また、豊臣期から突然現れる土器に焼塩壺《やきしおつぼ》がある。これは大阪府南部の泉州地域で生産されたもので食卓塩の生産道具であり容器であった。これも江戸時代を通して形を変えて使われ続けた(図7)。

図8　色鮮やかな焼物で構成される豊臣期の陶磁器
磁器は中国・朝鮮半島から、施釉陶器は美濃や肥前から運ばれてきた。焼締陶器は備前・丹波・信楽など中世からの生産地のものが流通した。

第2節　大坂出土の桃山陶磁

✣大坂城跡の陶磁器と年代比定

大坂城跡において十六世紀後半から十七世紀前半にかけての陶磁器の変遷を明らかにしたのは、一九八八年に報告書が刊行された『大坂城跡』Ⅲといってよい。報告書を中心にまとめた鈴木秀典は、層位的に出土した遺物の変化を明らかにし、地層に実年代を比定することによって、大坂本願寺が焼亡する天正八年（一五八〇）から調査地の場所に土手が描かれている絵図のある明暦《めいれき》三年（一六五七）以前の陶磁器編年を明らかにした。特に、豊臣期に属する二つの陶磁器の様相を「豊臣氏大坂城期前半」「豊臣氏大坂城期後半」（以下豊臣前期・後期と記す）と呼称し、その境が一六〇〇年前後であることを明らかにした（大文協一九八八）。その後、紀年銘資料の発見や、豊臣前期と後期を区分する年代を慶長三年（一五九八）とするなどの修正を加え、大坂本願寺期から徳川初期の年代観を図13のように区分して考えるようになった。

✣各時期の陶磁器の概要

大坂本願寺期から徳川初期2とした時期の陶磁器は、ここで取りあげる施釉《せゆう》陶磁器のみではなく、焼締《やきしめ》陶器や土師器《はじき》、瓦質《がしつ》土器などを含む組成である（図8・9）。ここでは青花《せいか》と瀬戸美濃の碗・皿を中心にその変化を示し、大坂に

図11　美濃鉄釉半筒碗

図12　青花芙蓉手鉢

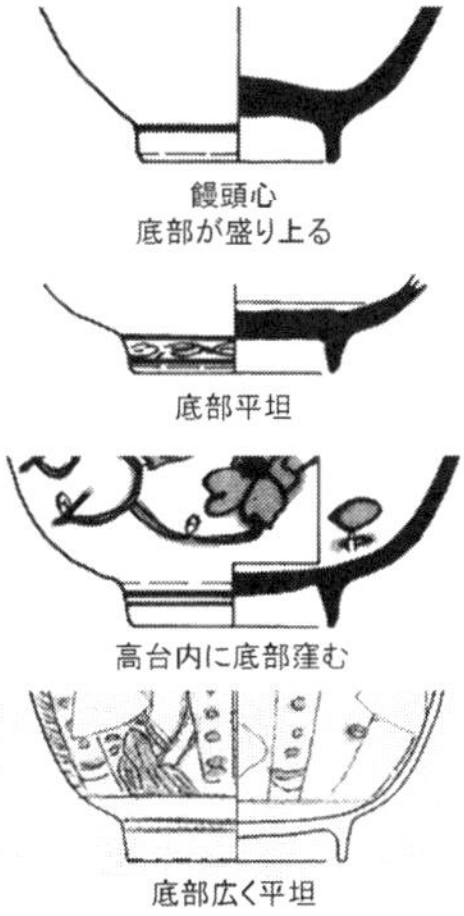

図10　精製青花碗底部の変化

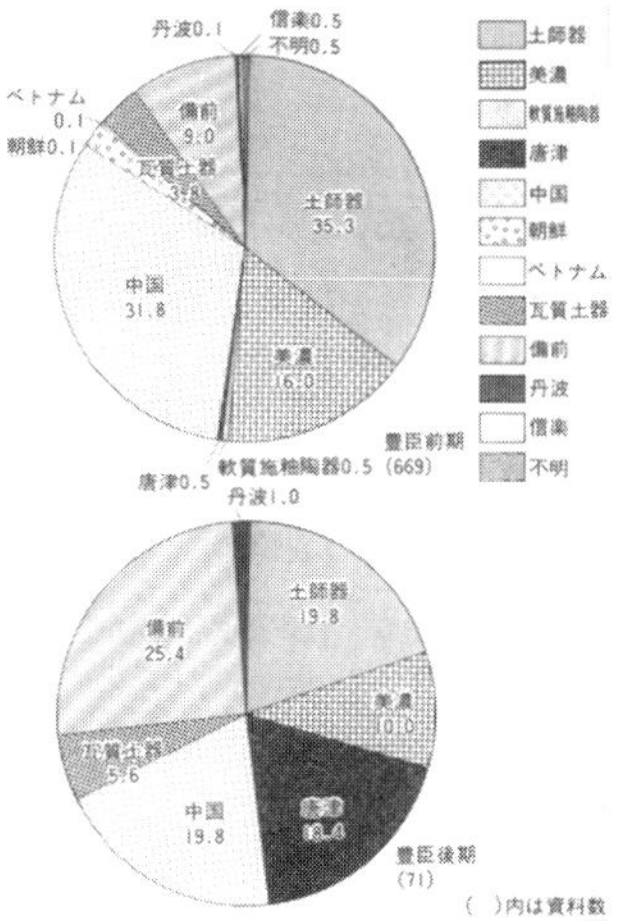

図9　豊臣期の陶磁器組成

おける桃山陶磁の様相を明らかにしたい(図13)。

大坂本願寺期　輸入陶磁器は青花がもっとも多く、精製品の碗では饅頭心《まんとうしん》(1・3)、皿は碁笥底《ごけぞこ》(2)と輪高台《わこうだい》で内弯直口《ないわんちょっこう》の皿が多い。豊臣期に出土例が多い粗製の青花(4・5)もこの段階には存在し、国産の施釉陶器は瀬戸美濃製品に限られている。

豊臣前期　青花碗では饅頭心(6)に加え、底部を平坦にする一群(8)が増加し、皿では碁笥底よりも輪高台の内弯直口の皿(7)が多くなる。また、陶器質の粗製品(10～13)が増加し、青花全体の三二・七%を占める。国産の施釉陶器では、瀬戸美濃製品に加え楽系の軟質施釉陶器、肥前の唐津焼(図15—7～9)がごく少量出土する。瀬戸美濃製品は鉄釉《てつゆう》や灰釉《かいゆう》の製品を主体とし、黄瀬戸《きせと》や体部を直立させる半筒碗(図11、39・40)が出土する。

豊臣後期　精製の青花碗は饅頭心がほとんどなくなり、底部が平坦あるいは、饅頭心とは逆に高台内に丸く窪んだ形態のものとなる。また、芙蓉手《ふようで》(14)とともに型打ちによって文様を浮き出させた碗(15)や皿が多くなる。粗製品の中では全面を施釉し、高台に砂が付着する特徴的な一群(図16)が出現する。国産陶磁器では瀬戸美濃製品にかわって唐津焼が最も多くなり、瀬戸美濃製品は天目《てんもく》茶碗や灰釉皿など、豊臣前期に多くを占めた製品が減少し、皿は志野《しの》皿(48・49)が主体となる。

徳川初期1　青花の特徴は豊臣後期と大きな変化はなく、高台《こうだい》砂付の粗製碗

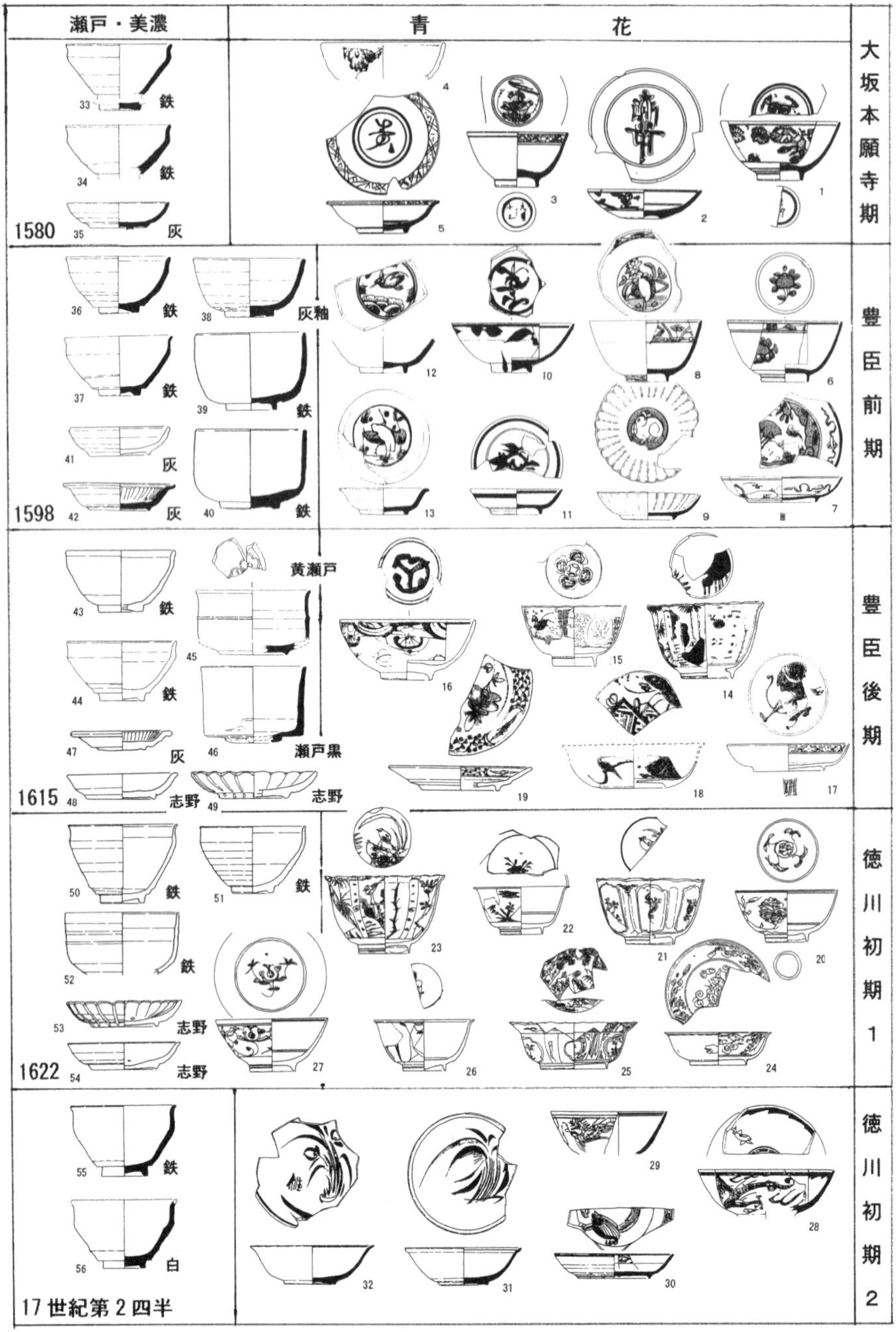

図 13　16 世紀後半から 17 世紀前半の施釉陶磁器の変化

織部（豊臣後期）

唐津（豊臣後期）

軟質施釉陶器（豊臣前期）

志野（豊臣後期）

志野（豊臣後期）

瀬戸黒（豊臣後期）

図 14　豊臣期の茶碗

の量が多数を占めている。瀬戸美濃製品は減少し、唐津系の陶器と瀬戸美濃系陶器の比率は84：16である。唐津や織部《おりべ》は豊臣期のものと比べて文様が簡略化したものが多くなる。

徳川初期2　青花の出土量が減少し、新たに伊万里《いまり》焼が出現する。青花では、蛇《じゃ》ノ目《め》高台《こうだい》の皿（31・32）が出土する。唐津焼は砂目積《すなめつみ》の溝縁皿《みぞふちざら》や刷毛目《はけめ》唐津が多くなり、瀬戸美濃製品は出土する器種が限定されるとともに、出土量が極端に減少する。

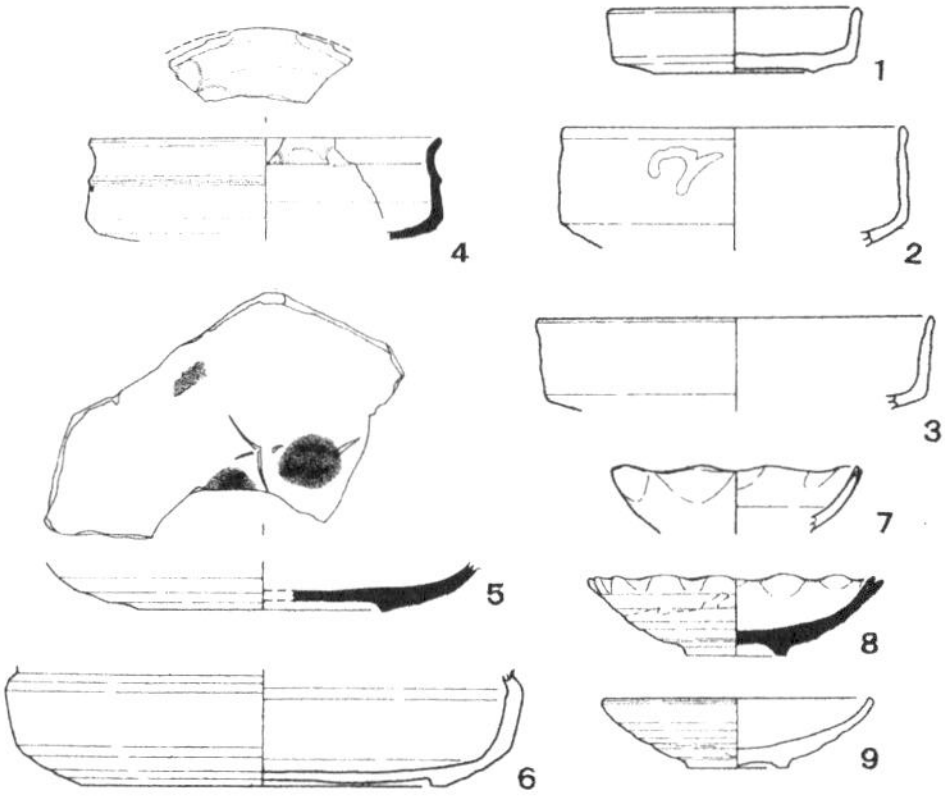

図 15　豊臣前期の黄瀬戸・志野・唐津
（1：志野、2～6：黄瀬戸、7～9：唐津）

✣豊臣前期と後期を区分する指標

大坂の陶磁器変遷を概観したが、豊臣期の変化について少し詳しく見ておきたい。豊臣前期と豊臣後期を区分する要素は、誤解を恐れずに述べれば国産陶磁器では唐津と志野の出現と、青花における漳州窯《しょうしゅうよう》とされる高台に砂が付着する粗製の青花碗の出土に代表される。厳密にいえば唐津焼は豊臣前期に含まれていることは明らかで、志野も一点だけ豊臣前期

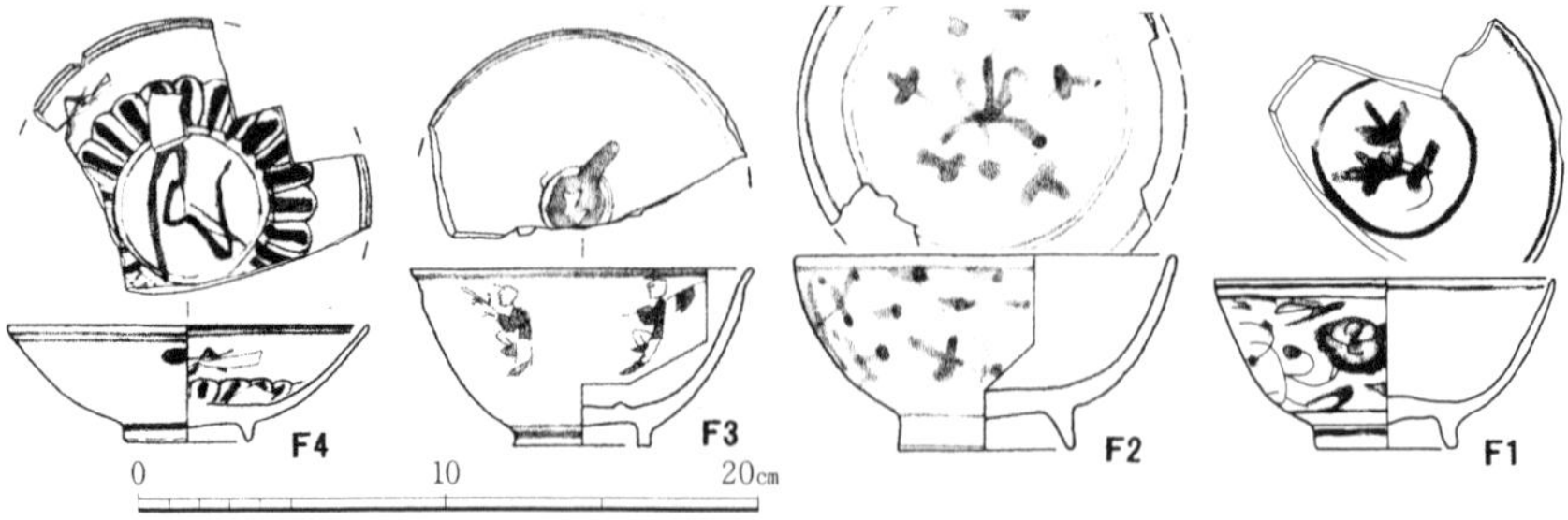

図16　豊臣後期の粗製青花碗

と判断される遺構から出土しているという報告例がある［大文協 二〇〇二a、図15—1］。豊臣前期に唐津や志野が含まれるという事例があることを認めつつも、実態としては、豊臣前期の資料には唐津と志野をほとんど含んでいない。

　次に豊臣後期以降に出土が限定されていると考える青花碗について紹介しておきたい（図16）。この碗は、小野正敏が青花分類で碗F群としたものだ［小野 一九八二］。碗F群は少なくとも四種類に分けられ、最も出土量が多いのはF1で底部内面に草花、体部外面に唐草文《からくさもん》を描き、底部と体部の境にケズリにより稜《りょう》を作りだすことで、饅頭心風の底部を作りだしている。F2はF1と同様、内底面に草花、体部外面に唐草文を描くが、底部が丸みをもってくぼみ、口径、器高もF1に比べて大きいものが多い。F3はF1と同様の底部の状況を示すが、口縁端反《はぞり》となるものである。体部外面の文様には何種類かのパターンがある。F4は器高が低く、F1と同様に底部内面と体部の間にケズリによって稜を持つ。その部分に蓮弁状の文様をめぐらせる共通する特徴を持っている。陶《とう》胎《たい》のものと磁胎《じたい》のものがある。碗F群を含みつつ豊臣前期と判断される一括資料は現在のところ大坂では確認されていない。他の遺跡で時期を限定できる可能性があるのか、検討が必要である。

　ところで、豊臣前期と後期に分類される資料の中でも、時期差を示すと考えられるものがある。豊臣前期の中でより新しい特徴を示すと理解したのは、一括資料の中に黄瀬戸鉢や引き出し黒、轆轤《ろくろ》成形される白化粧の軟質施釉陶器碗

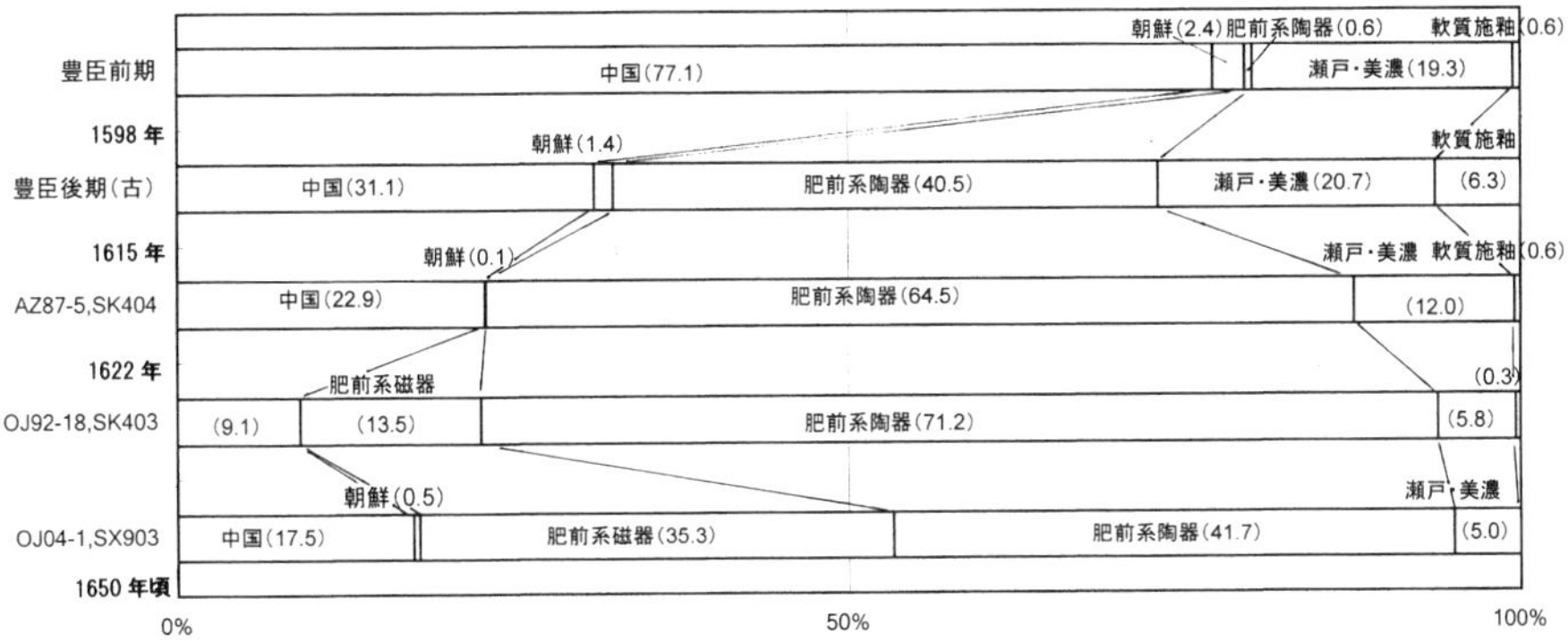

図 17　16 世紀後半から 17 世紀前半にかけての施釉陶磁器碗・皿の産地組成

を含み、器高が低くなる灰釉折縁《おりふち》皿など、新しい要素をもった一群である。

　また、豊臣後期の資料でも一六一五年の夏の陣焼土層から出土する遺物より古相を示すと考えられる資料がある。青花と瀬戸美濃製品のなかに前期と共通する青花を含みつつ、唐津焼の出土量が瀬戸美濃焼を凌駕する資料である。豊臣前期と後期の細分のためには、一括資料から抽出された資料だけを見て判断することは困難で、組成を含めた検討が不可欠な作業である。

✣施釉陶磁器の変化と桃山陶磁

　碗・皿類の生産地の量的な変化を図17に示した。豊臣前期では青花を中心とする中国製が七七・一%を占め、徳川初期1のOJ92―18次、SK403では九・一%となる。また、肥前磁器と陶器の占める比率は時代が新しくなるに従い増加し、OJ92―18次、SK403で八四・七%、OJ04―1次、SX903で七七%が肥前系で占められる。瀬戸美濃焼は徳川初期1で一二%と若干多いが、それを除くと豊臣後期以降は五%前後と少なく、大坂の陶磁器組成の中で一般的な碗・皿ではなくなっていく状況が見られる。

　施釉陶磁器の生産地の変化の中で、最も大きな画期は豊臣前期と後期の間に見られる唐津焼の増加と瀬戸美濃焼の減少である。この豊臣前期から後期への変化は、単に生産地が逆転したというだけでなく、「桃山陶磁」と呼ばれる軟質施釉陶器・黄瀬戸・瀬戸黒・志野・織部・唐津などの焼物の出現や変化と連動したものと考えられる(図18)。

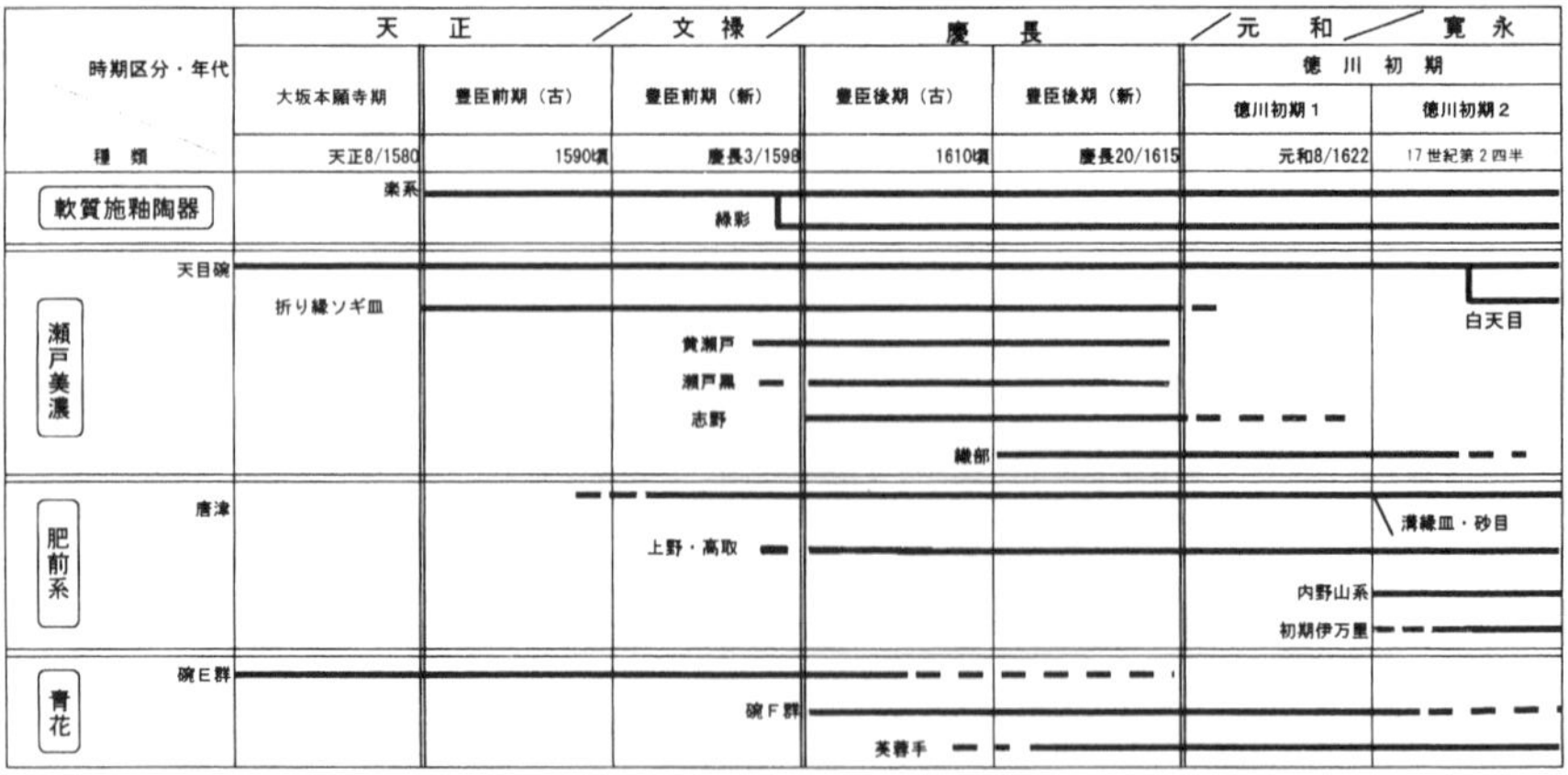

図18　16世紀後半から17世紀前半にかけての陶磁器の消長

瀬戸美濃焼では豊臣前期には天目茶碗や灰釉丸碗に加えて半筒型の鉄釉・灰釉の碗(図13—39・40)が出土する。豊臣後期になると、天目茶碗や丸碗の出土が減少し、それらの器種は唐津焼にとって代わられ、瀬戸美濃焼ではこの時期に志野や織部を新たに創出する。美濃において創出された新たな焼物が多数流通するのは大坂では豊臣後期の時期にあたり、秀吉死後の秀頼の時代を特徴づけると言えるのである。このように見てくると、華やかな桃山陶磁の時代は想像以上に短い期間で終焉を迎えた可能性が強い。

✣桃山陶磁の受容

豊臣期を中心として大坂における陶磁器の変遷の概要を述べた。大坂夏の陣までは上町の大名屋敷であっても、船場の町屋であっても出土品に大きな差を見ることはできず、非常に均質な姿を見せる。これは、同時代の堺の状況とは異なっている。堺では、夏の陣で焼け落ちた蔵から収納された状態のまま焼物が出土している。出土品には屋敷ごとに差があり、趣味や嗜好を反映した状況が推定できるという。大坂では武家屋敷と町人や職人層の間で陶磁器組成に大きな変化は見られない。青花の中に特に大きく、上手《じょうて》の製品が上町の大名屋敷に多いことは指摘できそうだが、陶磁器組成は大きく違わない。大坂の町のほとんどが天正十一年(一五八三)に新たに築き始められた町であることがその大きな要因なのかもしれない。

色鮮やかで華やかな桃山陶磁は大坂の資料で見る限り、秀吉が大坂城を建設

図 19　町屋出土の唐津焼各種（豊臣後期）

図 20　武家屋敷出土の茶陶

し、焼亡する三二年の間に誕生し、終焉を迎えたのではないかと思われる。当時では斬新な焼物であり、わが国の陶磁史の中でも特に大きな変革の時代だったのではないかと思われる。戦国から幕藩体制へという社会の動きと、焼物生産の変化は密接に関係していることは、間違いないだろう。大坂の陶磁器はその変化を敏感に反映しているといえよう。

第3節　さまざまな道具たち

1　大坂の飲食器

✣徳川期の食器

豊臣期までの食器（土器・陶磁器）の動きはすでに紹介されているので、徳川期を中心にふれておきたい。一六三〇年代に入ると、大坂では伊万里焼などと呼ばれる肥前磁器が出土し、食器は徐々に陶器から磁器へと変化する（図21上段）。また、豊臣期に多く出土していた瀬戸美濃焼は、徳川期に入ると肥前産の陶器と磁器にシェアを奪われ、十九世紀の磁器生産開始まで大坂では少数派となる。

十七世紀中頃から後半には豊臣期に少なかった肥前陶器の大鉢や大皿が、碗・皿に加えて出土するようになる。それまでは各膳に料理を配していたが、大鉢や皿に盛られた料理を各自で取り、皿や鉢で頂くスタイルが取り入れられた。これは普茶《ふちゃ》や卓袱《しっぽく》料理の影響と言われている。この後十八世紀になると陶器よりも磁器の食器の割合が高くなる。

その十八世紀には製品を直に重ね焼きするなどした、大量生産の磁器碗が登場する（図21中段）。この安価な碗の登場により磁器碗が庶民層にまで浸透した

徳川期（17 世紀）の肥前磁器

豊臣期の肥前陶器

と考えられる。それとともにお茶を飲む碗が多く出土するようになる。それまでは小型の碗や杯もあった。それが肥前陶器に代わり、京都近郊で焼かれた京焼系陶器と呼ばれる陶器が多くなり、十八世紀には茶を飲む碗も多くなっていく。これは土瓶《どびん》の出土量にも比例する。

十九世紀になると食器類の出土量が格段に増加し、サイズや形態、装飾もバラエティ豊かになる。特に陶磁器の生産地が各地に出現し、多種多様な食器により、賑やかな食膳となっていった（図21下段）。また、外食産業もこの頃に増えたと言われており、出土遺物からも丼《どんぶり》物などの鉢や蕎麦猪口等々、外食から流行った食器が一般家庭の食卓へ並ぶようになった。

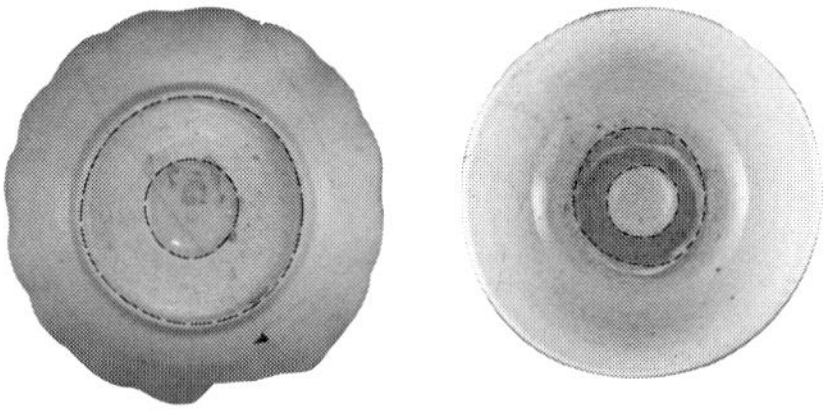

（右）碗の中に見える重ね積みの痕。釉薬を環状に剥ぎ、その上に直接製品を置くことで釉薬同士が融着するのを防いだ。

（左）皿の裏側、高台の内側を製品と窯道具が融着しないように釉剥ぎしている。

その昔廃棄された物たちは、我々の宝の山である。
当時使われていた道具のセット関係が良くわかる。

図 21　飲食器

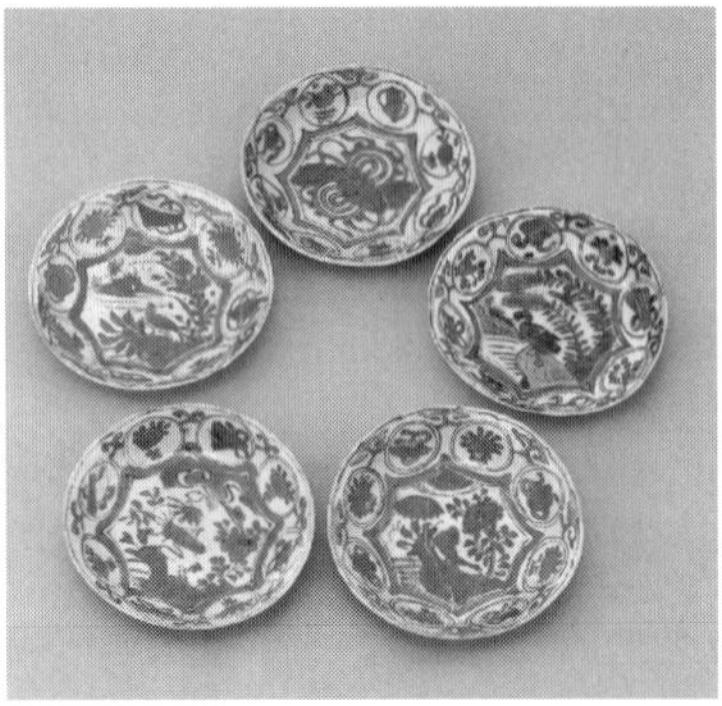

中国産磁器青花皿（これらの中国磁器は茶懐石具として用いられた）

図 22　喫茶道具（1）

❖喫　茶

お茶は、延暦《えんりゃく》二十四年（八〇五）最澄《さいちょう》が唐より帰国した際に茶の実を持ち帰って栽培されたものだとされている。室町時代に茶道が確立するまでは薬としての位置づけの方が強かった。

室町時代には村田珠光《じゅこう》が茶道を確立し、武野《たけの》紹鷗《じょうおう》を経て千利休《せんのりきゅう》によって大成された。この間、京都や奈良、堺の町衆の中でもてはやされ、日本各地の戦国大名も嗜みとして親しむようになった。

このころに用いられた茶碗は唐物《からもの》と呼ばれる中国から輸入された天目碗《てんもくわん》や青《せい》磁碗《じわん》が主流であった。国産では唐物を模倣した瀬戸焼の碗があるが、あくまでも唐物の代替品であった。しかし、豊臣期になると千利休が大成した侘茶《わびちゃ》の流行によって国産の陶器が評価されるようになり、唐物が少なくなっていった。

豊臣期における喫茶とは利休が大成した侘茶だといえるだろう。大坂では秀吉生存中には国産の瀬戸美濃焼が主流であったが、唐津焼と呼ばれる肥前陶器が出現し、さまざまな形の器を生み出した。同じ頃に瀬戸美濃焼でも志野や織部など新たな意匠をこらした器が登場する。この侘茶の道具は茶懐石具も含め、武家屋敷だけでなく町人地でも豊富に出土する（図22）。

徳川期に入ると茶道具の出土量が減少する。陶器の生産地では侘茶で用いる器は生産の主流から外れ、普段の飲食器の生産に重点が置かれるようになった。大坂や江戸といった都市の拡大による町人などの増加によって、普段の飲食器

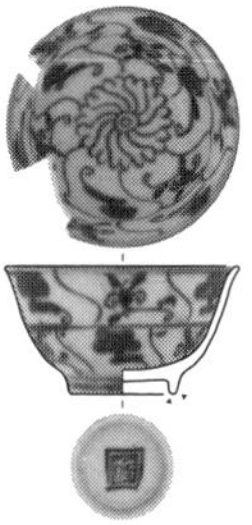

中国産磁器青花碗

0　10㎝
1:6

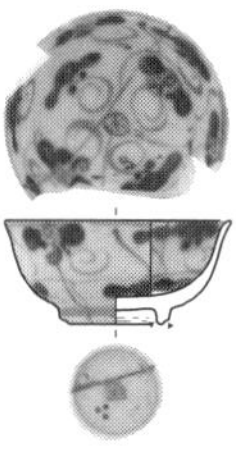

瀬戸美濃焼磁器染付碗
（左の碗を模倣したもの）

信楽焼　四耳壺（京都の宇治より茶葉を入れて運んだ）

図23　喫茶道具（2）

の需要が高まったのだろう。

わたしたちが普段食事や休憩の時に飲む茶に関わるものが出土するようになるのは、十八世紀に入ってからである。この時期の茶器は基本的に京焼系陶器の土瓶と小碗、そして肥前磁器碗である。

ここで言う土瓶は急須《きゅうす》ではなく薬缶《やかん》であり、飲まれていた茶は煎じ茶であった。しかし出土量は多くなく、量が増えるのは十八世紀末から十九世紀初頭になってからである。特に十九世紀になると日本各地で生産されるようになり、形や大きさなどに種類が増え、都市部以外の遺跡からも普遍的に出土する。

特に十九世紀になると特徴的なのが、煎茶道に関わる道具である。水を沸かす涼炉《りょうろ》や瓶掛《びんが》け、湯瓶《とうへい》・茶瓶《ちゃびん》などの急須類、茶碗、そして飾りとしての文具や香炉《こうろ》などさまざまなものが出土する。

煎茶は十七世紀後半に宇治黄檗山万福寺《おうばくさんまんぷくじ》の開祖隠元《いんげん》によって中国より招来されたと言われている。その当時は朝廷などで取り入れられていたが、それより約百年後には富裕層の間で流行った文人趣味の影響によって煎茶道が世間に広まっていった。大坂にも中国の煎茶道具が多く渡ってきており、中国産の茶碗が複数客出土することも珍しくない（図23左）。そしてこの後近代にかけて庶民層にまで煎茶が普及していくのである。

✣飲　酒

お酒はいつの時代、どの国でも好まれてきた嗜好品である。近世の大坂もそ

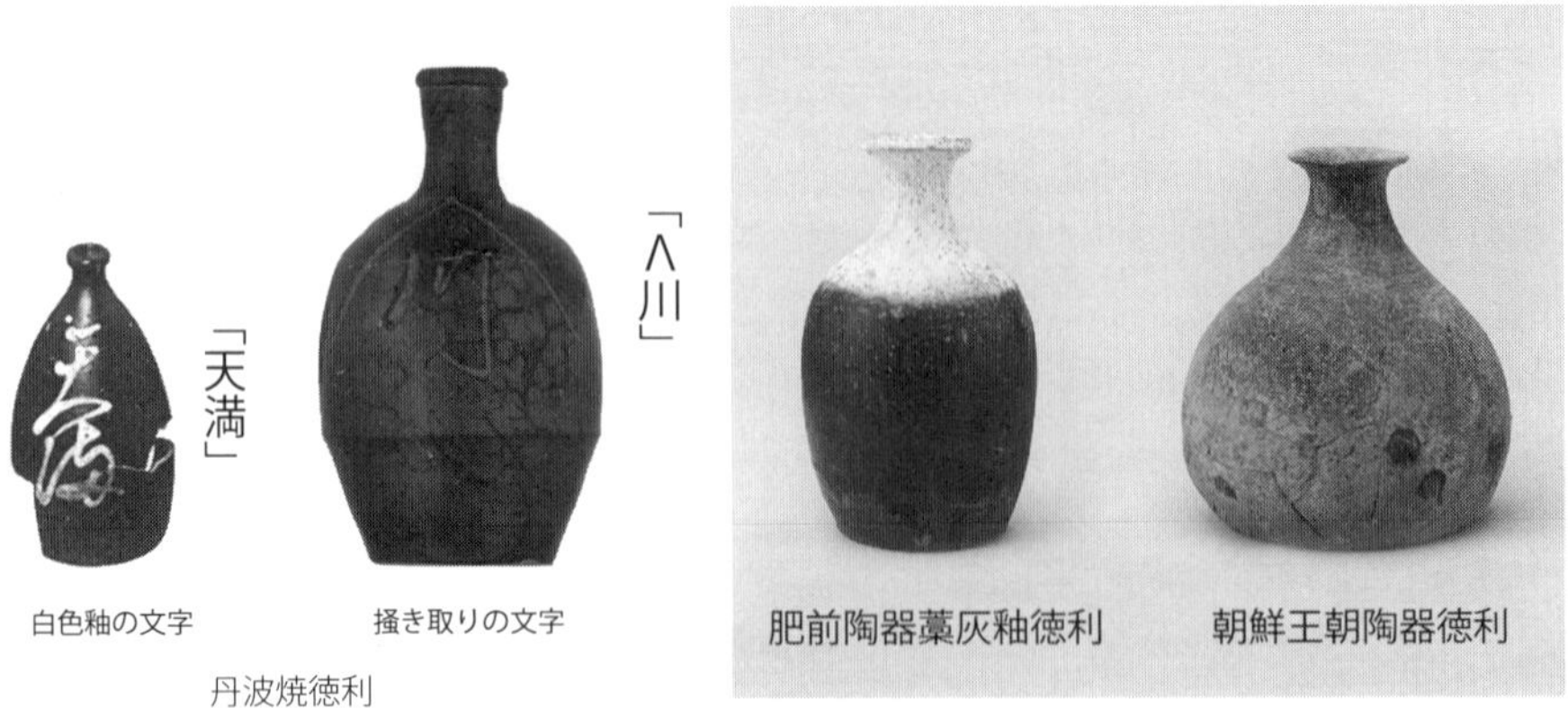

図24　飲酒器（1）

れは変わらず、遺跡の発掘調査で出土する遺物の中には多くの飲酒に関わるものがある。

豊臣期に出土する酒器は、備前焼・瀬戸美濃焼・肥前陶器・朝鮮王朝陶器・中国産磁器などの徳利（図24右）や銚子・杯・片口《かたくち》鉢、土師器皿といった焼物の他、漆器製品であった。こうした器が武家や富裕な町人の間で行なわれていた茶懐石の場で、茶や食事の後に供されていた。

だが、この頃の庶民層は清酒や濁酒《どぶろく》といった日本酒を常に飲むことはなく、徳利などを持つこと自体できない時代であった。また、杯は酒専用器ではなく飲用器を酒器として利用していた。

徳川期に入ると飢饉などにより、米を主原料とする酒は幕府による醸造量制限が厳しく行なわれた。だが、後の豊作による宝暦《ほうれき》四年（一七五四）・文化《ぶんか》三年（一八〇六）に出された勝手造り令（酒造株が無くても酒が造れる）により酒造量が増加し、十九世紀には日本各地の遺跡で酒器の出土量も増加する。大阪市内の町人地からも出土し、庶民層まで酒器が浸透したことがわかる。

特に十九世紀では通《かよ》い徳利と呼ばれる丹波焼の徳利が大量に出土する。通い徳利とは酒屋が酒を購入する客へ貸す徳利で、醤油《しょうゆ》なども同じ手法がとられた。それら徳利の表面には店の名前や記号が記されている。この丹波焼の徳利は体部に白色の釉薬を用いるなどして、文字を焼成前に描いている（図24左）。丹波焼は大坂から窯が近いため、直接注文して文字を入れていたとみられる。備前

荒焼壺

京焼系陶器チロリ

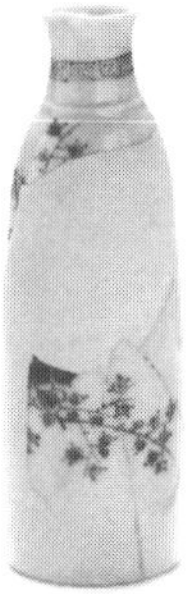

関西系磁器燗徳利

図25　飲酒器（2）

焼や肥前陶器など他の産地の徳利や木製樽には紙の札を貼って使用していた。なお、江戸では瀬戸美濃焼の徳利が多く出土するが、窯元で文字を入れるのではなく、消費地の江戸で文字や記号を彫っていたそうである。

また、十九世紀には燗《かん》徳利（図25右）や薄手の酒杯が登場する。それまでは湯煎の際に燗鍋《かんなべ》やチロリ（図25中）を使用したが、それらから直接酒を酒杯に注ぐのはよくないとされ、湯煎後に徳利へ移す必要があった。しかし燗徳利は湯煎後に直接酒杯へ注ぐことができた。一方、薄手酒杯は冷や酒用で、透けるように薄い磁器製である。特に幕末頃から内面に観光名所や屋号などを描いたものが多く作られるようになった。

この他、十九世紀には日本酒以外の酒も飲まれていたことが出土品からわかる。焼酎を入れる九州産陶器の雲助《うんすけ》と呼ばれる容器、沖縄の泡盛《あわもり》を入れる荒焼《あらやち》壺（図25左）、ヨーロッパ産のワインボトルなどがそうである。ただし出土するところは限られ、一部の富裕層などを中心に飲まれていたと考えられる。

2　大坂の台所

✣調理具

中世末に出土する調理具の主体は、土師器や瓦質土器と呼ばれる素焼きの鍋・羽釜・擂鉢で、少量の備前焼擂鉢がある。豊臣期には陶器製の備前焼擂鉢に丹波焼と信楽焼の擂鉢が加わる。大坂における擂鉢の流入は備前焼が豊臣期

土師器製の移動式竈

堺擂鉢

図26　調理具(1)

を通して見られ、信楽焼は豊臣前期には多く、豊臣後期になると少なくなる。一方で丹波焼は豊臣前期には少なく、後期に多くなる。大坂への流通が時期によって変化しているようだ。そして十八世紀には堺で作られた擂鉢が登場し、これ以降、他産地の擂鉢を駆逐し、堺擂鉢は同じ系統である明石擂鉢とともに徳川期を通じて出土する擂鉢の大半を占めるようになる(図26右)。

このように擂鉢は中世から近世の遺跡で普遍的に出土し、形態変化による年代推定はもちろん、広域流通品であることから他地域と比較する年代の物差しとなり、調査をする私たちには有効な遺物でもある。

早くから都市化が進んだ近畿圏には囲炉裏《いろり》を持たない家が普通であり、大坂では調理をする施設として通り土間に大型竈《かまど》を設えるようになっていた。そこで、豊臣期には移動式の竈が出土する。屋外や室内などで調理する場合に火力が出て運搬可能な移動式竈は便利だったのだろう。ただし、この時期には大坂などの都市部以外ではほとんど出土しない。徳川期に入ると土師器鍋・羽釜が激減する。代わりとなる煮炊きの道具が出土しないことから、鉄製鍋・羽釜が普及していたと考えられる。鉄製鍋・羽釜は鋳掛《いか》け屋(金属製品の修理業者)や古道具屋の利用により土師器製のものに比べて寿命の長い道具であった。

十七世紀末から十八世紀初頭には、京焼系陶器を中心とした陶器製の土瓶・土鍋が出土する。この土鍋は小型で、移動式竈に乗せて料理し、料理を直接つつく形で使われる鍋であった。土鍋や土瓶・移動式竈はこの時期には都市部で

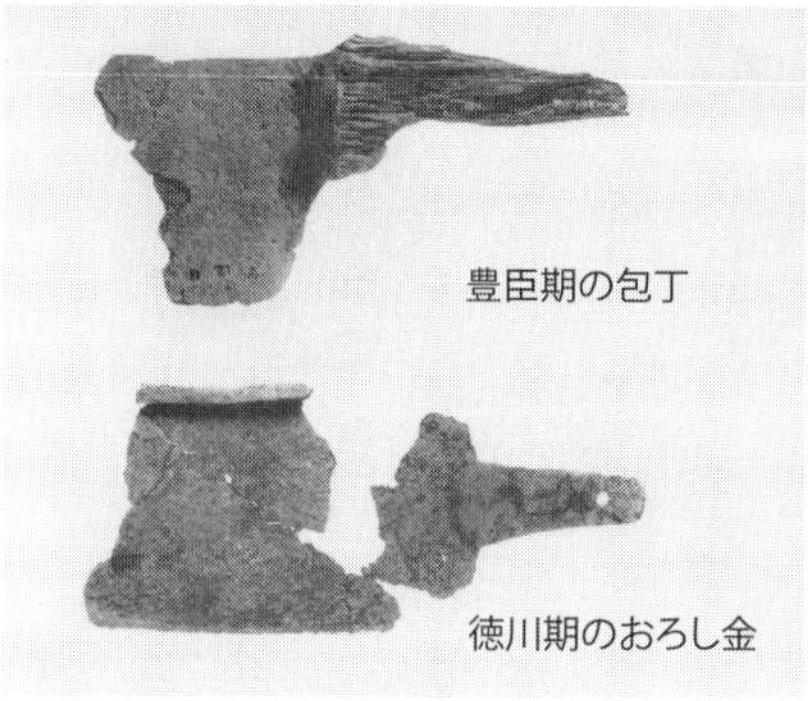

土鍋・行平鍋

図27　調理具(2)

のみ出土し、近郊の町村での出土量は少ないが、十八世紀末から十九世紀初頭頃には土瓶・土鍋、移動式竈(焜炉《こんろ》や七厘《しちりん》など)もあわせて普遍的なものとなる。特に十九世紀には行平鍋《ゆきひらなべ》や胡麻煎《ごまい》り・急須など調理具の種類は増える(図27右)。これは、小鍋立て料理や粥《かゆ》、煎じ茶などの流行が庶民層にまで浸透したためである。

調理具には、これまで話してきたような焼物以外にも、木製の杓や杓文字・匙《さじ》・箸・桶《おけ》、金属製の包丁や匙・卸金《おろしがね》、貝製杓・鍋などがある。木製品は廃棄の際に燃やされたり土中で腐敗し、金属製品もリサイクルされるため遺跡からの出土量はわずかである(図27左)。また、石製臼も目がすり減ったら臼目を彫り直してもらうこともでき、使用後は建物の礎石などに転用されるなど、始末がよい。そのため、残念ながらこれらの製品は遺跡からの出土品ではなかなか実態のつかめないものである。

✣容　器

容器は、商品の製造過程・運搬・販売容器・貯蔵・蔵骨器などさまざまな場面で使用され、材質も陶磁器製・木製・ガラス製・金属製などがある。

大坂での発掘調査で見つかるものは陶磁器製のものが多く、次いで木製のものとなる。ガラス製は十九世紀に散見される程度で金属製は腐食してしまい、出土例が少ない。

使われ方は、豊臣期には建物の床下に大型の備前焼の甕を並べて埋め置き、

信楽焼水甕

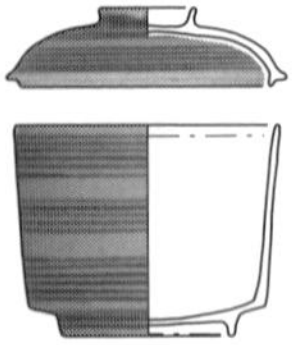

食べ物や小物など、何にでも使える蓋付の容器。

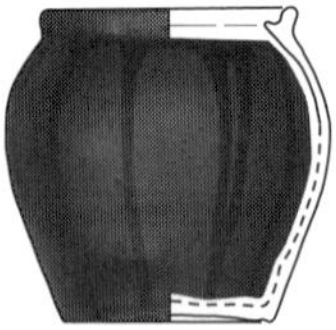

現在までほとんど形も文様も変わっていない小型の甕。

図28　容器（1）

液体や穀物の貯蔵用に使っていた例がある。こうして大型の甕を地下に埋め置く職業には油屋や紺屋が知られている。また、備前焼や丹波焼の壺に古鉄を入れたお歯黒壺も出土している。

大坂の井戸水の多くは「かなけ」があることが多く、飲用に適さない場合、購入するなどして飲用水とした。そのため、飲用水を貯めておく水甕は大切な道具であった（図28左）。反面、良い水の出る井戸もあり、その水を用いた酒や醤油などの醸造業も盛んに行なわれ、桶や大型の樽が大量に使われていた。

水と同様に生きて行くうえで大事なものには塩がある。一般的に販売されていた塩はニガリ分が多いため、食卓塩には焼塩《やきしお》が用いられた。焼塩は泉州の名産品で、塩を専用の土師器の壺に入れて焼き、ニガリ分を飛ばしたものだ。この焼塩を作る時に使用した壺がそのまま販売容器として用いられた。その壺の側面には「泉州麻生」・「堺湊伊織」などのスタンプが押されている（図29上段右）。焼塩自体が高価なものだが、専用器にブランド名を入れることでその価値をさらに高めていたと考えられる。

またこれらの容器と違って、ゴミ溜めやトイレなど家の施設として使用された容器もある。発掘調査では甕の内側の底付近に白く硬い結晶が付着しているものが見つかる。屎尿《しにょう》のカルシウム分が付着した結果という。

一方で、容器を本来の用途とは異なる使用方法で用いることも多く、その例として水琴窟《すいきんくつ》があげられる。水琴窟は近世後期になると現れる遺構で、簡単に

豊臣期　徳川期

水琴窟（丹波焼甕の底に穴を空けている。）

図29　容器（2）

言うと甕の底部に穴をあけ、伏せて地中に埋設したものである（図29下段）。地上部には手水《ちょうず》があり、そこから甕に空いた穴へ水が落ちると甕の中で音が反響して良い音が聞こえる。現在では寺院の庭園などで楽しまれている。この水琴窟甕の大きさや胴の丸い空間での音の反響を利用したもので、能舞台の舞台下でも甕の反響を利用した装置が使われていた。この他、壺・甕の底に穴を空けて植木鉢にしたり、水琴窟のように穴をあけて地中に埋め、排水施設などに転用するといったことも行なわれていた。

　このように、近世では一口に容器と言っても、さまざまな使われ方をしていたのである。

3　輸入陶磁器

　飲食器などの陶磁器全般についてはすでに触れられているので、ここでは十七世紀初頭から中葉にかけて成立した鎖国以降の輸入陶磁器を紹介したい。鎖国の間に日本人の出入国は厳禁され、オランダ商館は出島へ移り、十七世紀末には中国人の居住地も長崎市内から唐人屋敷に限定され、両所で厳しい監視のもとで取引が行なわれた。鎖国以降の貿易窓口は、長崎・対馬・薩摩（琉球）・蝦夷であるが、陶磁器輸入の実態は、幕末まで長崎を窓口としており、中国製

図30 住友銅吹所跡出土の中国産磁器

品以外の輸入例はごく少ない。

そこで、さまざまな記録から復元された唐船《からぶね》の輸入目録［永積 一九八七］を参考にしながら、大坂における中国産陶磁器の出土状況の変遷を見たのちに、幕末以降の輸入陶磁器全体の受容のありかたを紹介したい（江戸・長崎の状況は［アジア考古学四学会 二〇一三］に詳しい）。なお、中国からの輸入品は唐物《からもの》と呼ばれて珍重され、大切に保管された。このため、出土資料の中には輸入から出土までの間にかなりの年数を経ているものがあることを考慮しておきたい。

さて、十七世紀中葉の中国では明から清へ王朝が代わり、国姓爺《こくせんや》合戦で有名な鄭成功《ていせいこう》は台湾へ逃れ抵抗を続けた。明王朝滅亡後の混乱によって一部の窯業地は荒廃し、さらに清王朝が十七世紀中葉以降、鄭氏の財源を断つなどの目的で貿易を厳しく制限した結果、陶磁器の輸出量は激減した。鄭氏が投降し、清が海禁を解くのは十七世紀後葉である。輸入目録では十七世紀前～後葉に中国南部、国姓爺船など台湾、東南アジアからの船が見られる。品目は茶壺やオランダ産を含む水差《みずさし》など茶道具のほか、小杯・碗・皿・鉢の食器があり、粗製品も箱・俵などの単位で大量に輸入された。十七世紀末までの輸入品は、十八世紀前葉の大火に伴う一括出土遺物に数多く見られる。代表的な例として、銅取引を通じた入手手段を持つ住友銅吹所跡の一級品揃いの資料［大文協 一九九八・図30］や、大坂城跡や大坂城下町跡［大文協 二〇〇二a・二〇〇三a・二〇〇四a］の資料などがある。これらは十七世紀から十八世紀初頭にかけて輸入され、大切

図31　住友銅吹所跡出土の中国産青花

に保管されていたのであろう。組物の食器や高級品が多いのが特徴である。

先の文献では十七世紀末～十八世紀前葉の文書はほとんど復元されていないが、それ以降は詳細が残る。記載では享保《きょうほう》十八年（一七三三）～寛延《かんえん》三年（一七五〇）の間に一〇〇隻以上の船が訪れたが、輸入はガラス製品を含めてもわずかである。出土資料も十八世紀前～後葉にかけてはごく少なく、鉢や皿一、二点の出土例が多い。状況は江戸でも同様とされる［弦本 二〇一四］。一方、この頃の中国では色鮮やかな五彩《ごさい》や粉彩《ふんさい》など、陶磁器の優品が数多く生み出された。日本人がこれらを知り入手するまでには相当時間がかかったのだろうか。肥前など国産品の供給が高級品を含めて増加したため、輸入する必要がなかったとも考えられている。

このように一旦減っていた出土数は十八世紀末以降に急増する。これに先立ち、輸入目録では十八世紀後半以降に記載が一気に増え、器種も多岐にわたる。食膳具には当時流行していた卓袱《しっぽく》料理などの食卓でも使われた皿・小杯・蓋付《ふたつき》を含む茶碗・丼・鉢・散蓮華《ちりれんげ》・瓶類など、煎茶関連の品には土瓶・急須・碗などが見られ、他には薬瓶がある。碗・皿・盃・散蓮華・薬瓶は一度に数万個以上が輸入された例もある。また、高級品や珍奇品では、将軍や奉行、寺や個人が買い求めた花瓶・置物・金魚鉢・文房具・椅子・痰壺《たんつぼ》などがある。

大阪市の出土例は、十八世紀末～十九世紀初頭には鉢や小杯・碗が数個体のことが多いが、件数は格段に増加する。この頃の特殊な例は、大阪駅北の茶屋

図32　18世紀末〜19世紀中葉の中国産飲食器など（右）と煎茶器（左）

町遺跡で出土した享和《きょうわ》三年（一八〇三）の墨書陶器を伴う一括資料があり［大文研二〇一二c］、十七世紀から「嘉慶《かけい》年製」銘まで幅広い年代のものを含む。ここでは大小の碗・皿・鉢・散蓮華など食膳具の多くが組物で見られており、付近の茶屋で使ったのであろう。

　出土数は十九世紀前〜中葉にはさらに増え、大坂城および城下町周辺の町屋をはじめ、各藩の蔵屋敷跡、難波新地や恵美須《えびす》遺跡［大文研二〇一二d・g］まで市内の広範囲に及ぶ。器種も輸入品目とほぼ同様になる。なお、十九世紀前葉までの城下町や周辺の町屋の出土例は鉢や碗・小杯など小型品の青花が中心で組物も少なく、色絵や組物が多いとされる江戸とは異なる。それが十九世紀中葉に入ると十錦手《じっきんで》と呼ばれる色絵磁器が増えるとともに、煎茶碗の組物での出土が増加する。なお、蔵屋敷跡では煎茶関連の品も一定量見られるが、藩によって出土器種が異なるのが特徴である。遺跡からの出土量の急増に対して、輸入目録では十九世紀前葉の陶磁器の記載はわずかで、記録も天保《てんぽう》年間初頭に途絶える。唐人屋敷では十八世紀末から度々騒動が起き、市中を徘徊する唐人が増えたという。記録がとられずに密輸入された品が相当量あったようである。また、この頃には琉球から薩摩経由の輸入も推定されるが、詳細はわからない。

　さて、天保年間以降の大坂では、ヨーロッパ産の陶器やガラス器が出土するようになる（図33）。かの地では産業革命後、青・赤・緑などの顔料で文様を銅版転写した陶器を大量生産し、消費地を海外に求めたのである。十九世紀前半にはイギリス産陶器が輸入の中心で大型の皿が多いが、幕末に入りオランダから東アジア向けの大量の陶器が輸入された。器種には蓋付碗や鉢、大小の皿、徳利、散蓮華などがある。この頃の出土例は、独自の入手手段を持ち出土数も多い蔵屋敷跡のほか、大阪市内各所で見られ、ドイツ産の髭徳利《ひげどっくり》やワイン瓶・ガラス器も認められる。中国製品と見分けがつかずに伝世した品もあり、洋食器としての本格的な使用は文明開化を待つことになった。

図33　ヨーロッパ産陶器

4　化粧道具

身にまとう衣服や装身具、身体に施す化粧や結髪《けっぱつ》など、近世大坂は装いが庶民にまで浸透し、多様な風俗が生まれた。

✤結　髪

髷《まげ》・鬢《びん》・髱《たぼ》をつくる髪型は近世以降に普及し、成形や保持のための髪結《かみゆ》い道具が必要となった。女性は簡単な髪型なら自分で結えたが、十八世紀になると髪型はより複雑になり、結髪を出張髪結いである廻り髪結いに任せるようになる。廻り髪結いは台箱に髪結い道具一式を入れ、得意先を回った。『守貞漫稿《もりさだまんこう》』によると、京・大坂の台箱はケヤキ材を真鍮《しんちゅう》製金具で留めた高さ五〇チセンほどの箱で、天板に提げ手が付き、小引き出しや物入れが多数組み込まれ、櫛・簪《かんざし》・笄《こうがい》・鬢水《びんみず》入れ・油壺・剃刀《かみそり》・砥石《といし》などの道具が具合よく納まるように工夫されている。男性は店舗式の髪結床に通い、髪結いは社交場としても利用されて

図34　油壺

図35　鬢水入れ

いた。

油壺は髪油を入れる小さな壺である(図34)。短い頸部に直径一・五センチほどの小さな口がつき、ここから髪油を少量ずつ指先にとったり、掌に振り出す。原型は高麗・朝鮮王朝陶磁に求められ、日本では十七世紀に備前焼の算盤玉《そろばんだま》形や、肥前染付磁器で球形の油壺が作られた。十八世紀以降になると華麗な色絵を施した肥前磁器の玉葱《たまねぎ》形や蠟燭《ろうそく》形の油壺が普及し、玉葱形は鏡台や台箱の小引き出しに納めるため、器高が一〇センチ以下で扁平になる。十九世紀になると器高はさらに低くなり、方形など多角形のものも現れる。髪油は菜種《なたね》油・ゴマ油・椿油などを調合した整髪油で、髪油屋で量り売りされた。鬢付《びんつ》け油は木蠟《もくろう》に菜種油や香料を混ぜたもので、半固形のため貝殻や紙に包んで売られた。近世大坂は菜種油の最大生産地であり、これら整髪油も盛んに製造された。

鬢水《びんみず》入れは櫛を鬢水に浸すための容器である(図35)。鬢水とは蔓性植物であるサネカズラの茎からとれる粘液で、櫛で髪になでつけて髪型を整えるために用いられた。鬢水入れは大坂では瀬戸美濃焼や軟質施釉陶器製が多く、櫛を浸しやすいように長さ一五センチ、幅四センチほどの長小判型をしている。瀬戸美濃焼陶器には灰釉《かいゆう》の下に型紙摺《ず》りで花文・動物文・七宝繋ぎ文などが描かれるが、油壺に比べ単色で素朴な文様が多い。大名道具には蒔絵《まきえ》を施した豪華な漆塗り製品もみられるが、大坂城下町から見つかるものはもっぱら陶器製である。

櫛は髪のヨゴレを取るための梳《す》き櫛、髪型を整えるための解き櫛、装飾のための飾り櫛などがある。梳き櫛は目が細かく白木製が多いのに比べ、飾り櫛は櫛歯部分が小さく、漆塗りや蒔絵が施される。

髪飾りは簪・笄が使われた。笄は骨・木・ガラス製の棒状で、髷に刺して髪型を保った。簪は金属製や骨製、ガラス製の二股あるいは棒状で、装飾部分の先端は耳かきとし珊《さん》瑚《ご》玉《たま》や金属板で飾るものが多い。ガラス簪は断面が方形の軸を螺旋状に捩じるものが多いが、元来華奢なつくりであるため完全な形で出土することはまれである(図36)。

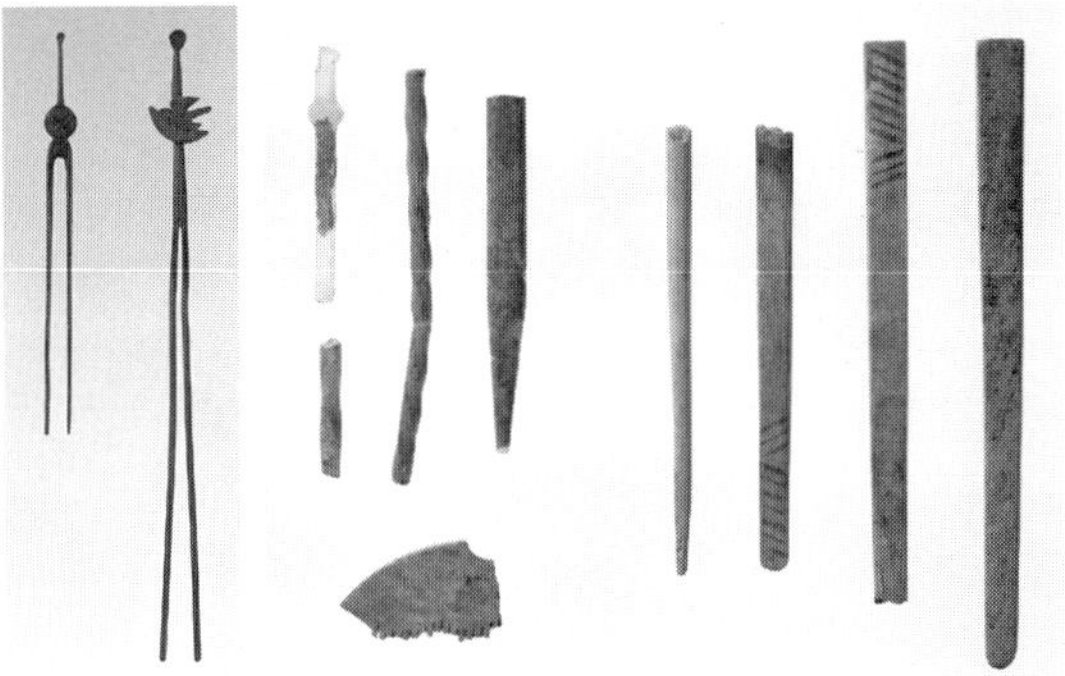

図36　髪飾り

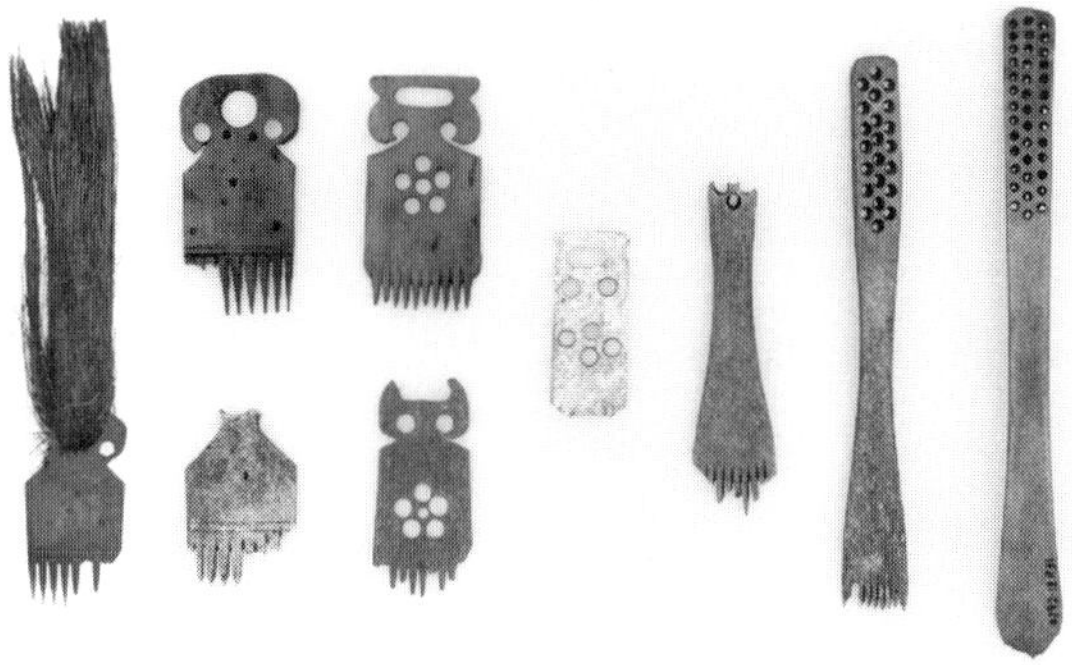

図37　櫛払い

櫛払《くしばらい》は櫛歯のヨゴレを除去するための道具である。骨製で竪櫛形とブラシ形のものがある(図37)。竪櫛形櫛払は櫛歯の反対側に棕櫚《しゅろ》などの植物繊維を房状に取りつけ、十六世紀末ごろから使われた。十七世紀後半になると獣毛や植物繊維を短く植え付けたブラシが付くフォーク形になり、十八世紀になると櫛歯がなくなり、ヘラ状ブラシ形が主流になる。

✣化　粧

近世大坂でも女性の化粧は白粉《おしろい》を塗り、眉を整え、紅をさし、お歯黒を行なった。白粉は鉛や水銀を焼いて粉末にしたもので、水で溶いて刷毛《はけ》で塗るか、粉のままはたいて使われた。白粉容器は肥前磁器の円形三段重が使われたが、出土品からは食器として使われたものかどうか、その判別が難しい。白

図38　紅皿

図39　鉄漿壺

粉は大坂や堺の竈元《かまもと》と呼ばれる製造業者が京や江戸の白粉屋に卸していた。『守貞漫稿』には江戸より大坂女性の白粉化粧のほうが濃いと記され、現代の風俗と照らしても興味深い。

紅は山形県最上地方から紅餅《べにもち》の状態で運ばれ、京・大坂の紅屋で濃い紅液に加工された。紅液は小杯型の紅皿・紅猪口《べにちょこ》の内側に塗られ、容器ごと乾燥させて売られた。使用時は紅筆を水で湿らせ、容器の中の紅を少しずつ溶く。高級品は京の「小町紅」、大坂の「大坂新町お笹紅」などが知られ、直径五センチほどの肥前磁器の小杯にブランド名を上絵付けした専用容器で売られていた。紅がなくなると空の容器を販売店に持って行き再利用した。一般的な紅皿は直径三センチ、高さ一センチほどの型作り大量生産の白磁小皿で（図38）、十八世紀から十九世紀の大坂城下町跡から多数出土する。

お歯黒は既婚女性の習俗である。酢や米のとぎ汁に古釘などを入れて発酵させた褐色《かつしょく》の鉄漿水《かねみず》と、五倍子《ふし》の粉を交互に塗り、歯を黒く染める。五倍子とはヌルデの木にできた虫こぶを粉にしたもので、黒色を定着させるために使われた。鉄漿水は臭く渋いものだが、虫歯予防に効果があるとされた。お歯黒道具には鉄漿壺・うがい茶碗・刷毛・五倍子箱などがある。鉄漿壺は鉄漿水を作る容器で（図39）、器高一二センチほどの丹波焼の片口壺が多く用いられた。『守貞漫稿』によると、大坂では鉄漿水が発酵しやすいよう竈の端に鉄漿壺を置くための穴が設けられていた。

図40　灯明

5　明かりと油

明かりは電灯が普及する以前、最も重要な生活必需品であった。人びとは明かりを自在に扱うことで夜間の生活空間を広げ、都市生活を手に入れたといっても過言ではない。

灯明に関する最初の記録は『日本書紀』孝徳《こうとく》天皇白雉《はくち》二年（六五一）、味經宮《あぢふのみや》での二千七百余の燃灯《ねんとう》である。中世になると京の需要に応えるため大山崎で荏《え》胡麻《ごま》が栽培され、灯明用油の生産が本格化する。さらに、秀吉の天下統一により大坂城下町に商工業者が集められ、近世都市化が進むにつれ製油業も発展してゆく。大坂や兵庫近郊は地形や気候、水運の便があり、米の裏作として菜種《なたね》栽培が拡大した。

現在の大阪市内に製油業の面影はないが、江戸時代には島之内など堀川周辺に菜種油や髪油など油にかかわる業種が多く存在した。近郊で生産された菜種は大坂の種物問屋《たねものどんや》から絞油屋《しぼりあぶらや》に売られ、絞油屋が立木《たてぎ》と呼ばれる特殊な圧搾器《あっさくき》で絞り、油問屋に卸した。大坂の絞油技術は高く、水のように透明な菜種油は「水油《みずあぶら》」と呼ばれ、高品質な灯明油として全国に流通した。これら種物問屋や絞油屋、油問屋は、株仲間を結成して国内の油市場を掌握した。幕府は江戸で油を安定供給させるため、株仲間に関わる法令をたびたび出して大坂の製油業を保護し、油の品質や価格統制に腐心したのである。

図41　関西系陶器灯明皿・受皿

図42　軟質施釉陶器灯明皿・受皿

❖大坂の灯明皿

近世大坂では、灯明油の普及に伴いさまざまな灯火具が使われた。屋外の明かりは篝火《かがりび》や松明《たいまつ》が用いられたが、室内の明かりは閉鎖空間を安全に照らす灯明が用いられた。鯨油や鰯油は安価であったが、燃やすと臭いや煤が出るため、次第に植物性の菜種油や綿実油《めんじつゆ》が普及していった。

もっとも基本的な灯火具は、土師質《はじしつ》の小皿を用いた灯明皿で、古代から江戸時代まで使われ続けた。油を満たした皿に灯芯を一～三本浸し、先端を口縁から三ミリほど出して火を灯す。皿の形は飲食用のものと同じだが、口縁に黒色の油煙が付くため灯明皿と判別できる。十六世紀末には備前焼の灯明皿・受皿が現れるが、灯明皿の主体は土師皿であった。

十八世紀には瀬戸美濃焼・関西系陶器・軟質施釉陶器など、釉薬をかけた灯明皿・受皿が普及する（図41）。灯明皿は灯芯が滑らぬよう内面にカキメやボタン状突起を付け、灯明受皿は灯明皿の裏を伝う油を回収するための刳りを入れた受部を付ける。灯明受皿には鼓形の台付きのものもある。十九世紀には透明釉をかけた橙色の軟質施釉陶器（図42）が増加し、灯明受皿の受部は退化して小さな突起となり、灯明皿としても使われた。

瓦灯

L字形掛け秉燭

灯明具

カンテラ・秉燭

雀短檠

図43　いろいろな灯火具

✣灯火具

秉燭《ひょうそく》は碗形や壺形の灯明具で、脚付き、蓋付き、把手付きなどさまざまな形が作られた（図43）。共通するのは、内面に付けられた舌状や筒状の灯芯受けに灯心を持たせかけて点火するので、油が器の外面に伝わらない。底に穴があるものは蠟燭《ろうそく》がわりに手燭《てしょく》の針に刺して使われた。また、背面に釣手が付くL字形掛け式秉燭は柱など高所に釘で固定された。秉燭は十七世紀ごろ瀬戸美濃焼陶器で作られ始めるが、原形は中国の灯火具に求めることができる。

カンテラとは小さなジョウロ形の灯火具で、上向きに付けられた注口に灯芯を刺して火を灯した。十八世紀以降、関西系陶器のものが多い。

雀短檠《すずめたんけい》は形が雀に似ているため名付けられた。本来短檠とは背の低い灯台をさすが、そこに使われる灯火具として雀短檠と呼ばれている。浅い碗の底に舌状の灯芯受けが付き、分銅《ふんどう》形の蓋が伴う。茶道具としても用いられ、十六世紀末の豊臣期から十七世紀初めの江戸初期に瀬戸美濃焼の織部《おりべ》など華やかなものが作られた。

瓦灯《がとう》は瓦質の大型灯火具である。直径二〇センチ、高さ三〇センチ前後で、釣鐘形の蓋と身からなる。灯明皿は蓋上部の大きなつまみに置き、就寝時には身の中央に突き出た受部に置いて蓋を被せた。蓋には透かしがあり、防火効果の高い灯火具であった。

図44　青花灯火具(右)と織部焼油皿(左)

蠟燭用の灯火具は金属製手燭《てしょく》、陶磁器製燭台《しょくだい》がある。蠟燭は明るく煤も少ないため、灯明油に比べ非常に高価なものであった。使用は武家や寺院に限られ、織部焼や赤膚《あかはだ》焼など装飾的なものが出土している。

✣灯火の道具

掻き立ては灯明皿の中で灯芯を押さえたり、長さを調節するものである。環状の本体に把手が付き、金属製、陶磁器製のものがある。

油差しは汁つぎ形や、壺形のものがある。壺形は口縁が筒状にのび、口縁の根元に襟状の突帯がめぐる。突帯の内側には穴があり、口縁から垂れた油を壺内に戻すことができる。

灯明は裸火で用いられたが、炎のチラつきを抑えるために行灯《あんどん》の中にも置かれた。油皿は直径二〇㌢ほどの平らな皿で、行灯の下段に置かれ、灯明皿や油差しから垂れた油を受けた。目に着く場所に置かれるため、瀬戸美濃焼の志野や織部など、装飾的な絵付けが施されたものが多い(図44)。発火用の火打石は、火打ち鎌とセットで使われ、城下町跡では火打石のかけらが多数出土する。

6　文房具と定規

日本人の文房具好きは世界的に見ても際立っている。小さな軀体に精密な機能を搭載し、デザインや使い勝手にこだわった文房具は専門店にあふれ、大人子どもを問わず私たちの身近にある。

図45　方形硯(右)と渭原硯(左)

本来、文房具とは文房、つまり書斎で用いるすべての道具をさす。読書や筆記に必要なものから調度品まで幅広い。特に「筆・墨・硯《すずり》・紙」は文房四宝と呼ばれ賞翫《しょうがん》の対象になった。しかし一部の美術的価値を持つ品を除き、消耗品であるため遺跡から出土する文房具は意外と少ない。

✣筆記具

硯は城下町跡の文房具の中で最も広範囲に、数多く出土する。石材は滋賀県の高島石、山口県の赤間《あかま》石、三重県の那智黒《なちくろ》が良質とされたが、出土品のほとんどは黒灰色の粘板岩《ねんばんがん》、淡黄緑色《たんおうりょくしょく》の頁岩《けつがん》、淡黄褐色《たんおうかっしょく》の凝灰岩《ぎょうかいがん》製である。形は装飾のない長方形で、厚さ二〜三㌢、大小さまざまである(図45)。これらは石材が柔らかいため、墨道《おか》の底が抜けるほど使い込まれたものが多い。珍奇な石材に美麗な彫刻を施した硯より、むしろこのような硯の方が、読み書きを必要とする庶民の生活が垣間見えておもしろい。

高島石硯は大坂をはじめ全国で流通したが、「高嶋石」「本高嶋虎班石」と線刻されたものはほぼ偽物で、ブランド品に対するあこがれの強さもうかがえる。外国産では朝鮮半島北部の渭原石《いげんせき》製日月硯がある(図45)。

渭原硯は朝鮮王朝時代の貴族に珍重されたもので、赤紫色の母岩に含まれる白緑色部分に梅枝を浮彫りした、いかにも文人好みの硯である。ただし、破損したのちに小硯に作り直されており、風雅を尊ぶとともに大坂人の始末のよさもうかがえる。

外国製

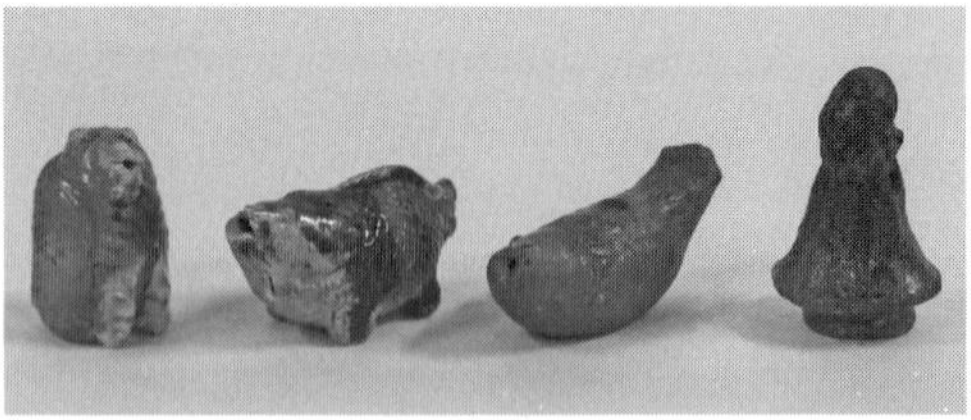
国産陶器製

肥前磁器製

図46　水滴

硯に水を補充する水滴《すいてき》はほとんどが五センチほどの小品である。十六世紀から十七世紀にかけて南蛮人・武者・魚・鳥・兎・南瓜形など多様な事物をかたどったものがつくられ、瀬戸美濃焼や備前焼のほか、朝鮮半島や中国南方など産地も多彩である(図46)。文箱に納まることを拒否するような立体的でユーモラスな意匠は同時期に現れた食器の特徴とも重なり、時代の高揚感が見てとれる。十八世紀以降になると、出土品の多くは肥前磁器製になり、立方体に染付を施すものや菊・瓢簞《ひょうたん》形など、和様化したおとなしいものが増える。

毛筆の出土例はないが、筆の一種として角筆《かくひつ》をあげておく。角筆とは、筆圧で紙に文字を書く筆記具である。文書にふりがなや符号をつけるために使われ、古くは奈良時代の正倉院文書に使用例が知られている。大阪市内の遺跡からは三例見つかっており、そのうち二つは高松藩大坂蔵屋敷跡の十九世紀中葉のゴミを廃棄した穴から出土した(図47)。長さ一五・五センチ前後、太さ〇・五センチの骨製で、先端を穂先形に削り出し、軸は尻骨部分に向けて細く削る。文字は穂先形の先端を紙に押しつけて記した。数少ない伝世品が先の尖った棒状であるため、箸との区別が付かず見落とされがちであったが、これは明らかに毛筆を模っている。十八世紀前半に書かれた『秋斎随筆《しゅうさいずいひつ》』に「先を筆の形に削るものなり」とある角筆に間違いない。

角筆文字は紙を光に透かさないと見えないため、公表できない秘密の記録にも用いられた。近年の研究では、明治二年(一九六九)に旧高松藩で起こった派

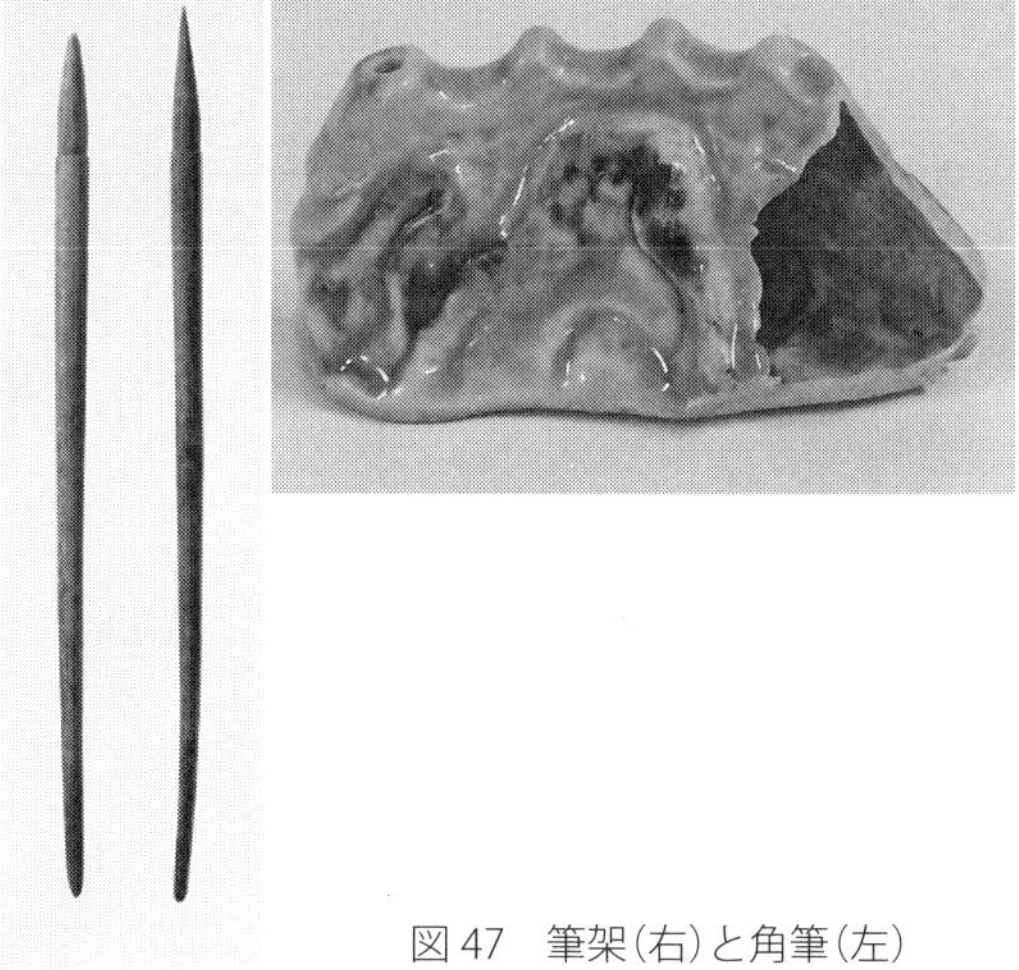

図47　筆架（右）と角筆（左）

閥抗争の顚末を角筆のみで記した獄中記が報告されている。同藩で角筆が使われていたことがわかる興味深い例である。

筆筒《ひっとう》・筆架《ひっか》もわずかであるが出土している。筆筒は陶磁器や木竹製の筒状で、筆の軸を下にして立てる容器である。筆架は書きかけの筆を机上に置く台で、肥前磁器製の山形筆架が出土している。上部に筆の軸を受ける三〜五つのくぼみをもち、水滴を兼ねたものもある。

このほか、筆記関係の文房具には墨床《ぼくしょう》・硯屛《けんびょう》・腕枕《わんちん》・書鎮《しょちん》などがあるが、城下町跡からは今のところ出土例がない。

✣計測具

計測用具では、「元和六年」（一六二〇）と記した木簡を含むゴミ穴から物差しが見つかっている。全長三六・七センチ、幅一・八センチで、片面に一寸と五分ごとの目盛りを刻む。一寸は約三・七センチで、鯨尺《くじらじゃく》に近いことから和裁用の物差しと推定されている。このほか十七世紀後半ごろの町屋のゴミ穴からも折れ尺と物差しが見つかっている。折れ尺は長さ八センチ、幅一センチの薄板を銅製のピンで留め、のばすと全長は一五・一センチ（五寸）になる。目盛りは片面に一寸・五分・一分ごとに刻まれている。物差しは現存長六・五センチ、幅〇・七センチで、五分と一分ごとに目盛が刻まれ、一寸に相当する長さは二・八五センチである。

大坂は豊かな財力を背景に、木村蒹葭堂《きむらけんかどう》をはじめ文人趣味の枠におさまらない町人学者を数多く輩出した。彼らが書画・煎茶道・本草学・天文学などを学ぶため、文房具の利用を主導したことは間違いない。しかし、その裾野を支えたのは大坂庶民であった。江戸時代における日本人の識字率は世界的にも高く、近世都市を中心に読み書きが津々浦々にまで浸透していたのである。われわれの文房具好きは、「読み書き」が数百年にわたり、ごくあたりまえの行為として体に染みついているせいなのかもしれない。

7　貨幣・秤・枡

✣貨　幣

「小判は出まっか?」と発掘調査の現場でよく聞かれるのだが、そんな偶然はまずない。というのも日本では中世以来、金は貿易や献上・奉納用としてのみ利用され、広く使われたのは中国から輸入した銅銭であった。室町時代後半には取引に金銀を用いるようになり、豊臣秀吉が全国通貨として初めて金銀貨幣の天正大判《てんしょうおおばん》を鋳造《ちゅうぞう》したが、これは主に褒賞《ほうしょう》用であった。

江戸時代には金貨・銀貨・銭貨(銅・鉄)の三貨制度が成立し、金一両が銀五〇~六〇匁《もんめ》とされた。大坂では秤量《ひょうりょう》貨幣の銀貨が基本貨幣で、町中では丁《ちょう》銀《ぎん》・豆板《まめいた》銀のほか、主にこれと両替した銭貨を使った。貨幣の交換には公定相場があり、十七世紀には銀五〇匁が銭貨四千文、十九世紀初頭には銀六〇匁が銭貨六千文とされたが、実質は時価相場であった。物価の例を挙げると、十七世紀初頭に一七文だった大坂~伏見間の上りの船賃は十九世紀前半に一八〇文、

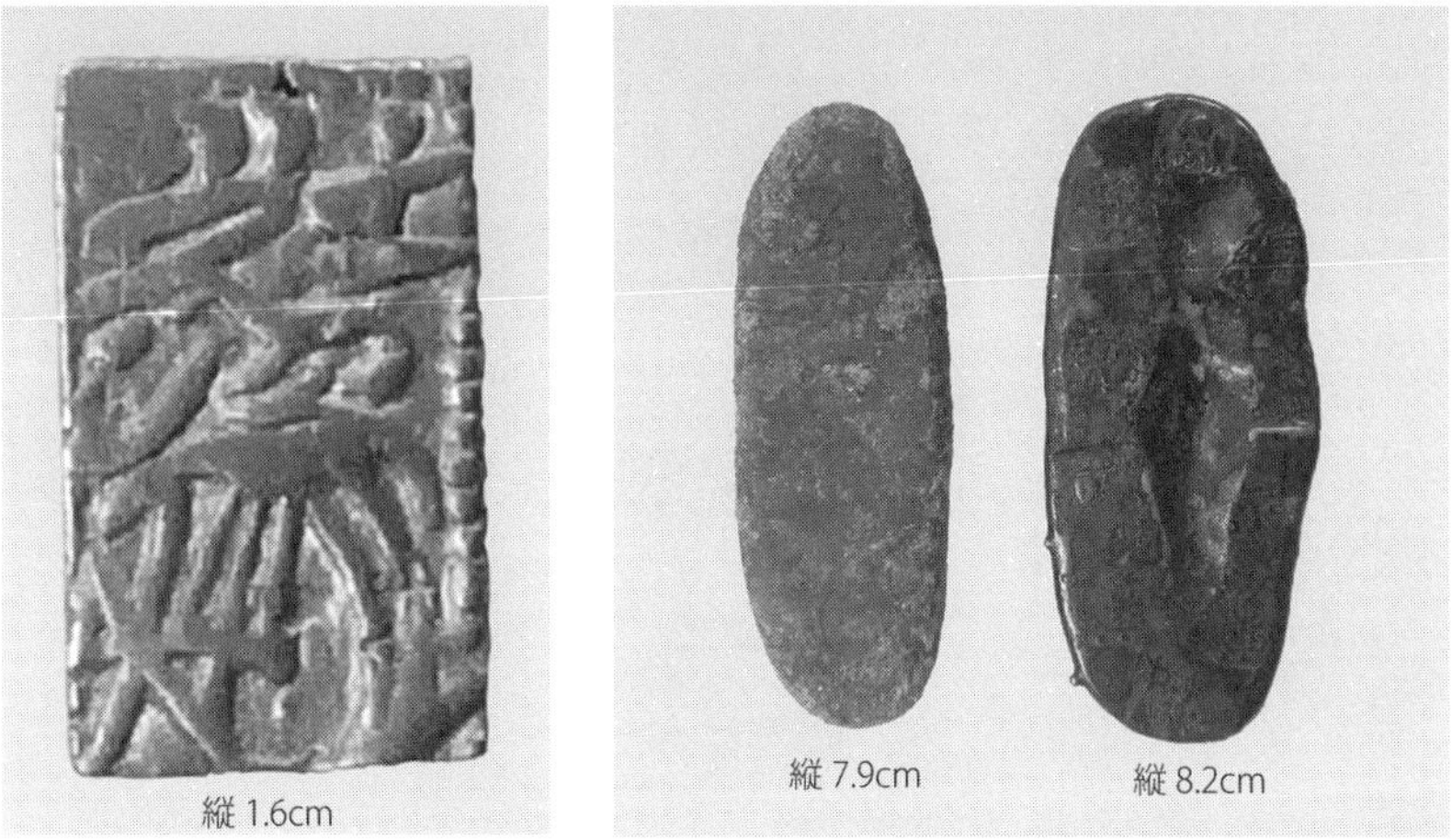

図48　一分金（左）と丁銀（右）

幕末には四八八文に跳ね上がっている。

なお、江戸時代の公鋳銭貨としては広く流通した寛永通宝のほか、宝永通宝・天保通宝・文久通宝があり、公鋳の前には慶長通宝・元和通宝のほか、輸入銭貨が主に使われていた。大阪市の出土例は単独～数十枚単位、時には一〇〇枚以上で、紐を通してまとめた緡銭《さしぜに》の例も多い。出土する貨幣のほとんどは銭貨であるが、稀に一分判金《いちぶはんきん》・丁銀もある（図48）。

このほか、貨幣を模った遺物として、煙管の雁首《がんくび》を平たく叩き潰して銭のように作った雁首銭のほか、絵銭《えせん》などの模造貨幣が見られ、土製品も数多く出土している。土製品は玩具であるが、雁首銭や絵銭は本物代わりに緡銭に混ぜたり、三途の川の渡し賃として死者に供える銭代わりに使われることもあった。

✣秤・枡

さて、銀の秤量単位は貫《かん》・匁《もんめ》・朱《しゅ》である。銭貨の普及とともに、唐代の開元通宝一枚の重さ二四朱（三・七三グラム）が一匁（十分）、十匁で一両、千匁で一貫という重さの単位が中世までに定着した。室町時代末には各地の戦国大名がこぞって金銀貨を製造した。これらは重さを量ってからでないと使えない秤量貨幣であった。手持ちの金銀の価値を正しく知るために必要なのは秤と分銅《ふんどう》であったが、徳川初期までは、基準となる分銅の重さや秤の精度に差異があるのが実情であった。

全国的に計量制度の統一が実施されたのは、十七世紀半ばになってからであ

図49　天秤の分銅　太鼓形(右)と繭形(左)

る。それ以降、両替商で用いる分銅は「後藤家」、西日本の秤は「神家《じんけ》」で製造・販売したもののみの使用が許可された。これらの精度を保つため、数年に一度厳しい秤改めが行なわれ、許可品に刻印を押し、不適合品は修理または廃棄とされた。徳川期以降、金銀などの重さを量るため、両替商や大きな店では「両替天秤」と分銅を用い、小口の銀や薬の計量には、携帯用で精密な棹秤《さおばかり》の「銀秤」と分銅を使った。

　大阪市では天秤の分銅が多く出土している(図49)。これらには、豊臣期以前に用いた太鼓形のものと、豊臣～徳川期の繭《まゆ》形のものがある。太鼓形は中国の宋代の資料に見られ、繭形は明代から分銅の形に採用されたもので、どちらの分銅も中国の形を模してつくったとみられる。太鼓形分銅の出土例は希少である。繭形分銅には「後藤」と彫られた文字と「極」の刻印を有するものがあり、刻印のないものは十七世紀中葉より前に使われていたのであろう。なお、豊臣期の遺物には外側が黄銅で中に鉛を充塡したものがある[伊藤幸 一九九五]。出土品の重さは五分から三〇両までだが、伝世品は五〇両まであり、「銅屋《あかがねや》」ではこれ以上の重さが使われた。

　一方、「銀秤」は収めた箱の形から「瓢簞秤」とも言われ、棹が骨製であるため別名「骨秤」とも呼ばれた。大坂城跡[大文セ 二〇〇二]では、セットとみられる豊臣期の箱と棹が出土している。また、中央区森ノ宮中央二丁目では、徳川初期にウシの骨で棹を製作していたことがわかった[大文研 二〇一三b]。

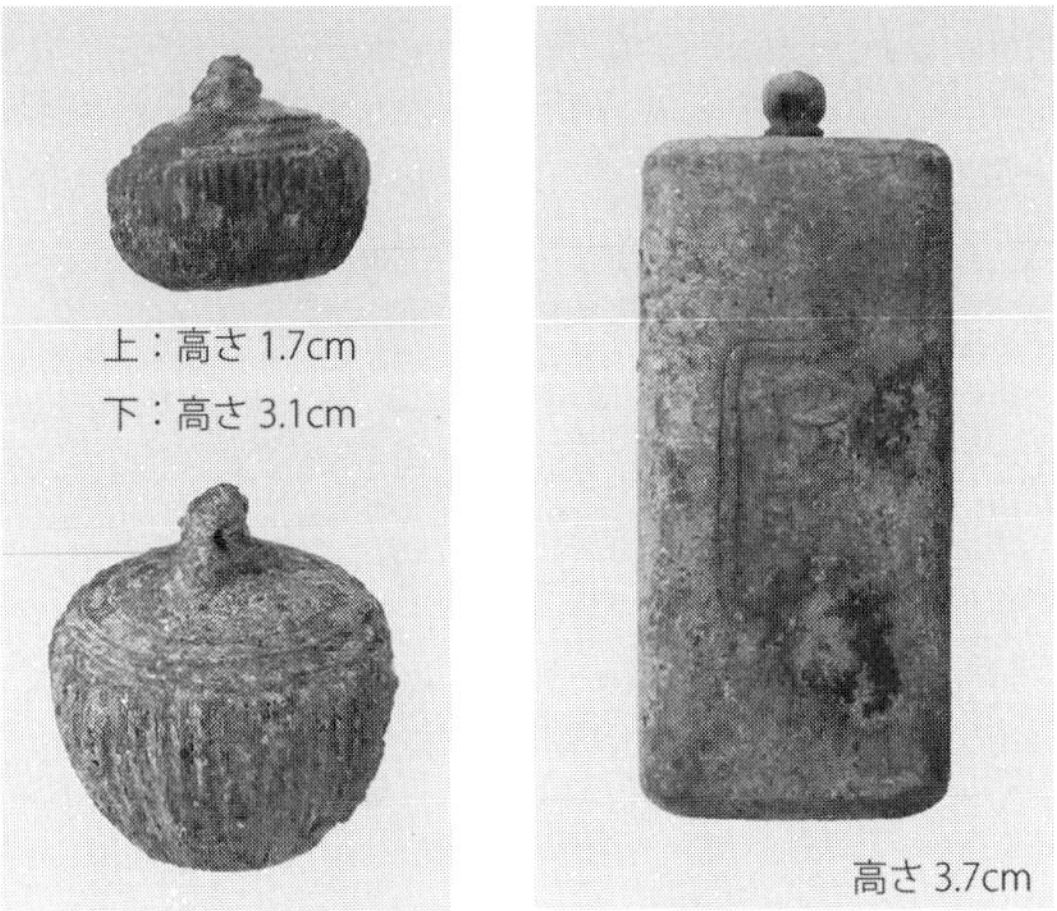

図50　古い形の錘(左)と棹秤の錘(右)

ほかにも大阪市内の各所で棹の出土例がある。また、これとセットとなると思われる錘《おもり》は直方体で、「神家」に関係するとみられる「天下一」「やまと」の刻印を押す十七世紀の例がある(図50右)。秤の目皿《めざら》も出土している。このほかに、十五世紀～豊臣期まで使用された扁平球形で上部に吊り下げ用の鈕《ちゅう》をもつ銅製の錘(図50左)も見られる。この形の錘は中国からの輸入品の可能性がある。以上、分銅や錘については［宮本佐 一九八八・一九九二・一九九四］に詳しい。

一方、市中で物の重さを量るには「棹秤」を使った。これは、昭和初期まで店先でよく見かけたものだが、原理は単純で、棹の一方に錘をぶら下げ、もう一方に量りたいものを下げて、釣合の取れるところで重さを測ることができる。秤の棹には目盛が付いており、錘をぶら下げる紐の位置が測りたいものの重さとなる。棹は通常木製である。

発掘調査では時折、目盛の付いた棒状品を見かけるものの、残存状況の悪いものが多く、特定は難しい。また、錘は頭に吊り下げるための突起や孔を設けたもので、金属製のほか、土製や石製のものも存在した可能性がある。なお、「棹秤」には伝世資料も多く、なかには三人がかりで一〇〇㌔以上を量れるものもある。持ち上げるだけでも大変な苦労だったろう。

容量を量る枡は、大坂城跡で豊臣期の一・二・三合枡の出土例がある［大文セ二〇〇六］。豊臣期の枡は織田信長によって採用された京枡を引き継いだものであったが、十七世紀後葉に一回り大きな新京枡が全国的に統一採用されて、枡

図51　雙六の駒（約三分の二）　上段：骨製の駒　下段：木製の駒と骨製の賽子

座で製作・販売を行ない、偽物には厳罰を科すこととなった。

　このように、出土品は幕府による秤や枡の全国的な統一以前の姿を知るうえで、重要な手掛かりとなっているのだ。

8　遊び

　近世の大阪でも大人も子供もおおいに遊んでいる。ここでは、盤上遊戯の雙六《すごろく》・将棋・囲碁のほか、室外での遊びとして独楽《こま》・羽根つき、玩具としての人形などをとりあげよう。

　雙六は雙六盤と賽子《さいころ》二個、黒白の駒各一五個を用いる。まず、所定の位置に駒を置き、振った賽子の目の数だけ駒を進めて、先に自陣に一五個すべての駒が着いたら勝ちとなる。平安時代から徳川期初めには大流行したが、十九世紀にはすでに廃れ、今の絵双六にとって代わられたらしい。賭博《とばく》性が高く、古代から何度も禁止令が出されている。

　市内の駒の出土例は、十七世紀代の骨製の白駒がほとんどで、大坂城下町跡では駒の製作工程がわかる資料もある［清水 二〇一二］。中世以前の資料は無文様のものが一般的だが、出土品はコンパス状の道具で円弧の中に小さな円を描く精巧な造作のものが多い（図51）。黒駒は木製または土製品の出土例があり、盤は木製とみられるが、確実な例は見つかっていない。伝世する上級品の駒は黒檀《こくたん》と象牙《ぞうげ》である。賽子は骨や角製品が出土している（図51）。

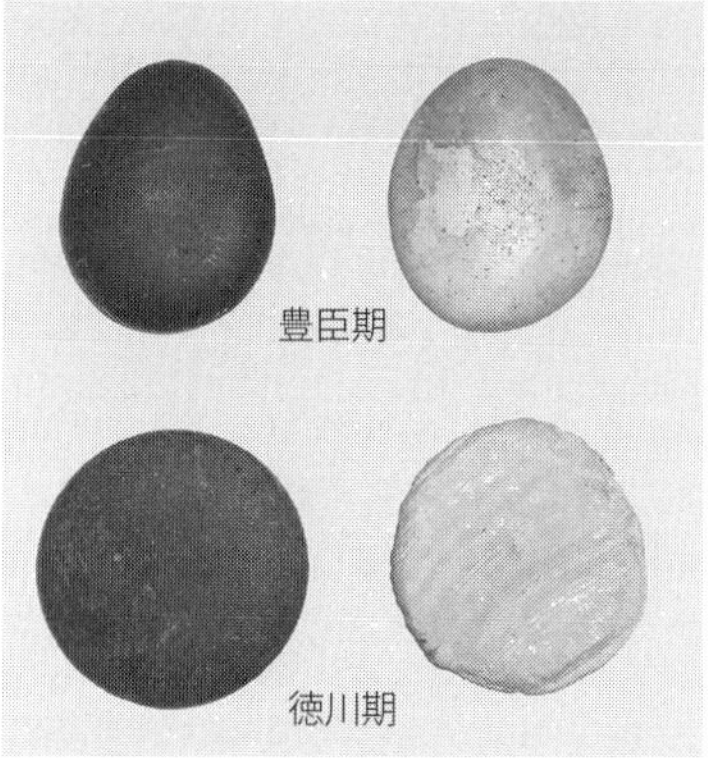

図53　碁石

図52　将棋の駒　上段：水無瀬駒

将棋も古くからの遊びである。駒は全国で五〇〇枚以上出土しており、十一世紀中葉の木簡を伴う奈良市興福寺旧境内出土例が最古である。現在の本将棋は十六世紀代に考案された後に広まったもので、徳川期以前には、盤の枡数や駒の異なる一〇種類以上の将棋があった。主なものを挙げると一五×一五枡の盤に二九種・一三〇枚の駒を使う大将棋、一二×一二枡の盤に二一種、九二枚の駒を用いる中将棋、本将棋の原形となった小将棋があり、これらでは捕獲した駒は使えない。

大阪市でこれまでに出土した十六世紀末~十七世紀前葉の駒は、すべて駒尻《こまじり》が厚く、なかには長さ四センチの巨大な「王将」もある（図52）。これらのうち大坂魚市場跡出土の「銀将」・「桂馬」を漆で記した駒は、公家の水無瀬《みなせ》家で製作した「水無瀬駒」と呼ばれる当時の最高級品で、駒尻が極端に厚く、精美な造作である〔南 一九九二〕。なお、中将棋の駒は高槻城跡や一乗谷《いちじょうだに》朝倉氏遺跡で出土している。これらは、駒尻まで厚みが一定で粗雑な造作であり、素人の作とみられる。現代の将棋にはない「獅子」・「酔象」などの駒があるのが特徴である。

将棋とともに人びとに親しまれたのは、飛鳥時代には日本に伝わっていたとみられる囲碁である。囲碁は古代・中世を通して人気の高い遊びで、江戸幕府が家元を扶持したこともあり、十九世紀には黄金期を迎えた。

大阪市では大坂城下町跡を中心に豊臣~徳川期の碁石が出土しており（図53）、豊臣期のものは自然石で、徳川期のものは正円形に整形するのが特徴である。

図54　独　楽（約二分の一）

左：バイ独楽　中央：バイ独楽につめた鉛　右：バイ独楽を模した土製の独楽

碁石の黒は石製、白は貝ないしは石製である。江戸ではガラス製や土製の碁石も出土している。なお、通常、碁石というと黒と白であるが、正倉院御物《ぎょぶつ》では装飾を施した赤と黒、中国では赤と緑が対になった碁石の存在も知られている。

独楽は、芯棒を捻って回す捻《ひね》り独楽のほかに、胴を横から叩きながら回す鞭《むち》独楽、さらにこれから生じたとみられる紐を巻いて投げて回す投げ独楽がある。古代には儀式に使われたようで、難波宮跡でも木製の鞭独楽が出土している［大文研 二〇一二f］。

近世には独楽を使う賭け事が大流行し、また、道端で独楽回しの曲芸をまねての事故や往来妨害も多発したことから、幕府が禁止令を出すほどであった。出土品の材質には木製のほか、貝製・土製がある（図54）。貝製品の出土例は多く、ベーゴマの原形といわれるバイ独楽が十九世紀を中心に見られる［小田木・池田 二〇〇七］。これはバイ貝の殻を横に半裁し、中に鉛などを詰めた後に蠟で蓋をするもので、製作工程を示す遺物や詰めた鉛も出土している。木製独楽は、豊臣期のものが大坂城跡［大文セ 二〇〇二・二〇〇六］で報告されるが、出土例は少ない。このほかに、土製品は数多く認められており、捻り独楽の割合が高く、バイ独楽の形状を模したものも少数ある。

屋外で子供が遊ぶ姿はめっきり少なくなった。今では正月にでも見られない羽根つきの記録は、室町時代に始まる。広島県草戸《くさど》千軒《せんげん》町遺跡では十三世紀後半～十四世紀初頭の遺構から羽子板と羽子が出土していることから、こ

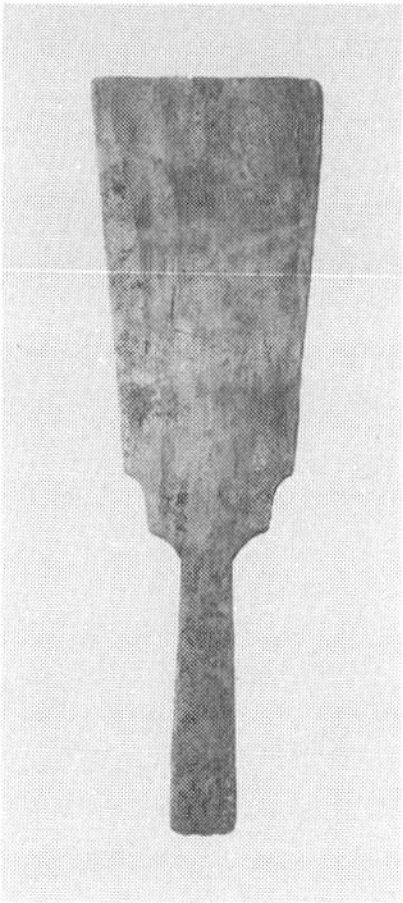

図55　羽子板

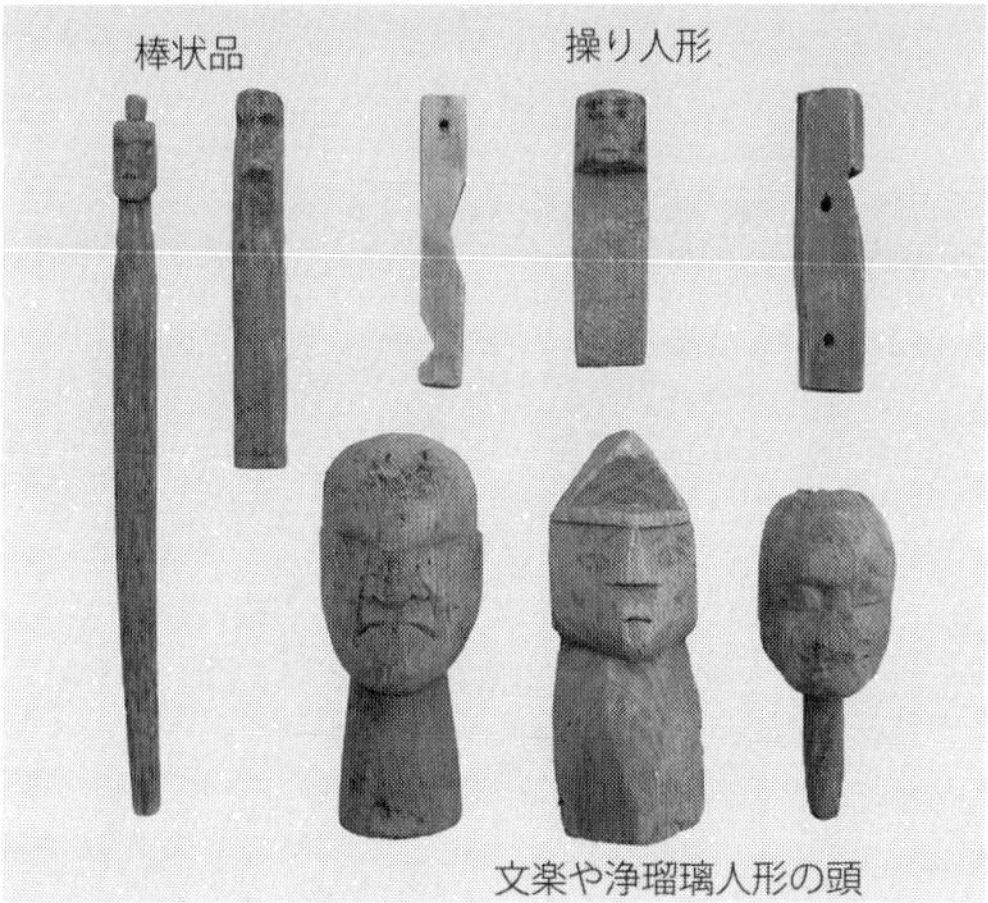

図56　人形（約四分の一）

れ以前より行なわれていた遊びであろう。豊臣期の例は大坂城跡出土の男女を彩色で描くものなど［大文セ 二〇〇二・二〇〇六］が知られる。出土品は長さ二〇〜四〇㌢程度で、徳川期を通して形態がほとんど変化せず（図55）、装飾のないものが多いが、大坂城下町跡には蒔絵を施す優品もある［宮本康 二〇〇五］。また、前述の大坂城跡では毬杖《ぎっちょう》と呼ばれるホッケーのような遊びで使う木製の球や、浮かべて遊んだとみられる舟形の木製品も出土している。

人形は中世末までは祭祀的要素が濃かったが、豊臣期以降は遊びや芸能に関わるものが増加する。出土遺物は中世までの系譜を引く顔だけを表現した棒状品のほか、頭を吊って手足を棒で動かす方式の操り人形、横姿を棒や糸で操る人形、浄瑠璃・文楽人形の頭など多様である（図56）。

また、佐賀藩蔵屋敷跡では、吹いて遊ぶポッペン（ビードロ）の軸とみられる十九世紀代のガラス製品が出土している。

このほかにも、近世には現代に伝わるものを含めて多種多様な遊びや玩具があった。遊びの中で、子供たちは幸せに育まれていたのだろう。明治時代初めに来訪した大森貝塚の発見者でもあるモースは、世界中で日本ほど子供が親切に扱われ、子供のために深い注意が払われる国はなく、子供たちは一日中ニコニコしていると記している［E・S・モース 一九七〇］。その頃にタイムスリップして子供たちの笑顔を一目覗いてみたいものである。

図57　土人形　右：人物　左：動物

9　ミニチュア土製品

伏見人形に代表される土人形は、その愛らしさから郷土玩具として現代まで親しまれ、これまでも民俗学の分野から研究がなされてきた。しかし、近年、城下町などの近世遺跡を対象とした発掘調査によって、土人形をはじめとするミニチュア土製品が多く出土するようになり、考古学の分野では年代論や形式学などの手法により時期的な変化や地域性についての研究が飛躍的に進んできた。

ミニチュア土製品の種類は、形状や用途により、人物や動物を模った土人形、ままごと道具、箱庭道具、面子《めんこ》や独楽《こま》などの玩具類の四つに分類できる。土人形のモチーフの多くは信仰や縁起にかかわるもので、天神や布袋《ほてい》・恵比寿・大黒、動物では牛・狐・猿などがある。そのほか説話・教訓もの、節句もの、朝鮮通信使など当時の流行を取り入れた人形もある。ままごと道具は皿や碗などの日常の雑器類を表現しており、箱庭道具は橋・鳥居・天守などの建造物のミニチュアである。

ミニチュア土製品は全国で出土しているが、特に大阪をはじめ、東京・名古屋・京都・福岡など、近世の都市遺跡での出土量が多い。大阪市内では大坂城跡・大坂城下町跡の武家屋敷跡や町屋跡、平野環濠都市遺跡の町屋跡、中之島周辺に広がる蔵屋敷跡からまとまって出土する。また近世墓から副葬品として

箱庭道具

ままごと道具

芥子面子

玩具類

図 58　ままごと道具・箱庭道具・玩具類

も出土している。

伝世品との大きな違いは、出土資料は土器や瓦に混じって出土するため、①いっしょに出土した陶磁器から使用していた時期がわかること。②壊れているため内部の観察ができ、つくり方がわかること。③表面の色が落ちているため使用された土の特徴がわかり、産地が明らかにできること、である。

✣製作方法

ミニチュア土製品の製作方法は大きく分けると、型を使用する方法と手捻《びね》りでつくる方法、ロクロを使用する方法がある。

型を使用する方法は、大蔵永常《おおくらながつね》の『広益国産考』で紹介されているように凹型に粘土を詰め、前後や左右、もしくは上下を貼り合わせて形をつくるものと、面子のように粘土を型に入れて抜くだけのものがある。土人形は前者の方法でつくられ、一〇センチ以下の小型は中が詰まったものが多く、それ以上の大型は中が空洞のものが多い。大型にはいわゆる伏見人形と呼ばれている器壁が薄いものと、厚いものがある。ままごと道具は型でつくることが多いが、碗や擂鉢、瓶などはロクロによるものも目立つ。

焼成方法は大半が素焼きで無釉《むゆう》であるが、素焼きをした上に透明の釉をかけたもの（以後軟質施釉とする）や陶器質（陶器のように焼成されたも

図 59　犬形土製品(豊臣期、右)とつぼつぼ(左)

の)・磁器質(磁器のように焼成されたもの)・瓦質のものもある。胎土は大きく橙褐色と白色がある。白色の多くは京都産と考えられている。

✤ミニチュア土製品の変遷

豊臣期には型つくりのものはなく、手捻りで製作された製品に限られる。モチーフは犬に限られており、安産のお守りと考えられているが、使用方法はわかっていない。東北から九州まで全国的に出土している。

江戸時代の初めは、出土地点も出土量も非常に少ない。十七世紀前半は、つぼつぼや土鈴《どれい》しか出土していない。十七世紀の中頃に初めて型でつくった土人形が出現してくる。その出土例として大阪市中央区北久宝寺町の発掘調査で出土した飛天がある。

このモチーフは非常に珍しく、ほかでは出土例がない。表面にはキラ(雲母の粉)が付着し、丁寧につくられている。小型で中が詰まっており、底部に小さな穴があけられている。

十七世紀中頃から後半にかけても、やはり出土地点も出土量も少ない。土人形には人物だけでなく猿や狐が出現してくるが、飛天と同様に細部まで丁寧につくられている。ほかに、ままごと道具もごく少量出土する。焼成方法は素焼きが大半で、鉄釉や発色が淡い黄色の軟質施釉のものがごく少量含まれる。

十八世紀前半もまだ出土量が少ないが、十七世紀に比べると土人形の種類が少し増えてくる。中央区瓦屋町遺跡の調査では、十八世紀前半のゴミ穴から布

地蔵
（18 世紀後半）

猿（17 世紀中頃 ~ 後半）

飛天（17 世紀中頃）

図 60　飛天・猿・地蔵のミニチュア土製品

袋や大黒の絵が描かれた絵銭が大量に出土している。十八世紀中頃になると、土人形やままごと道具・箱庭道具などが量・種類ともに増加してくる。また軟質施釉のものが少しずつ増え、淡い黄色の単色だけでなくワンポイントに緑釉をかけるものが増えてくる。

十八世紀後半～十九世紀のごく初めになると、出土地点や出土量も爆発的に増加する。大阪市内で多量に出土する場所は大阪城周辺の武家屋敷跡や中之島の蔵屋敷跡で、溝や大規模なゴミ穴から出土している。

この時期の特徴としては、①小型で中の詰まったものが大半を占めること。②これまでにはなかった底部に直径一㌢ほどの円錐形の大きな穴が空けられているものが多量に出現してくること。③ほかではあまり出土例のない地蔵の土人形が多く出土すること。④十八世紀末に三～四㌢の小さくとても丁寧なつくりの土人形が出現してくることである。

特に、底部に大きな穴をもつ土人形や地蔵をモチーフとした土人形は、大阪周辺では出土するが京都や名古屋・東京では出土しないため、大阪やその周辺で生産されたものと考えている。

十九世紀前半になると土人形やままごと道具・箱庭道具の他に、面子《めんこ》や芥子《けし》面子《めんこ》・独楽などの玩具類が大量に出土するようになる。土人形ではこれまでの地蔵・天神・西行・布袋などの民間信仰にかかわるものに加え、三味線弾きや釣り人・力士・朝鮮通信使など、さまざまなモチーフが出現してくる。

窯跡出土資料
（福島区堂島出土）

素焼きと施釉された皿
（中央区島町出土）

図61　製作跡から出土したミニチュア土製品

この時期の特徴は、①十八世紀代にはほとんど出土しなかった薄手の大型の土人形が多量に出土すること。②小型のものはつくり方が雑になってくること。③十八世紀終わりに多く見られた底部の大きな穴のものが減り、小さな穴のものや、穴があけられないものが大半を占めるようになること。④泥面子や芥子面子、独楽などの玩具類が多量に出現してくることである。

これらは十九世紀中頃まで同じ傾向である。十九世紀中頃になると磁器質の土人形が出現してくる。

❖土人形の製作跡

大阪では現在、土人形の製作跡と推定できる遺跡が三箇所で見つかっている。一つは大阪市中央区島町である。江戸時代のゴミ穴から同じ形のミニチュアの皿が大量に出土し、施釉されたものと素焼きのものが混じっていた。周辺で十七世紀末から十八世紀初めに廃棄された陶器の窯道具や素焼きの未製品・製品の破片などが見つかっている［大市教・大文協 二〇〇一］。

二つ目は大阪市福島区堂島の調査で見つかった京焼系陶器の窯跡から出土したものである。窯の操業時期は十七世紀後半〜十八世紀初めである。陶器質の七福神？・水鳥・犬と、軟質施釉の馬が出土している。数が少ないこと、モチーフにバラエティが見られないことなどから、ほかの土人形とは用途が異なる可能性がある［大文協 一九九九b］。

三つ目は大阪市中央区瓦屋町（瓦屋町遺跡）である。瓦の生産にかかわる道具

図62　瓦質の土人形と型（瓦屋町遺跡出土）

図63　副葬品（近世墓出土）

のほか、陶器の型・鋳造にかかわる型といっしょに土人形やままごと道具・箱庭道具の型が出土した（一六三頁図5上を参照）。型が出土したゴミ穴は十八世紀後葉から十九世紀前葉に比定できる。

この三箇所では、陶器や瓦生産にかかわる道具や窯道具などの共伴資料、窯跡も見つかっていることから、土人形の生産が瓦や陶器の製作と何らかの関係があることがうかがえる［大文協二〇〇九c］。

✣副葬品

大阪市中央区法円坂で、十八世紀後半から十九世紀にかけての近世墓が見つかった。そのうち四基から子ども・這子・猿・猫のほか、箱庭道具の天守や城壁が出土している。副葬品として埋納されていたためほぼ完形である。ここからは器壁の薄い、いわゆる伏見人形は一点も見られない。

以上のように、発掘調査で出土した資料は小さいが、いろいろなことを物語ってくれる。庶民の民間信仰にかかわるもの、玩具、副葬品など使われ方は異なるが、当時の流行やほかの産業とのかかわり方など、文献には表れないことが見えてくる。今後、他地域の出土資料と比較検討することで、土人形の流通経路なども明らかになるだろう。

第4節　食べ物と動物

都市化を遂げた豊臣期以降、大坂では屋敷地内に掘られたゴミ穴に食料の残滓が廃棄されるようになる。発掘調査で出土した大量の哺乳類・鳥類・魚類の骨や貝殻、植物遺体のうち、分析・報告されているのはごく一部だが、種構成や調理痕跡などの研究から、近世大坂の食文化の一端を知ることができる。

❖哺乳類

貝類や魚類に比べて出土量は少ないが、ニホンジカを筆頭にイヌやイノシシが高い比率を占める［久保 一九九九］。敷地一区画分の大規模な廃棄場から、多数の動物遺存体が出土した調査（ＯＪ04―1次）を例にとると、六八点の哺乳類のうち、ニホンジカが二九点、イヌが一四点、イノシシが九点を占め、いずれも資料の一部に解体した際の刃物痕が観察される。また、ニホンジカは出土部位が四肢骨《ししこつ》に集中しており、別の場所で解体されたとみられる［丸山他 二〇一〇］。ニホンジカがイノシシに対して優越する傾向は、大坂冬の陣前後の資料でも確認されており［安倍 二〇〇六］、丸山真史によれば中世以降の西日本では普遍的であったようだ。

そのほか、使役されたウシ・ウマが死亡後に食用とされ、イルカやクジラも複数の調査地点で出土例がある［安倍 二〇〇六、丸山他 二〇一〇など］。ネコの出土

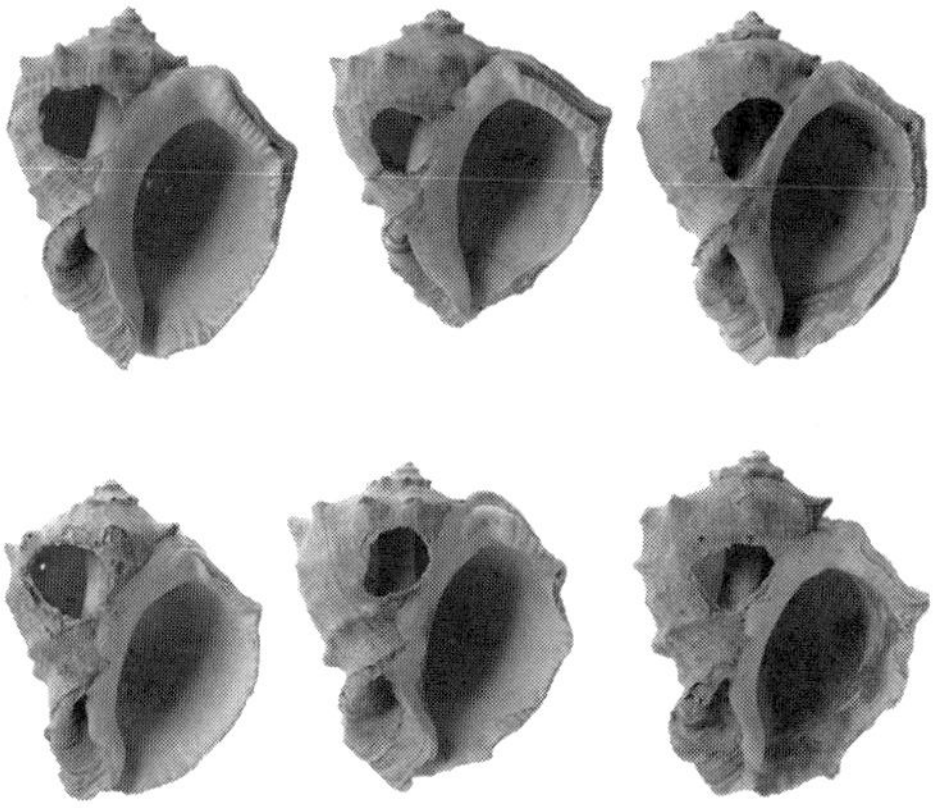

図64　高松藩蔵屋敷で出土した調理痕のあるアカニシ

量も少なくはないが、基本的に解体痕は見られず、食用とされたかは不明である。

✣鳥　類

大坂城・城下町関連ではＯＪ92―18・33次、ＯＪ94―16次、ＮＷ82―24次［宮路他二〇〇四］、蔵屋敷関連ではＳＨ10―1次［丸山二〇一二a］ほかの調査で報告例はあるが、貝類や魚類に比べて出土量は少ない。

それらの資料の多くはニワトリを筆頭に、キジ科、カモ科が主体であり、サギ科・ツル科・ウ科・アビ科なども食用となっていたようだ。前述した大規模な廃棄場では六一九点のうち、ハト科・スズメ目が各々三割程度を占めており、東京都の動坂遺跡資料と同様に、鷹狩り用のワシ・タカ類の餌がゴミの一部に含まれていた可能性が指摘されている［丸山他二〇一〇］。

✣貝　類

河口部や近海で捕獲可能な限定された種から構成されていた中世に対し、豊臣期以降は鹹水《かんすい》性種を中心に種数が激増し、商品価値の高いアワビ類や、遠隔地産の有棘《ゆうきょく》型サザエ・チョウセンハマグリを含め、七〇種以上が出土している［池田二〇〇五］。

時期別に見ると、豊臣期にはイタボガキ・サザエ・ハマグリ・ヤマトシジミ・アカニシなどを主要な種とするが、徳川期初期にはハマグリが約九割と圧倒的となり、十八世紀以降はハマグリの比率の低下とともに、シジミ類・カワ

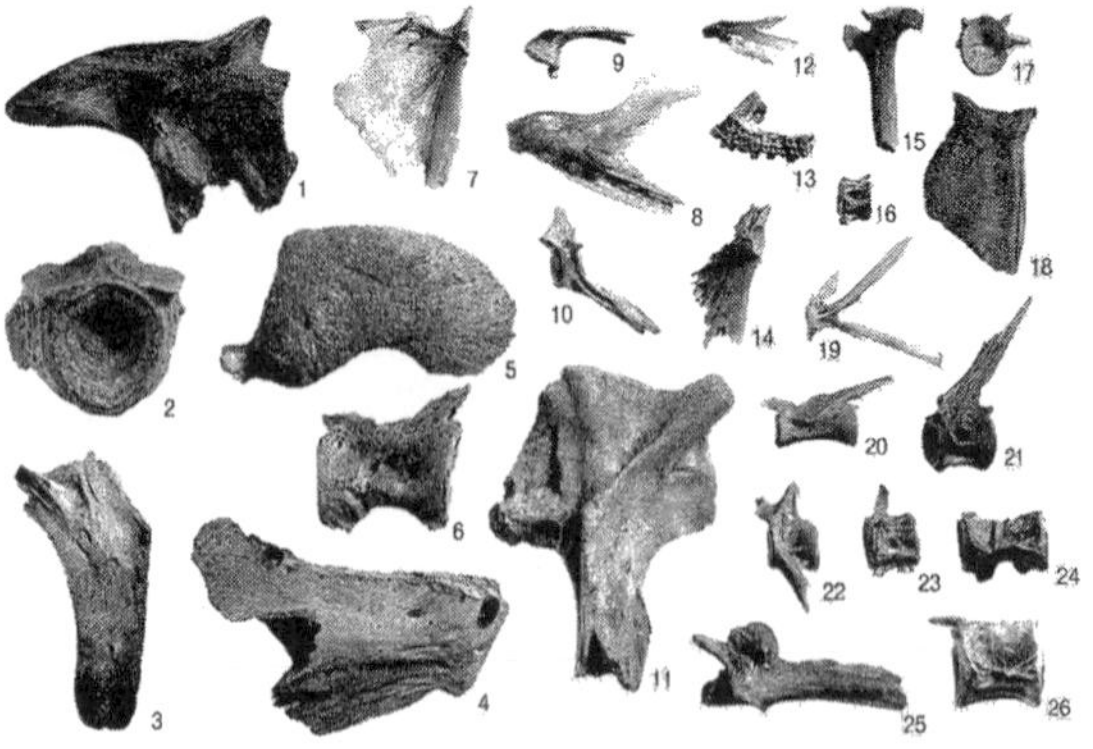

SK417出土の魚類遺存体
1～4：マダイ(1：口蓋骨、2：第一腹椎、3：前頭骨、4：歯骨)、5：ハモ属,主鰓蓋骨、6：コチ科,椎骨、7・8：アジ科(7：主鰓蓋骨、8：歯骨)、9：ムロアジ属,主上顎骨、10：トビウオ科,椎骨、11：ハタ科,舌顎骨、12：キス科,歯骨、13：ハゼ科,前上顎骨、14：サバ属,主鰓蓋骨、15・16：ナマズ(15：胸鰭棘、16：椎骨)、17：コイ,椎骨、18：フナ属,主鰓蓋骨、19：コイ科,尾骨、20：カマス科,椎骨、21：ブリ属,腹椎、22：キダイ,椎骨、23：カレイ科,椎骨、24：ボラ科,椎骨、25：ヒラメ,主上顎骨、26：タチウオ科,椎骨

図65　佐賀藩蔵屋敷から見つかった魚骨

ニナなど淡水・汽水性種の比率が上昇している。

周辺海域で資源量が豊富であったハマグリが、安価な小型のものを中心に大量に流入していたようだが、一方で大坂へ水産物を供給していた堺で主要種の一角を占めていた、シオフキの出土量は僅少であり、資源量が豊富でも商品価値の著しく低い種は流通過程で淘汰されている［池田 二〇一〇］。また、十八世紀以降の淡水・汽水性種の増加に関しては、『摂陽《せつよう》奇《き》観《かん》』に「明和安永の頃より大坂市中で川狩が流行した」との記録があり、関連が注目される。

✣魚　類

消費地で確認されている約五〇種のうち、マダイの出土量が突出している。同じタイ科ではマダイの代替品になるキダイが次いでいることから見ても、「赤い鯛」への需要の高さがうかがえる。

そのほかハモ属・ハタ科・マイワシ・ボラ科・スズキ・マアジ属・サバ属などの出土頻度が高く、近海で漁獲可能なものが主体を占めるが、カツオ・マグロ属・シイラなどの外洋性回遊魚や、タラ科・サケ属など寒海性種も搬入されている［丸山他 二〇一四］。

前述したＯＪ04―1次調査を例にとると、マダイの二二一点を筆頭に、ブリ属四七点、ハモ属二六点、サワラ・キダイ各一五点、カツオ一四点、シイラ一三点、マダラ一一点と続いている［丸山他 二〇一〇］。

一方、魚市場跡の出土資料ではマダイなどのタイ科・ハモ属・イワシ類・ア

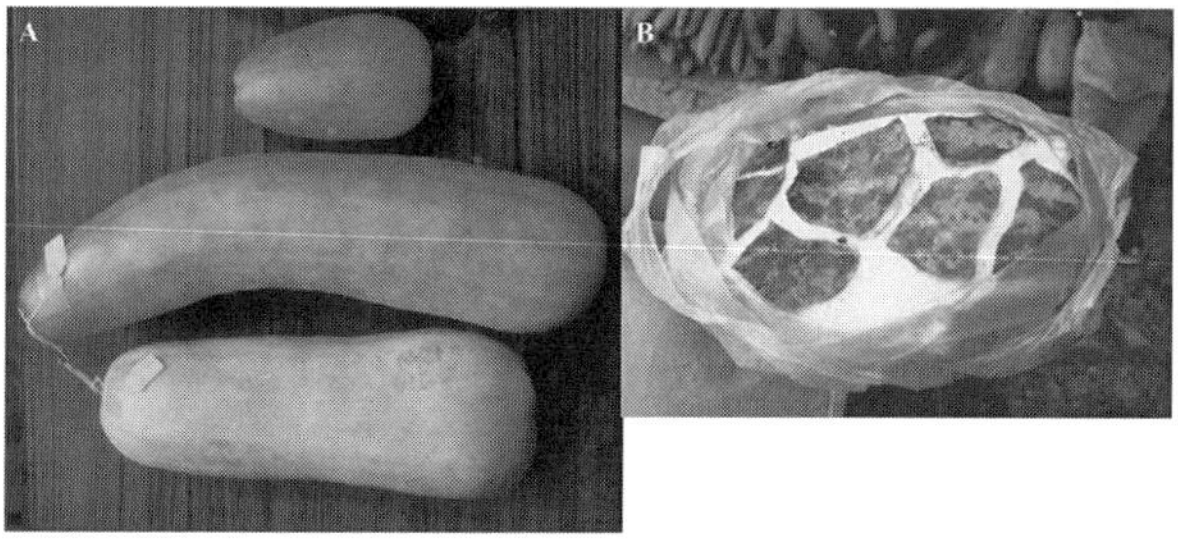

図66　マクワ（左上段）、シロウリ（左中下段）、モモルディカメロン（右）の果実。撮影者：加藤鎌司（岡山大学大学院・教授）

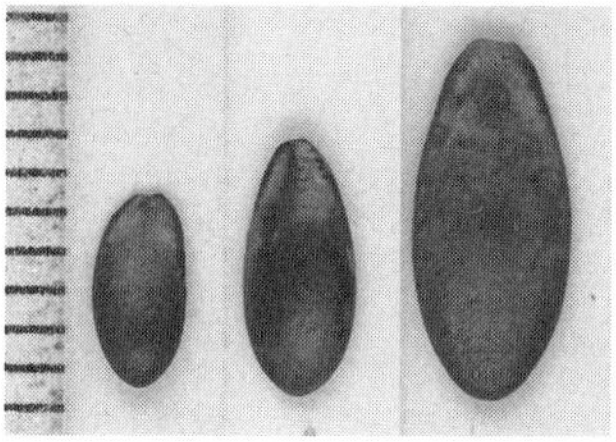

図67　大坂城跡・大坂城下町跡における豊臣前期の種子
左：雑草メロン型、中：マクワ・シロウリ型、右：モモルディカ型

ジ科・サバ属などが主体を占めるが、マダイなどタイ科の割合は消費地ほど圧倒的ではない。

また、出土した魚骨には調理・解体の際の庖丁傷が観察されるものがあり、大型のマダイは頭部と胴部を切断し、頭部は「兜割」により二〜三分割してからさらに細かく切り分け、胴部は二〜三枚におろして肉を外した後、「あら」をぶつ切りにしているのに対し、小型のものは多くが尾頭付きで食されたと推測される［丸山 二〇一二b］。

✣ウリ

豊臣秀吉が名護屋城への入城の折、戦に赴く武将を慰労するために瓜売りの仮装をしたという逸話が『太閤記』に記されている。秀吉が食し、また近世の大坂で流通した瓜はどのようなものだったのだろうか？　ここでは、遺跡から出土する種子から、近世大坂城・城下町の食を考えてみる。

瓜といっても黄瓜《きゅうり》、西瓜《すいか》、南瓜《かぼちゃ》、冬瓜《とうがん》など「瓜」の字があてられた作物は多くある。これらのうち、マクワやシロウリを含むメロンの仲間（以下「メロン仲間」）は植物学的にはキュウリ属メロ種に総称され、多くの種類がある（図66）。

近世以前の日本で栽培または利用されたメロン仲間は、種子のサイズから小さい順に、雑草メロン型、マクワ・シロウリ型、モモルディカ型に分けられている（図67）。シロウリは甘くなく主に野菜として調理される。一方、マクワやモモルディカメロンは若い果実を野菜として、熟すと果物として食されている。

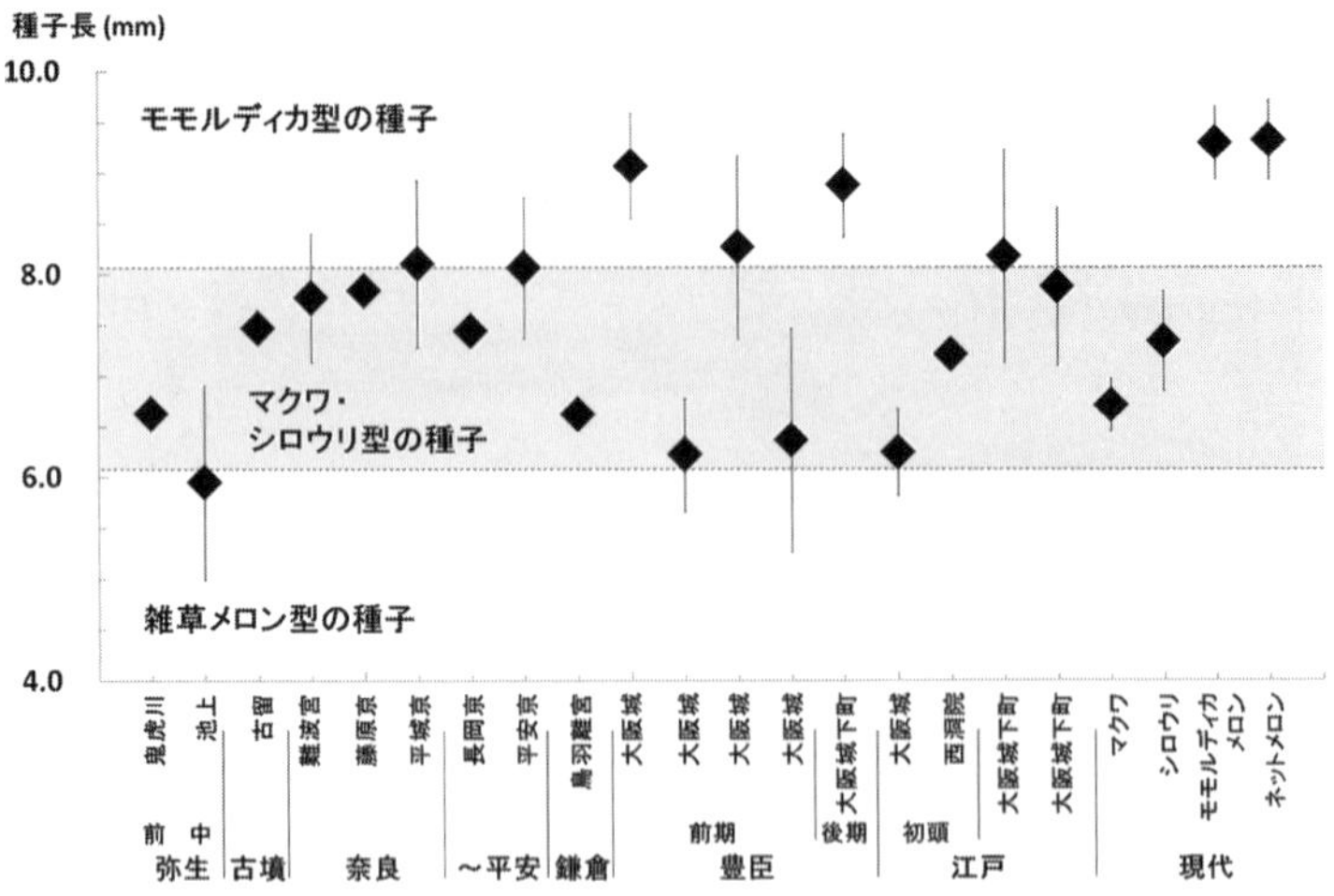

図68　近畿地方の遺跡において出したメロン仲間の種子の長さ。菱形印と付帯する線はそれぞれ種子長の平均値と標準偏差（ばらつき）である。

これらメロン仲間の瓜は弥生時代から栽培され、食されていたことがわかっている。モモルディカメロンは中・近世に広く普及しているようだが、今では八丈島などごく一部の地域でのみ栽培されている。

大坂城・城下町跡の八箇所のゴミ穴等から出土した、豊臣期の十六世紀末から徳川期の十七世紀後半までのメロン仲間の種子の長さを計測した結果、興味深い事実がわかってきた（図68）。

豊臣期にはマクワ・シロウリ型とモモルディカ型の両方が利用されていたが、そのいずれもが現代の改良品種に比肩するほどばらつきが少なく、高い品質のウリが流通していたようなのである。

信長・秀吉といった当時の為政者は、真桑村（現在の岐阜県本巣市周辺）の特産の瓜などをしばしば京の朝廷に献上している。大坂城・城下町の建設に伴い、高い品質のウリが持ち込まれ、栽培・流通したのではないだろうか。

これに対し、徳川の世になった十七世紀中〜後半には、サイズにばらつきがあり、品種が低下した可能性がある。その後、十八・十九世紀になると、文献記録には現代の大阪の伝統野菜の一つである「玉造黒門越瓜」の名前がみえる。

研究は始まったばかりであるが、今後、ＤＮＡ分析を含めた調査の進展によって、秀吉が大坂城・城下町を築いてから以降、大阪の伝統野菜にいたるまでの食の変遷が遺跡出土の種子から明らかになることが期待される。

図69　炉跡の立体剥ぎ取り

✤コラム✤　文化財をまもり伝える技術

✤発掘現場から展示室へ

大阪歴史博物館を訪れると、地層の断面や遺構など発掘現場そのもののような展示を見学することができる。図69は、一見すると現場の地面を切り取って展示しているように見える炉の跡だが、実は、表面を薄く立体的に剥ぎ取ったものである。発掘調査が終了すればほとんどの遺構は埋め戻されてしまうが、このようにして現場の状況をそのまま博物館へ持ち帰る技術がある。

また、大阪市内では土器をはじめ木製品や金属製品、繊維製品や動物の骨など多種多様なものが出土する。これらも博物館に行けば目にすることができるが、展示されるまでの間に科学的な処理が施されていることは、あまり知られていない。現代の科学技術を駆使して、貴重な文化財を守るための仕事を「保存科学」と呼んでいる。ここでは、発掘現場の情報をみなさんにお伝えするために保存科学の専門家が行なっている保存処理技術について紹介する。

✤文化財のお医者さん

私たちはどこかが痛くなったり体の具合が悪くなれば、その状況をお医者さんに伝える。しかし、文化財はどこが具合悪いのか自ら語ってはくれない。そこで、現代の科学技術を駆使してさまざまな検査をし、状態を調べる。外から目で見て判断できるものはよいが、なかにはサビに覆われて本来の形や材質が

図70　金属製品のX線透過画像（寛永通宝）

わからないものもある。

このような場合、特に金属製品などに対してはエックス線透過写真撮影を行ない、内部の構造や状態を調べる（図70）。近年ではエックス線CTスキャナを使用して文化財の断層撮影をすることで、これまで解き明かせなかったことが簡単に確認できるようになってきた。この他にも、木簡に書かれた墨書を確認するための赤外線写真撮影や、金属の材質を特定するための蛍光エックス線分析など、さまざまな科学技術が文化財の調査に利用されている。

文化財の修復というと宮大工や仏像の修理など職人的な手作業を想像しがちであるが、最先端の科学技術を使った調査・研究も行なわれているのである。このような技術によって文化財を十分に調べた後、保存処理を行なうのである。

✣あま〜い砂糖が文化財を救う！

出土した文化財を保存処理する大きな目的は、今ある姿を保ち、展示や研究に活用できるようにすることにあるが、なかには取り扱いが難しいものがある。たとえば木製品である。木製品は土の中で真空パックされたような状態で埋まっている間に、元々持っていた木材の成分が失われ、代わりに過剰な水分を含むことで、形を保っている。この水分が失われると元の形が分からなくなるほど変形してしまう。このため、出土後は乾燥させないように水漬けにしておくことが一般的であるが、水漬けの間にも木材は腐っていく。一刻も早く蒸発しやすい水の代わりに安定した物質に置き換える必要がある。

図71　トレハロースを含浸中の木製品

わが国における木製品の保存処理は五十年以上の歴史があり、最も普及し実績がある方法は「ポリエチレングリコール含浸処理法」である。ポリエチレングリコールは柔軟剤や軟膏などに含まれている身近な素材で取り扱いが簡易である。しかし、処理期間が長期にわたることや、温湿度など処理後の保管環境を整える必要がある。

それらを改善すべく、大阪文化財研究所では糖類を使った保存処理技術を開発、実用化に成功し、二十年以上にわたり成果をあげてきた。現在は、トレハロースという糖を木製品に浸み込ませ、結晶させて固める「トレハロース含浸処理法」を実施している(図71・72)。トレハロースは食品だけでなく、医薬品や化粧品など、いろいろな分野で有効性が認められているものの、なぜ効果があるのか完全には解明されておらず、「不思議な糖」と言われている。

トレハロース含浸処理法の実用化の過程で、私たちはトレハロースが予想外の有効性を持っていることに気がついた。これまでの木製品保存処理の基本は、常時加熱している処理液に木製品を漬けて、長い時間をかけて浸み込ませることが常識であった。しかし、トレハロース含浸処理法では、ほとんど加熱することなく短期間のうちに処理を終えられる可能性が出てきたのである。この方法が確立できれば、使用する電力を削減できるだけでなく、材料や人件費などのコストを抑える効果も期待できる。

トレハロース含浸処理法は国内各地で広まるだけでなく、国際学会等の場で

図 72　木製品に浸み込ませたトレハロースの結晶化

海外の研究者からも注目されている。日本の企業が大量生産に成功したトレハロースを使い、この大阪で新しい保存処理方法が生まれた。まさしく大阪発信の「メイド・イン・ジャパン」の方法である。

第Ⅳ章　都市の産業

桐文木製瓦笵

第1節　産業都市大坂

近世大坂の城下町跡周辺を発掘調査すると、多種多様な産業を営んでいたことに気づく。「商人の町」、「天下の台所」とはよく聞く言葉であるが、大坂を理解するにはそれだけでは足りない。この章では大坂で発展した各種の産業について紹介する。

なお、ここで扱う産業は、農業や水産業などの第一次産業ではなく、いわゆる第二次産業の一つである、原材料を集め、手を加えて製品を作り出す製造業に焦点を当てたい。

✣史料に記された産業

近世大坂の基盤が商業だけでないことは、以前から唱えられている［小林・脇田一九七三］。各種産業の具体的な内容を知る方法の一つは、江戸時代の大坂市中の買物案内などに現れる多種多様な業種名である。

たとえば延宝《えんぽう》七年（一六七九）の『懐中難波《かいちゅうなにわ》すゞめ』の「諸商人諸職人売物所付」は大坂三郷に所在する業者として二五〇種以上をあげ、この中には製品のみを扱う商人も含まれようが、繊維・衣料品、皮革類、家具・建具、仏壇・仏具・神具、履物、紙・紙加工品、文房具、塗物類、建築関係・資材、金属工業・金属加工業、武具、生産用具、船関係、台所・荒物・日常雑貨・諸道具類、

図1　瓦を大量に捨てたゴミ穴

薬種類、食品加工類などに分類されている［今井 一九八九］。

これらが単なる都市内の消費量に応じた生産物ではなかったことを示す史料として著名なのが『正徳四年大阪移出入商品表』と呼ばれる史料で、幕府がまとめた正徳《しょうとく》四年（一七一四）の大坂移出入品の数量と金額を記したものである。

それによれば、移入品総額は銀二八万六五六一貫余、対する移出品総額は銀九万五七九九貫余で、さすがに消費過多の状況を示すが、移出品額の多い品目をみると、郊外の農産物を加工した油（菜種）や綿織物（綿花）、醸造（米酒・大豆醤油）、銅精錬で製造された輸出貿易用の銅などが並ぶ。時期的な盛衰はあるものの、これらは全国的にも大きなシェアを誇った製造業として大坂の産業を特徴づける製品である。

また、市中買物案内は業種を記すだけでなく、所在地を町名や筋名で示しているため、どのような業種が市中のどこに位置していたか、大雑把であるが知ることができる。延宝七年（一六七九）『難波鶴《なにわつる》』、元禄《げんろく》五年（一六九二）『万買物《よろずかいもの》調方記《ちょうほうき》』などを詳細にみると、同業種がある程度まとまっていたことや、市中でも地域によって業種に特徴がみられるようである［小林・脇田 一九七三、今井 一九八九］。西船場の諸堀川河口地帯には造船業・鍛冶・材木業が集まり、南の長堀・道頓堀沿いに銅精錬・鍛冶屋・油絞り・油道具などの火・煙・騒音などを伴う産業が展開していたことなどが指摘されている。これらは堀川を利用した原材料・製品の搬送や、居住域との分離を図ったものと考えられている。

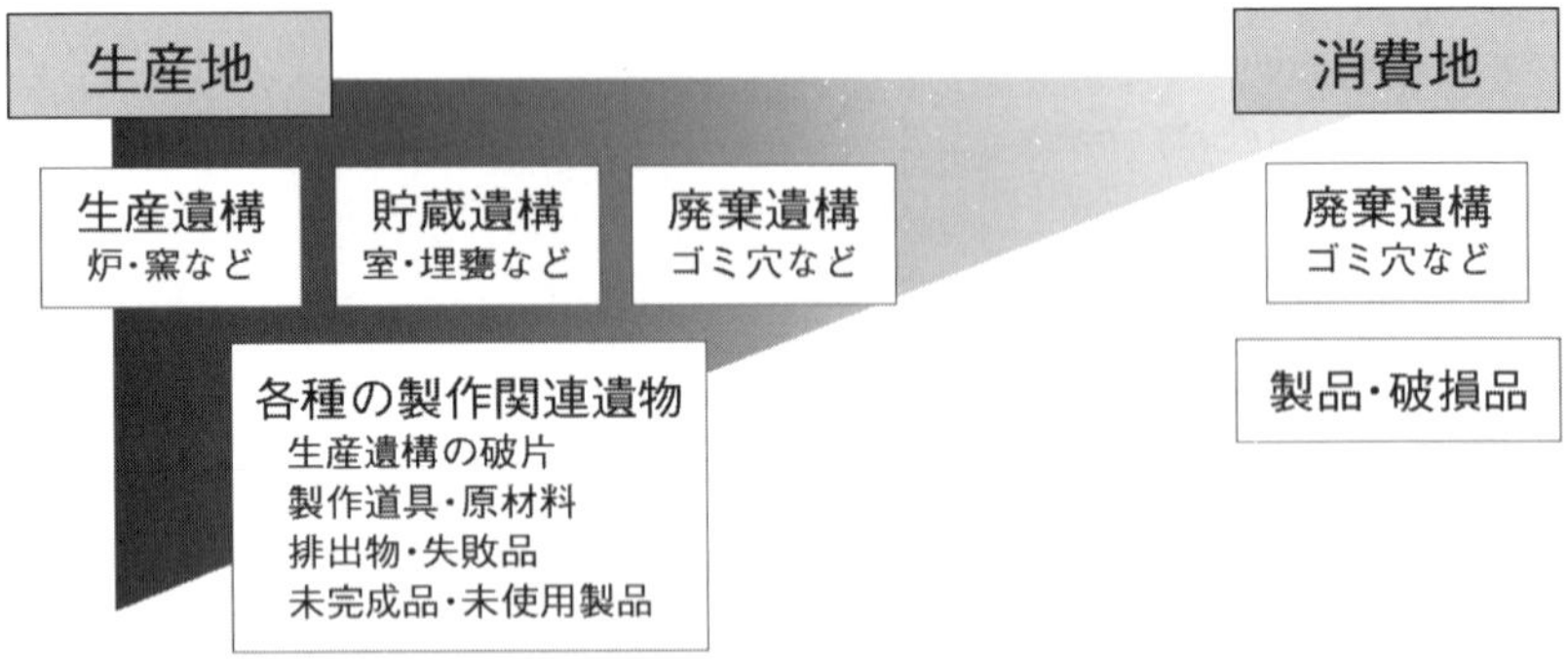

図2　遺構・遺物からみた生産地と消費地の関係

また、元禄九年(一六九六)の『難波丸』の検討でも、紙と木材に関連する業者の分布から、原材料、製造、リサイクルに至る各職種が有機的に関連していた状況が考えられ、また造船業と刀製作に関わる職人・商人の分布から、同業者でなくとも産業的なまとまりで集住していた可能性も指摘されている[杉本二〇一四]。

✣発掘調査で判明した産業

各種産業の具体的な内容を知るもう一つの方法は、発掘調査の出土資料から業種を推測することである。発掘調査で工房など生産場所を認定にするには、炉や窯などの生産遺構、原材料や製品を保管する貯蔵遺構、ゴミ穴などのほか、原材料・製作道具、製作過程の排出物、製品の失敗品、未完成品や未使用品などが手がかりとなる。このうち、生産遺構は生産場所そのものを示す。一方、廃棄物は移動されるので、それを捨てたゴミ穴が見つかっても直ちに生産場所を示すとは限らないが、廃棄物の種類や量などが豊富であれば、近辺に生産場所が存在していたことが推定できよう(図2)。

このようにして発掘調査から判明した産業は、史料に記された職種に比べてまだまだ少ないが、豊臣・徳川の両時代にわたって各種の製造業が判明している。今井や杉本の区分を参考にすると[今井 一九八九、杉本二〇一四]、建築関係・資材として「瓦」・「弁柄《べんがら》煮土」、金属工業・金属加工業として「銅ふきや」・「釜鍋」・「鍛冶」・「鋳物師」・「鋳物師仏具」、文房具として「硯」・「墨」、日常

図3　瓦窯で焼かれたさまざまな製品(一)・(二)

雑貨として「桶」のほか、陶器生産の意味で「土焼物」を、詳細不明であるが可能性のあるものとして「砥石」をあげることができる。

これらのうち①金属工業・金属加工業、②瓦、③陶器、④硯、⑤墨は発掘調査で豊富な内容が明らかとなっている。また、史料にぴったりの職業名が見当たらないが、ウシ・ウマなどの骨を原材料に装飾品や諸道具を製作した加工業の調査例が増えており、これを一括して⑥骨細工と呼ぶ。以上は次節以降で詳しく紹介することとして、ここでは瓦屋町遺跡を題材に、大坂での産業のあり方を考えてみたい。

✣瓦屋町遺跡の発掘調査

平成二〇年に中央区瓦屋町一丁目で発掘調査を行なった［大文協二〇〇九c］。ここは江戸時代には南瓦屋町と呼ばれ、町内の鋳物師大谷家所蔵の古絵図には「土屋相模守邸」や「瓦屋藤右衛門」宅地が記されている〔伊藤純 二〇〇三〕。
「瓦屋」とは大坂三町人の一人と言われた寺島家のことで、大坂の陣直後に幕府から広大な宅地と瓦土採場を認められた。十七〜十九世紀の大坂三郷を著した古絵図には、南瓦屋町から谷町の広範囲（現在の中央区瓦屋町一丁目・谷町六・七丁目付近）に「瓦屋藤右衛門請地」・「瓦土取場」・「瓦焼」などが広がっており、寺島瓦窯業の隆盛を知ることができる。

調査地は「瓦屋藤右衛門」宅地にごく近い場所と推定され、江戸時代の瓦製造に関係する資料が見つかることが期待された。残念ながら瓦窯跡など生産遺構を見つけることはできなかったが、数メートル四方の大きなゴミ穴がいくつもあり（図1）、おもに十八世紀中葉〜十九世紀に捨てられた大量の瓦とともに、軒丸瓦の瓦笵《がはん》、窯道具の一種と考えられる支脚《しきゃく》型瓦質製品、焼け歪んだ瓦などが出土した。

これらの生産道具と失敗品は瓦の生産工房が付近にあった証拠と考えられる。ほかにも瓦質の十能や皿置きの台のような器物もあり、瓦とともに粗雑な日常道具をつくっていたのであろう（図3）。

✣瓦以外の製造業

ところが、瓦以外にも思いがけない産業を示す遺物が見つかった。

まずはベンガラで、陶磁器の色絵、建材の塗料などに利用された赤色顔料の一種である。このベンガラが内側に付着した焙烙《ほうろく》片が瓦とともに大量に廃棄さ

図4　ベンガラを焼いた焙烙

れていて、分析の結果、原材料の鉄くずを焙烙に入れて煮だしてつくっていたことがわかった(図4)。江戸時代の大坂は鉄丹ベンガラの産地とされていたが、瓦屋町遺跡の出土例で初めて確認することができた。

近世のベンガラには硫化鉄鉱に由来する緑礬《ろうは》を焼いて水簸《すいひ》させる製法もあるため、原材料や製法は一概に言えないが、市内の遺跡からは、十八世紀後半〜十九世紀にベンガラ製造に使われたとみられる焙烙が大量に廃棄されたゴミ穴が見つかっている[田中 二〇一四]。北区天満本願寺跡、北区天神橋遺跡、中央区難波宮跡で散見されるほか、現在の中央区谷町六丁目から高津三丁目にかけての比較的狭い範囲にやや集中する傾向があり、瓦屋町遺跡もそこに含まれる。安永《あんえい》六年(一七七七)版の『難波丸綱目』には「弁柄《べんがら》師製法人」の代表的な業者の所在地として「高津」があげられていて、高津三丁目付近の調査例はこれに該当するかもしれない。この頃から十九世紀にかけて、一帯にはベンガラ製造業者が集まっていた可能性があろう。瓦屋町遺跡では、ベンガラ以外の産業として、

陶器生産(匣鉢《さや》・トチンなど窯道具、陶器土型、瓦質陶器土型、陶器未製品)
ミニチュア土製品生産(各種製品の型、瓦質型)
金属・金属加工品生産(鋳造：仏具鋳型・支脚・羽口・炉・滓、鍛冶：羽口・滓、銅精錬：カラミ、真鍮：坩堝)

などに関する資料も見つかった。これらの各種産業の生産道具や失敗品などが

複数のゴミ穴から見つかったことで、調査地に近い南瓦屋町一帯には瓦窯業以外にもさまざまな業種が存在していたことがうかがえる。すべて製造過程で火を使い、煙を排出する産業であり、史料の検討結果と同じく居住域との分離を図ったこと、東横堀川を利用した原材料・製品の搬送に至便であったことなどの理由が考えられよう。また、鋳型に半鐘《はんしょう》や鰐口《わにくち》、火鉢に付く獣脚《じゅうきゃく》など寺社関連のものが多いのは、付近に中寺町や下寺町の寺院が密集していることとのつながりが考えられる。

ただし、こうした理由だけで結果的に各種の産業が集まったのではなかろう。瓦とそれ以外の産業の関係には製造にかかわる興味深い点がある。瓦や瓦質の器物と陶器、ミニチュア土製品には、粘土を素材とし、粘土の型で成型し、窯で焼成して製品とする点で、共通ないし類似する技術が使われている。出土した陶器土型やミニチュア土製品の型・製品(図5)に瓦窯で焼いた瓦質のもの(サル)があることは、瓦焼きの職人が製作技術や生産施設を用いてこれらの産業に関わる機会があった可能性を示している。

一点のみであるがベンガラを塗った丸瓦が見つかっており、瓦とベンガラの関係についてもさらに注意すべきであろう。また、銅など金属加工品やベンガラも陶器の釉薬や着色顔料の原材料となるなど、互いの関係についてはさまざまな手がかりが考えられる。

このように瓦屋町遺跡の状況は、異なる産業であっても原材料の需給関係や

図5　ミニチュア土製品の型(一)・(二)

職人間の製作技術の伝授、生産施設の提供など、さまざまな面での密接なつながりが想定され、都心部における産業の複雑なあり方を示してくれている。

調査地が地域共通のゴミ捨場であった可能性も否定できないが、基本的には瓦窯業のゴミ捨場であり、多種多様な産業の廃棄物が同じ敷地から発見された背景には、瓦窯業との直接ないし間接的な関連で持ち込まれたものと考えられる。その具体的な理由を明らかにすることは今後の課題であろう。

第2節　金属加工業

大坂で営まれていた関連業種を概観すると、銅地金を得るための「精錬」、鉄や銅を溶解し鋳型に流し込んで器物をつくる「鋳造」、鉄を赤めて鍛打する「鍛冶」に大別できる。これに加え近年、町屋において銅や銅合金を加工する「細工」職人に関わる資料が識別できるようになった。図6はこの四業種に関わる遺構・遺物が発掘調査で見つかった地点を時期別に示したものである。

ほかの産業でも同じだが、金属加工に関わる遺構・遺物が分布する地点は、職種ごとの作業内容によって異なっている。たとえば、大量の原料や燃料を運搬する必要がある銅精錬や鋳造は、水運の利がある場所で操業される傾向が強く、鍛冶や銅細工は、より消費者に近い場所で営まれていたと考えられる。

この点を踏まえて分布図を概観すると、まず豊臣期には上町・船場の北部に鋳造と鍛冶が、谷町筋東側の大坂城付近に鍛冶と細工が集中する。上町・船場の北部は、それまでの港湾集落「渡辺」を秀吉がいちはやく城下町に取り込んだ地であり、文禄《ぶんろく》三年（一五九四）には渡辺を縦断するように東横堀が開削される。一方、谷町筋東側の大坂城付近は大名屋敷が並ぶ地域であり、鍛冶・細工の製品も武家地での需要が想定できる。

徳川期になると、上町北部の東横堀沿いに十七世紀代の銅精錬資料が集中す

図6　大坂城・城下町　金属工業関連資料の分布

るとともに、元和《げんな》三年(一六二二)に開削された長堀と東横堀が交わる要衝で、住友銅吹所が寛永《かんえい》十三年(一六三六)に操業を開始する(図6地点1)。住友銅吹所は江戸時代を通じ継続し、十八・十九世紀になると、東横堀を挟んだ東側の瓦屋町一帯でも銅精錬・鋳造・鍛冶・細工と各種の金属加工業が展開している(地点2)。1節でもふれたように、この一帯は御用瓦師の寺島家を中心に瓦生産が盛んであった場所で、瓦や金属以外にも陶器・ベンガラ生産などさまざまな産業が集中的に行なわれていたことがわかってきた[大文協二〇〇九c]。

これに対し、鍛冶と細工は徳川期の十七世紀に上町・船場に広く分布するようになり、町屋の中でこれらの職人が活動していたことがわかる。十八・十九世紀になると、鍛冶と細工は谷町筋東側の武家地にも集中して分布し、城中の具足・馬験《うまじるし》・旗・旗竿の修理整備を行なう大坂具足奉行との関連が考えられる。

豊臣期に着手され、徳川期に引き継がれた都市大坂の整備・拡大のなかで、東横堀と長堀という二本の運河が動脈となり、金属の加工生産に関わる業種がそれぞれの

図7　間吹の図　『鼓銅図録』大阪歴史博物館蔵

図8　合吹の図　『鼓銅図録』大阪歴史博物館蔵

適地に置かれていたのである。以下では、大坂城・城下町で行なわれた四業種の内容をより詳しくみていく。

✣銅精錬

江戸時代、日本が鎖国下にあったことはよく知られているが、貿易をしており、その主要な輸出品が精銅（純銅）であったことは意外に知られていない。

当時日本は世界有数の産銅国であった。元禄年間（十七世紀末～十八世紀初）のある時期にはわが国の年間産銅量（六〇〇〇トン）が世界第一位となるほどであった。なかでも大坂はいくつもの銅の精錬所（銅吹所）が操業する鉱工業の町で、大小の鉱山で粗く製錬された荒銅《あらどう》が大坂に集められて精錬された。銅は形を変えて国内へ、そして長崎の出島から海外と渡っていった。このように江戸時代のわが国には、鉱山から大坂へ、大坂から出島へ、そして世界へという「銅の道」が存在したのである。その要となったのが国内最大規模の銅精錬所で長堀と東横堀の交わる場所にあった「住友銅吹所」である（地点1）。

山元から住友銅吹所に運び込まれた荒銅は、まず、糺吹《ただしぶき》にかけられ、銀を一定以上含んでいるか否か調べられた。含んでいない荒銅は加熱溶解して不純物を取り除く「間吹《まぶき》」の工程へ（図7）、含んでいる荒銅は「合吹《あわせぶき》」・「南蛮吹《なんばんぶき》」・「灰吹《はいぶき》」という銅と銀を分離するための一連の工程にまわされた（図8・9・11）。

このような工程を経て得られた精銅は流通の際の目的にかなった形状に鋳造される。この工程を「小吹《こぶき》」と呼ぶ。小吹には丸銅・丁銅など国内消費用の形

図9　南蛮吹の図　『鼓銅図録』大阪歴史博物館蔵

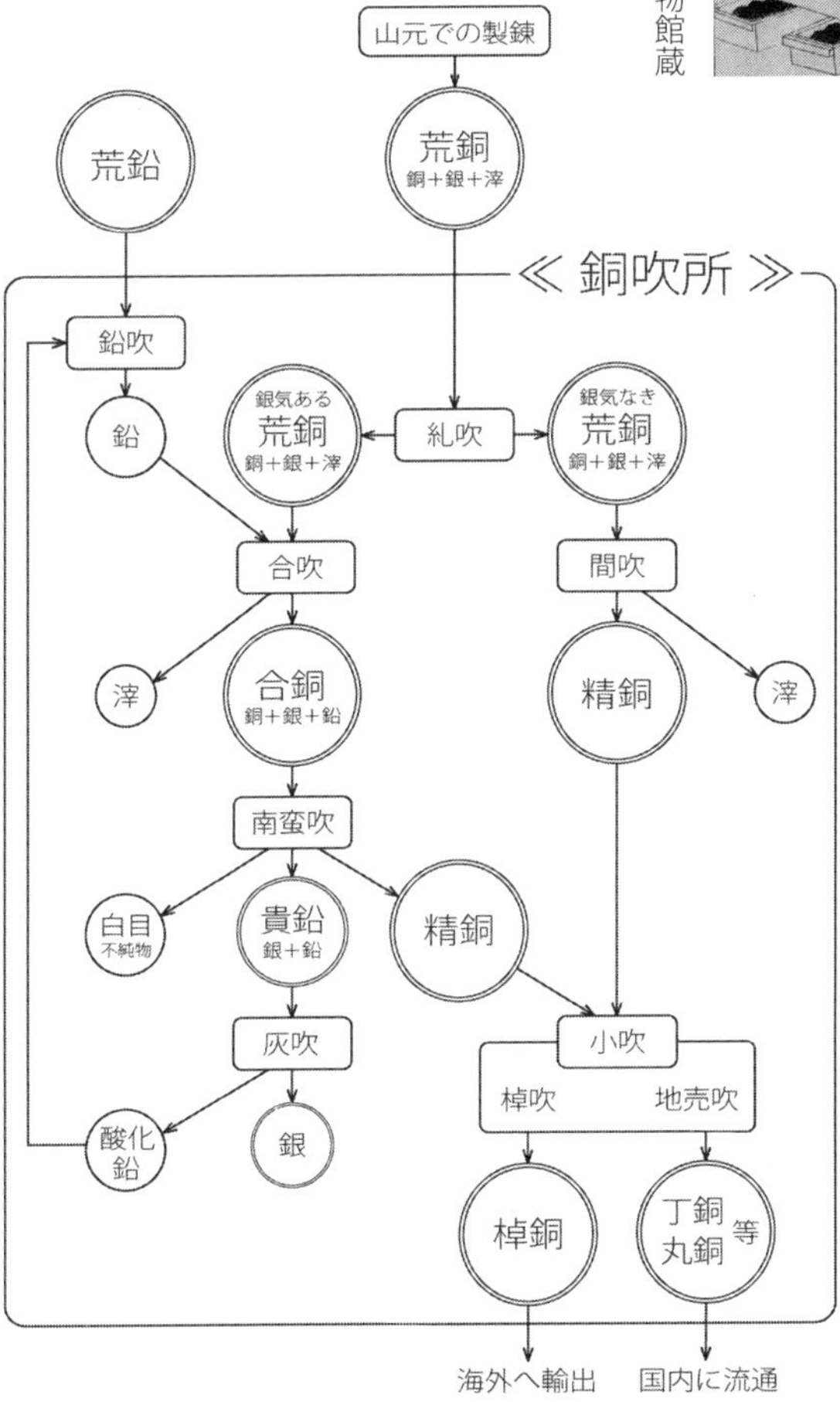

図10　住友銅吹所における銅精錬工程

状に鋳造する「地売吹《じうりぶき》」、輸出用の棹銅を鋳造する「棹吹《さおぶき》」（図12）の二つがある。

さて、ここで紹介している絵図は『鼓銅図録《こどうずろく》』のものである。『鼓銅図録』は十九世紀初めにつくられた木版多色刷りの工場案内書で、いわば住友銅吹所のガイドブックである。内容としては採鉱から選鉱、荒銅への製錬、そして住友銅吹所での精錬の各工程の様子を詳細に、生き生きと描いており、当時の精錬技術を視覚的に知ることができる貴重な資料である。『鼓銅図録』は見学に

図11　灰吹の図　『鼓銅図録』大阪歴史博物館蔵

図12　棹吹の図　『鼓銅図録』大阪歴史博物館蔵

訪れた幕府高官や江戸参内の途中に立ち寄るオランダ商館長など外国人への贈答品の一つとして用いられた。時を経た一九八〇年代にはドイツ・アメリカで解説文付きで復刻されるなど、時代を超えて海外の研究者からも注目されている資料である。

平成二年五月、面積四〇〇〇平米を超える広大な住友銅吹所跡地の発掘調査が開始された。その結果、各種の精錬炉、カマド、水溜、北側を流れる長堀からの導水施設など、操業当時の様子を彷彿とさせる遺構が多数見つかった。遺物は山元から運び込まれた荒銅、精錬の過程で生成される合銅《あわせがね》、棹銅・丁銅・丸銅などの製品や、南蛮吹炉の前蓋などの土製品が見つかった［大文協 一九八八］。

このような銅精錬の技術は近代化が進むにつれて途絶え、実像がわからなくなっていたが、平成十五年十月、特別展「よみがえる銅《あかがね》―南蛮吹きと住友銅吹所―」（大阪歴史博物館）の開催に際して「棹吹」の再現を行なった。実験を繰り返す中で、それまで謎とされてきた〝小吹坩堝《るつぼ》の形の理由〟、棹銅表面の〝濃紅色の発色方法〟などを解明することができた［伊藤幸 二〇〇四・二〇一三］。

江戸時代、銅の精錬を行なう銅吹所は大坂にのみ置かれ、多い時で一七もの銅吹所があった。それらは島之内周辺の水利を生かした地で操業していたことが知られている。発掘調査で見つかった銅吹所跡は住友銅吹所だけではない。内淡路町の調査（地点3）では小吹のものと思われる炉が一五基以上検出され、南蛮吹や灰吹の炉蓋なども出土した［大文協 二〇〇三a］。また、東高麗橋の調

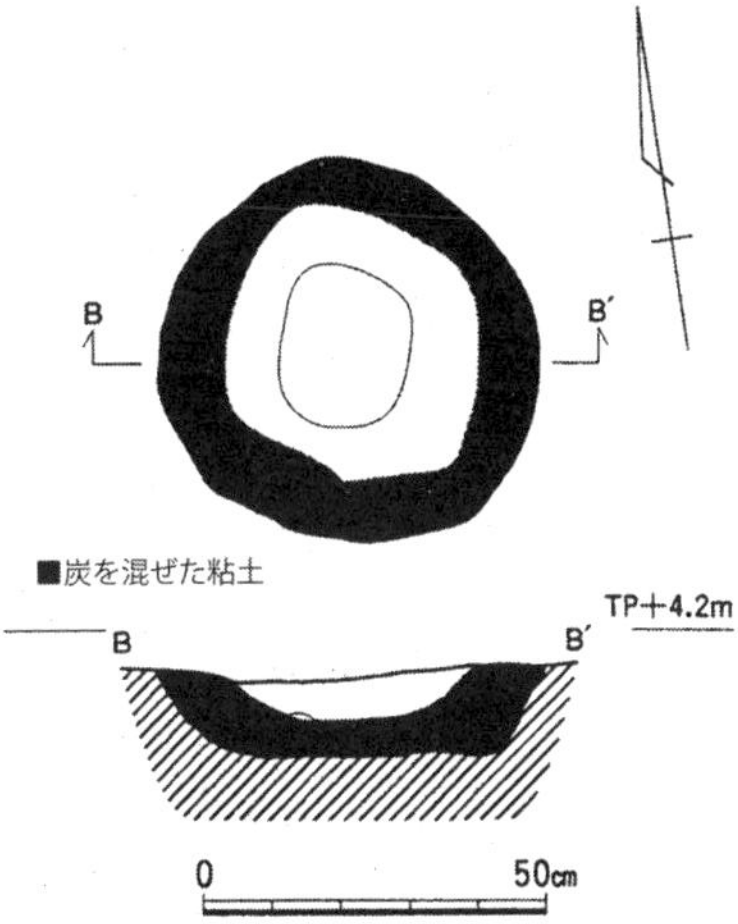

図13　合吹炉

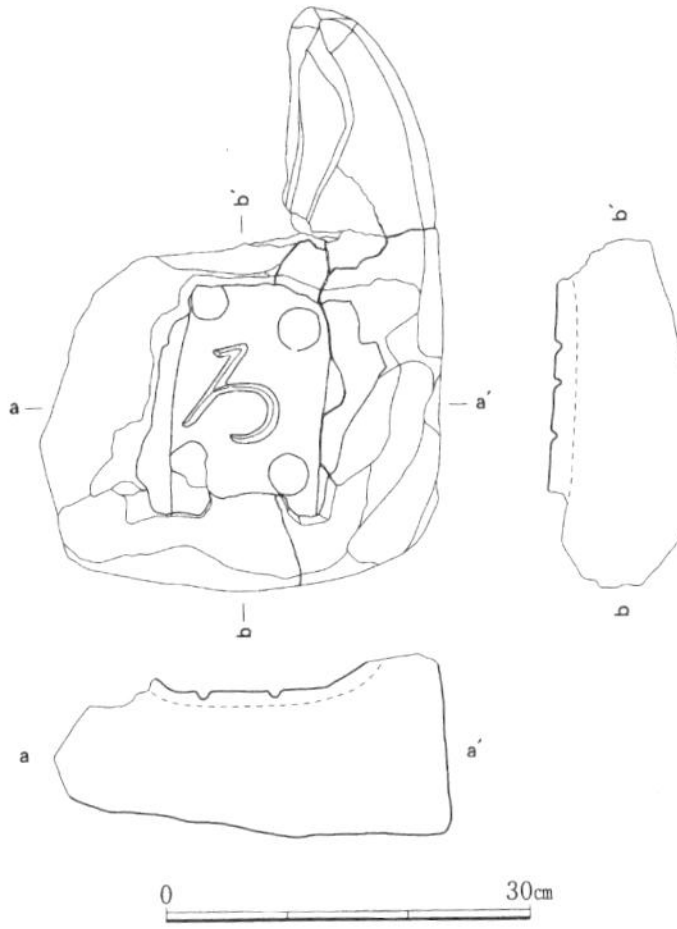

図14　犂先鋳型

査（地点4）では合吹のものと思われる炉が見つかった［大市教・大文協二〇〇六］。直径五〇チセン、一五チセンほどに地面を掘りくぼめ、壁を焼いた後に炭を混ぜた粘土を一〇チセンほどの厚さで貼り付けて炉としている（図13）。発見された時、くぼみの中には粗い砂が充填されており、あたかもこの内壁を保護しているかのようであった。炭混じりの粘土を成分分析したところ、銅と鉛を含んでいることがわかった。炉の使用方法の手がかりとなる『鼓銅図録』の「合吹の図」は工人が炉の手前に描かれているために炉の形態が判然としないが、作業内容、道具の形状、成分分析の結果などから合吹の炉と考えている。

✣鋳　造

鋳造に関わる遺物は鋳型・溶解炉・羽口・坩堝《るつぼ》・滓・地金などがあるが、単独で少量出土することが多く、遺構に伴い、まとまって見つかったのは道修町の調査（地点5）のみである［大文協二〇〇四a］。犂先の鋳型（図14）は製作方法・使用方法・製品の形状が明瞭にわかる良好な状態で出土した。製品は特定できないが挽型技法で制作された鋳型や〝生け込み〟という技法で用いられる擬宝珠《ぎぼし》形や鍋耳部分の素焼きの鋳型、鋳型を焼成するための土製支脚なども見つかっている。溶解炉の破片はこしき炉のもので、羽口を伴って一箇所から出土した。羽口は内径八チセンほどと大きく、鍛冶用とは一線を画す。また、遺構としては埋設された木箱に鋳型用の粘土が詰まったものが見つかり、遺構・遺物ともに当地に鉄製品を鋳造する工房が存在したことを示している。

図15　見つかった鍛冶工房（北から）

道修町以外で鋳型がまとまって見つかった例としては、東高麗橋の調査（地点6）と瓦屋町の調査（地点2）があげられる［大文協 二〇〇三a・二〇〇九c］。東高麗橋では砲弾の鋳造を思わせるような素焼きの鋳型が見つかった。瓦屋町では半鐘ものと思われる龍頭《りゅうず》や撞座《つきざ》、乳などの素焼きの鋳型、燈籠のものと思われる唐獅子の素焼きの鋳型が見つかり、銅製品を製作していたとみられる。前述の二例をはじめ、大坂で見つかった鋳造関連遺物は鉄鋳物に関わるものがほとんどで、瓦屋町の例は珍しい。

❖鍛冶

鞴《ふいご》羽口《はぐち》や鉄滓（スラグ）、鍛冶炉などの鍛冶作業に伴う遺物と遺構は大坂城・城下町跡の各所で見つかっている。このうち、遺存状態がよく、作業の具体的な様子を明らかにできた中央区森ノ宮中央二丁目での調査成果を紹介する。調査地は大阪城の南に位置し、他の鍛冶資料が多く分布する地域とはやや外れた場所にある（地点7）。ここでは、上町台地東斜面を雛壇状に造成した一画で大規模な鍛冶工房跡が見つかった［大文研 二〇一二f、大庭 二〇一二］。

工房の規模は東西一五㍍、南北三・五㍍あり、周囲の柱跡から簡単な覆い屋があったことがわかる。南側には炭の廃棄場や水溜など、屋外の作業空間が広がっていた。工房の内部は東西に並ぶ三箇所の作業場に分かれ、それぞれ土間とみられる硬く踏みしめられた空間を取り巻くように、炉などの関連施設が配置されていた（図15）。

図17　作業風景想定図(村川直喜氏作画)

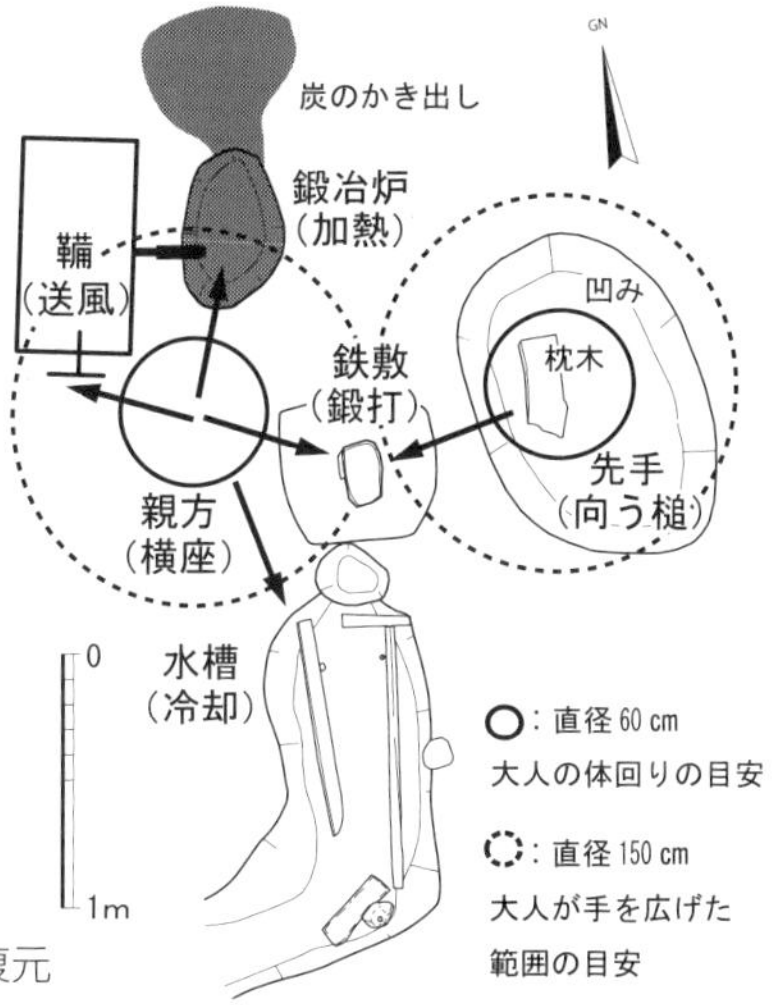

図16　炉周辺の工人配置と作業の復元

炉は地面を浅く掘りくぼめたもので、各作業場の南北に二基ずつ、計六基が見つかった。炉内には炭が詰まっており、壁は高熱を受け赤く変色していた。炉内の温度を高めるために鞴が用いられるが、炉の片側に送風管である羽口が据えられた状態のまま残されたものもあった。

炉の周囲には、熱した鉄を叩いて鍛える鉄敷《かなしき》の跡や、熱した鉄を冷却するための水槽なども見つかっている。

作業場の北側に設置された炉の一つを例に、作業の様子を復元してみよう(図16・17)。まず、羽口の位置からみて、親方(横座)が炉の南側に座して左手で鞴を押し、右手で鉄を操作して赤めたと考えられる。そして、熱した鉄を炉から取り出し、親方の東側にある鉄敷で鍛打し、南側の木枠で囲った水槽で冷却したのであろう。親方が体を半転させ手を伸ばすことで一連の作業が行なえるよう、各施設がコンパクトに配置されていたことがわかる。また、鉄敷の東側には、硬くしまった浅い凹みがあり、その端に凹みの底面とそろえるように角材が埋められていた。位置関係から、凹みは鉄敷に置かれた鉄を大槌で叩く先手(向う槌)の足場であり、埋められた角材は槌を休ませるための枕木であろう。このような横座と先手による一連の作業は、三箇所の作業場の北半でそれぞれ行なわれていたと考えられる。一方、南半では加熱から鍛打・冷却までの一連の作業を親方一人で行なっていたと考えられ、作業場の南北で作業内容や工程が異なっていたことが推測される。

図18　炉のそばに置かれていた竹筒と木製の鍬先

工房内の南東端の炉のそばから興味深い資料が出土した。作業にかかわるとみられる竹筒と木製の鍬先がまとめて置かれていたのである(図18)。サイズの異なる竹筒はいずれも節がくりぬかれており、鞴と羽口をつなぐキロタケと考えられる。また、鍬先は土木工事用の厚手のもので、実際に使われた痕跡はない。同様の鍬先はもう一点見つかっており、これを型として装着する鉄の刃先を製作したのであろう。

さて、この工房内とその周辺では、大規模な鍛冶操業をうかがわせる大量の羽口・鉄滓が出土するものの、土器や陶磁器などの日常生活道具はほとんど見つかっておらず、鍛冶作業のみを短期間に集中して行なったのち約一㍍の造成土で埋められていた。短期集中かつ大規模操業という特徴は、この工房が鉄製品を大量に必要とする何らかの要請に基づいて設置されたことを示唆する。わずかに出土した陶磁器の年代から、時代は豊臣氏滅亡後の徳川初期の頃と考えられる。この時期の鉄の大量需要といえば元和六年(一六二〇)に開始された徳川氏による大坂城再築が思い当たる。この工房は大坂城再築に必要な土木具などの鉄製品を生産するために操業されたと考えられるのである。

ほかに注目されるものに、南久宝寺町の調査(地点8)で見つかった箱形の鍛冶炉がある[大文研 二〇一四]。長さ二㍍、幅〇・七㍍、深さ〇・四㍍の楕円形の穴の内側に粘土を貼って細長い箱形にし、一方から羽口を挿入していた。徳川期の十七世紀代のもので、炉の形状から刀鍛冶のものと考えられる。

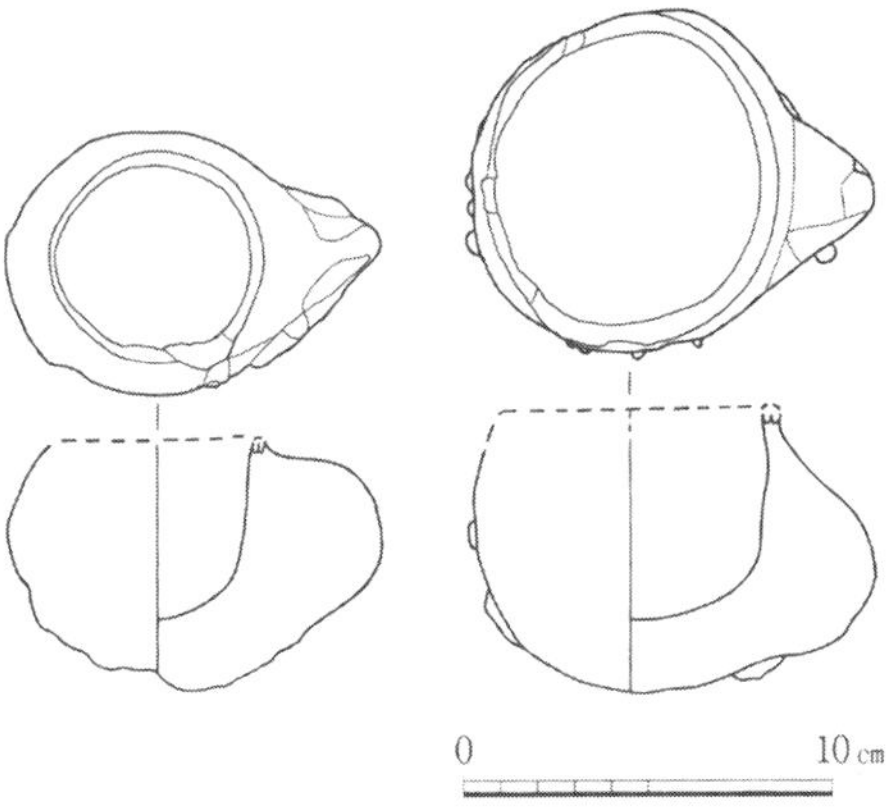

図19　把手付き坩堝

✣銅細工など

彫金《ちょうきん》を主たる技法として器物を製作する職種を「銅細工など」としてまとめてみたい。坩堝《るつぼ》は一般的に鋳造に用いられるが、鋳型に流し込むには容量が少なすぎる坩堝が数多く見つかっている。近年、これらは地金の調合や再生を行なうための坩堝で、銅細工などに関わることがわかってきた。成分分析の結果、金・銀・銅・亜鉛・鉛・錫・ヒ素などで合金をつくろうとしたことがうかがわれる。これら小型坩堝は目的に合わせた大きさ、形でつくられている。

特に目を引くのは把手が付いた坩堝で、常磐町の調査(地点9)で羽口といっしょに見つかった[大文協 二〇〇三a、図19]。成分分析で銅と亜鉛を検出しており、真鍮地金をつくるための坩堝であることがわかった。この異形の坩堝は京都[京都市埋文 二〇〇四]・岐阜[伊藤幸 二〇一二]・北九州[伊藤幸 二〇〇七]でも見つかっており、同じ作業が各地で行なわれていたことを示している。

つくられた合金は鍛打され、彫金を施されるなどして刀装具や煙管などの器物に姿を変える。その製作過程で切り屑・削り屑が生じる。瓦町の調査(地点10)[大文協 二〇〇四a]や南本町の調査(地点11)[大文協 二〇一〇]で見つかった切り屑はこれに相当し、地金の種類ごとに集めておき、坩堝で再度溶解・再生するつもりであったのだろう。今のところ職種を細分するには至ってはいないが、多角的に調査を行なうことで、城下の匠たちの実像を解き明かす日が来るであろう。

図21　大阪府立大手前高校出土　天正拾二年銘平瓦　大阪府教育委員会蔵

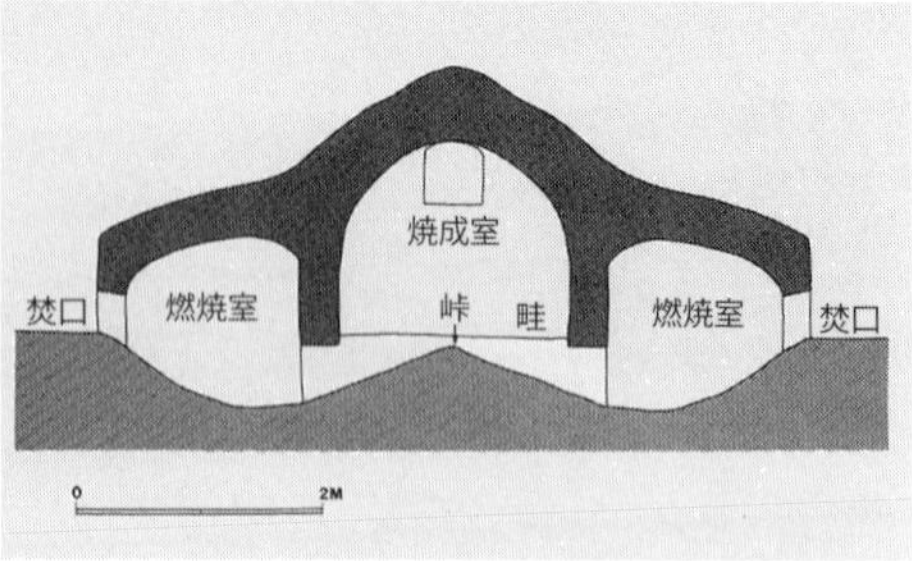

図20　達磨窯の断面構造（吹田市立博物館 平成九年度特別展図録『達磨窯』に加筆）

第3節　発掘された多彩な産業

1　大坂の瓦生産

✣豊臣期の瓦作り

天正十一年（一五八三）、秀吉は大坂城本丸の築造に当たって、当時の彼の根拠地であった播州（兵庫県）から瓦工人《かわらこうじん》を動員して瓦造りを開始した。大阪城西外堀に近い府立大手前高校の調査で、「天正拾二年正月」銘をもつ平瓦（図21）が出土している。銘文中の三木郡大塚は三木城下町である。

「播州三木郡大塚住人
□□□《うつミカ》甚九郎同甚八両作
□天正拾二年正月吉日」

豊臣前期の瓦工房は、大阪城外堀の南西方、谷町四丁目交差点南西の中央区和泉町一丁目周辺にあったと考えられ、南大江小学校の敷地を調査したところ、一六〇平米の狭い調査区ながら、九基の達磨窯《だるまがま》を発見した（図22）。達磨窯とは図20のように、両側にある焚口から燃料をくべて燃焼室で燃やし、中央の焼成室にある畦の上に瓦を並べて焼く窯で、室町時代末（十六世紀中頃）に畿内で始まったと考えられている。

図22　南大江小学校敷地の達磨窯（2号窯）

図23　「天」の刻印のある三角形敷塼

図24　桐紋の木製瓦笵

図25　「家次」銘鬼瓦片

見つかった九基の達磨窯のいくつかは重なり合っており、豊臣期の間に造りかえられたことがわかる。もっともよく残っていた窯は平面形が瓢簞《ひょうたん》のような形をしており、全長が三・四㍍、くびれた部分の幅が一・四㍍、内部には瓦を載せる畔が三条残っていた。当地は豊臣期大坂城惣構内の上町台地西側斜面に当たり、瓦を燻すために必要な地下水が豊富な場所で、瓦の生産地に適していた［小倉他 二〇〇二］。

❖「家次」は四天王寺瓦工か？

この窯付近からは「天」の刻印のある三角形の敷塼《しきせん》（図23）や、桐紋が彫られた方形飾り瓦用の木製瓦笵《がはん》（瓦に文様を付ける型。図24）［宮本他 二〇〇二］、それに「家次」の文字のある鬼瓦破片（図25）が見つかった。「天」の敷塼は四天王寺旧境内遺跡からも出土するので、四天王寺の堂宇用とみられ、文禄年間（一五九二〜九六年）に本格化する四天王寺再建用の塼であろう。

木製瓦笵に見られる桐紋は、菊紋と並んで天皇家の家紋であったが、秀吉はその紋の使用を許され、豊臣家の家紋となったものだ。秀吉も豊臣取立て大名に、桐紋・菊紋の使用を許したか

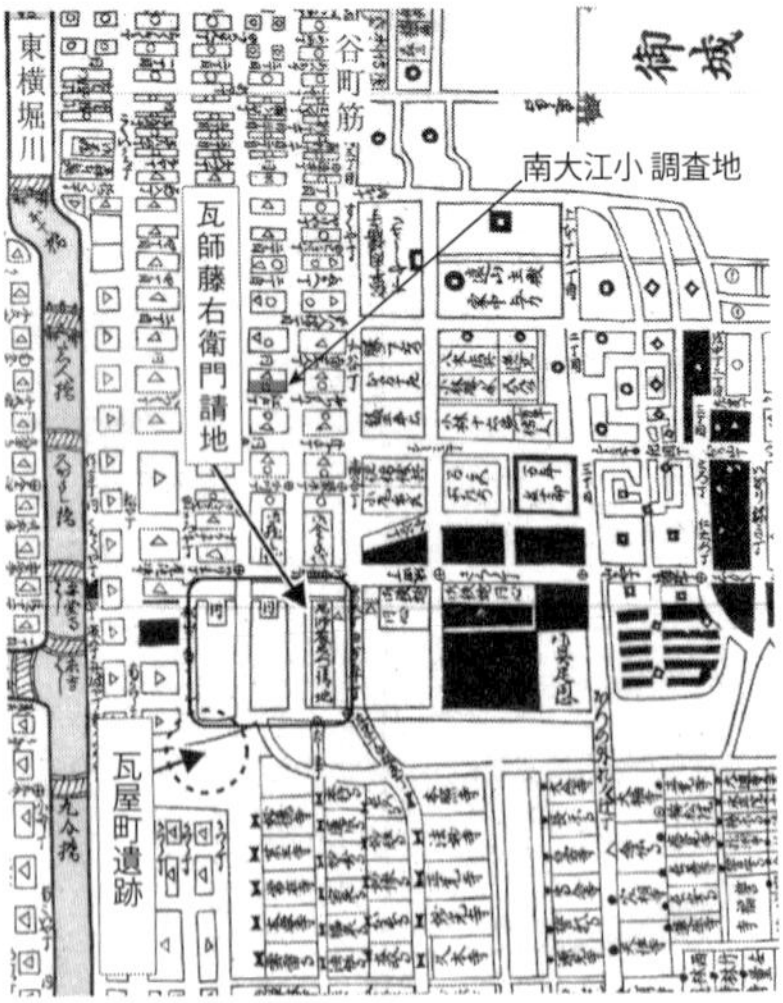

図26　絵図に示された寺島家請地（『辰歳増補大阪図』元禄元年、佐古慶三『古板大坂地図集成』清文堂出版から部分転載）

図27　神呪寺灌頂堂軒丸瓦の瓦笵

ら、大坂城惣構内のあちこちから、桐紋・菊紋瓦は出土し、その多くは金箔押しの豪華なものである。図24の瓦笵で作った瓦は現在のところ出土していないから、瓦笵完成後まもなく廃棄されたようだ。

また「家次」は四天王寺瓦工棟梁に多い名で、京都市妙法院大書院の鬼瓦銘「慶長八年（一六〇三）瓦大工四天王寺住人藤原朝臣宗左衛門　六月吉日　家次」の「家次」は、後述する（大坂）寺島家二代目の宗左衛門と思われる。

和泉町一丁目の瓦窯は、四天王寺の再建用の瓦や塼も焼いてはいるが、基本的に大坂城や城下の大名屋敷・武家屋敷に用いる瓦を焼いた窯である。

❖大坂三町人寺島家と「藤右衛門請地」

江戸時代大坂の門閥的特権町人として寺島家がある。徳川家に縁故が深かったことから、大坂の陣（一六一四〜一五年）後、南瓦屋町（現、瓦屋町二丁目）の地四万六千坪を下賜されるとともに、幕府の御用に当たり、二代目宗左衛門の息子が京都・江戸にも寺島家を興し、宗左衛門の名跡は京都寺島家が継いだ。大坂四代目の藤右衛門は、寛永《かんえい》七年（一六三〇）の将軍家光《いえみつ》来坂の際、大坂拝領地の東北続き、高一三一石余の空《あき》屋敷を瓦土取場として拝借し、これが藤右衛門請地《うけち》（支配権を委任された土地）である（図26）。当初、御用瓦等の発注は、大坂寺島家より京都寺島家に有利なように割り振られたが、大坂も盛り返し、江戸城の御用は大坂・京都・江戸の三家で勤めたが、宝永《ほうえい》元年（一七〇四）には約二ヶ月で三〇〇万枚近い大坂瓦を焼き、江戸城へ向け廻漕している。

龍門寺開山堂所用

図28　龍門寺同笵の軒丸瓦（左が瓦屋町遺跡出土瓦）

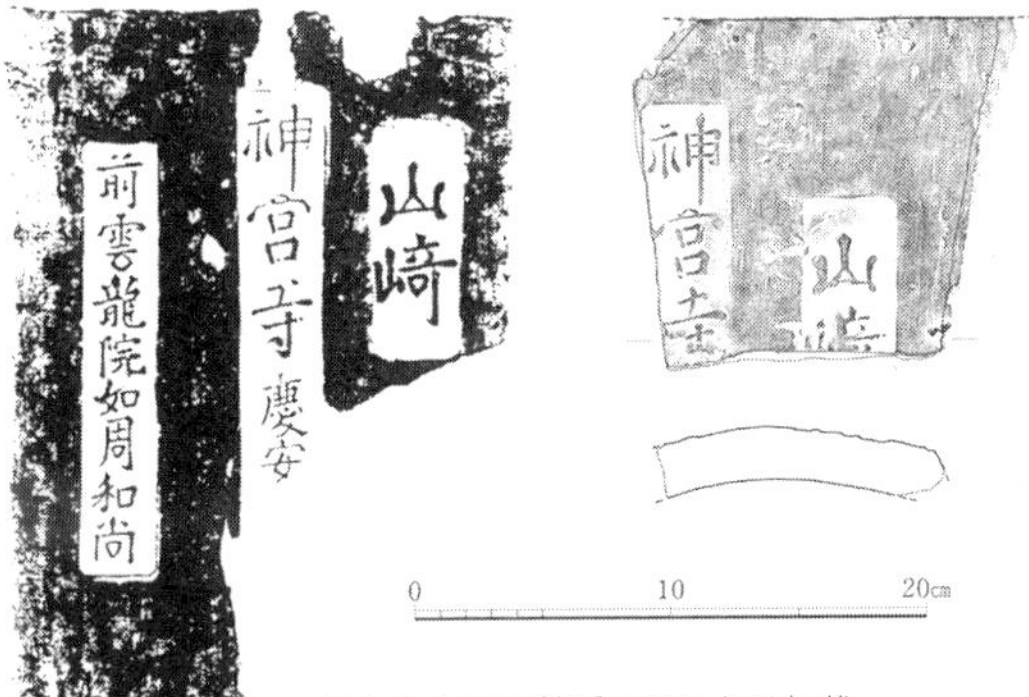

左：大山崎町教委 1997 より転載

図 29　大山崎町妙喜庵出土瓦（左）と安堂寺町出土瓦（右）

その後、明治維新に至るまで、大坂寺島家は瓦専売権の特権を引き続いて所持し、禁裏・大坂城・二条城そのほか多数の神社・仏閣などの瓦御用を勤めた。

大坂寺島家の仕事をうかがう遺物としては、瓦屋町遺跡からは、西宮市 神《かん》呪《のう》寺《じ》灌頂堂《かんちょうどう》軒丸瓦の瓦笵（図27）〔清水 二〇〇九〕や姫路市 龍門寺《りゅうもんじ》と同笵の軒丸瓦（図28左）〔黒田 二〇一〇〕が、藤右衛門請地の北側の安堂寺町二丁目からは、京都府大山崎町の山崎神宮寺に使われた「山崎」「神宮寺」銘のスタンプをもつ平瓦（図29右）〔京嶋 二〇〇八〕が、出土した。安堂寺出土瓦のスタンプは大きく欠けているが、大山崎町妙喜庵出土瓦（図29左）から、スタンプのほぼ全容がわかる。

山崎神宮寺は離宮《りきゅう》八幡宮の境内にあった神宮寺で、現在のＪＲ山崎駅付近に所在したが、幕末の元治《げんじ》元年（一八六四）、禁門の変に際して焼失し、今は存在しない。幕府は寛永十年（一六三三）に離宮八幡の社殿造営に着手するなど、離宮八幡に対して手厚い援助を行なった。妙喜庵のスタンプに見られる「前雲龍院如周和尚」の「如周」とは、京都泉涌寺塔頭《せんにゅうじたっちゅう》・雲龍院《うんりゅういん》住職であった高僧で、慶安《けいあん》元年（一六四八）の神宮寺再建に際して、神宮寺に迎えられたのである。幕府による離宮八幡への援助は大坂御蔵銀から支出されているから、大坂の寺島家に、神宮寺の瓦も発注されたのではなかろうか。

2　近世大坂の陶器生産

❖陶器生産の手がかりとなる考古資料

近年、大坂城跡や蔵屋敷跡といった近世遺跡の発掘調査によって、陶器を焼く窯の跡、焼き損じた陶片、窯道具などがいくつかの地点で見つかっている。これらは近世都市大坂の市中において陶器づくりが行なわれていたことを示す資料だ。一般に「都市」と言えば、多くの人びとが集住して各地から入ってくる大量の生産物を消費する、というイメージがあるが、都市の中でもさまざまな手工業生産が行なわれていた。ただし、そのなかで大坂の焼物生産は、近くに京都という有名な大生産地があるといったことから、これまであまり注目されることがなかったように思う。

ここでは、大坂で焼かれたと考えられる製品や、窯に関連する考古資料を紹介して都市大坂の新たな一面を明らかにしたい。

❖大坂出土の軟質施釉陶器

「軟質《なんしつ》施釉《せゆう》陶器《とうき》」とは大半の場合、鉛を主原料とした釉《うわぐすり》を掛け、小規模の窯を用いて八〇〇度前後の低火度で焼いた陶器のことを指す（わずかに鉛を用いない例がある）。近世の焼物は産地によって「唐津焼」や「備前焼」といった名前で分類されることが多いが、この軟質施釉陶器は生産の実態がこれまでよくわからなかったために、「〇〇焼」という呼び方ができず、材質の特徴に即し

図30　豊臣期における軟質施釉陶器の茶碗や水滴

た名前が付けられた。

大坂では、軟質施釉陶器は豊臣前期（十六世紀末）から現れ、それ以前の大坂本願寺最末期の資料には認められない。半筒形で釉を全面に掛ける黒樂《くろらく》や赤樂《あからく》に似た茶碗や、白地に緑彩《りょくさい》の鮮やかな茶碗などが圧倒的に多く、その他に向付《むこうづけ》や灰匙《はいさじ》、香炉《こうろ》、水滴《すいてき》が見られる（図30）。白地緑彩の茶碗は黒茶碗、赤茶碗よりも後出で、豊臣後期に盛行したものだ。

豊臣期における軟質施釉陶器の窯はまだ見つかっていない。しかし、次に紹介するように徳川期については生産の痕跡が見つかっており、それが小規模なもので遺構として残りにくいことや、大坂の豊臣前期の黒茶碗・赤茶碗が考古資料では年代の確実な最古の例であること、大坂・堺・京都において組成が異なることを考えれば、大坂で出土する陶器が付近で焼かれていた可能性は高いと言えよう［佐藤 二〇〇四、尾野・佐藤 二〇〇六］。これは、京都に現在も伝わる樂焼の発祥についての重要な手がかりかもしれない。

✣軟質施釉陶器の窯と窯道具

軟質施釉陶器は素焼きをしてから釉を掛け、ほとんどの場合は薪を燃料とした円筒形（焚口を含むと鍵穴形）の「桶窯《おけがま》」と呼ばれる窯で焼く。ただし、黒茶碗のみはある時期から炭を燃料とした特殊な形の窯が用いられたようだ。いずれにせよ、これらの窯は小規模で、地中を深く掘りくぼめて築かれるものではないので、痕跡をほとんど残さない。豊臣期の窯が発掘調査で見つからないの

図31　内平野町三丁目・内淡路町三丁目の出土資料

図32　島町二丁目の出土資料

も、こうした理由によるのだろう。

中央区内平野町三丁目・内淡路町三丁目の発掘調査では、十七世紀中葉～末の透明釉を掛けた碗や皿が釉掛け前の未成品（素焼き品）とともに近接した二調査地から出土した（図31）。付近で生産を行なっていたことがわかる［佐藤 二〇〇五b］。

中央区島町二丁目の発掘調査では、十八世紀頃の井戸から黒茶碗を焼くための内窯の破片や窯道具が製品と未成品とともに出土した［大文協 二〇〇三a］。製品には黒茶碗のほか透明釉を掛けた蓋付碗、鉢、角皿、火鉢などがあり、桶窯も併せて使用されていたようだ。黒茶碗用の内窯は小孔が多数あいた円筒形の鉢だ。窯蓋の破片や製品がくっつかないように間に挟むトチン類などの窯道具も見られる（図32）。

✣堂島で見つかった焼物工房

大阪市福島区にある福島1丁目所在遺跡を含む一帯は堂島と呼ばれ、江戸時代には「天下の台所」として諸国の藩の蔵屋敷が建ち並ぶ賑わいを呈していた。その一角で行なった発掘調査で、蔵屋敷遺構の下位層から焼物を焼く窯の1～3号窯と、付属施設である床敷や作業小屋、失敗品・廃棄物を捨てた穴が見つかった［大文協 一九九九b、佐藤 一九九九］。今回紹介する生産痕跡のなかで、窯構

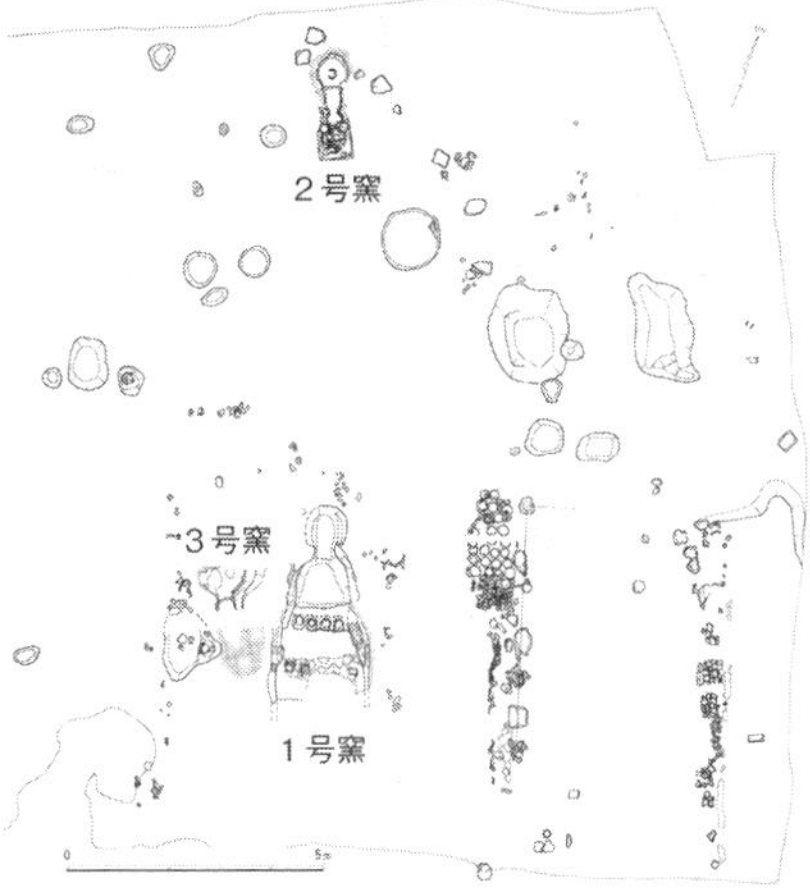

図33　堂島窯の配置

図34　堂島1号窯

図35　いろいろな窯道具

造そのものを確認した唯一の例だ。この工房の年代は、窯がつくられた遺構面の上下の年代から十八世紀初頭の限定した時期に絞り込むことができた。

工房の窯は三つ見つかった（図33）。そのうち1号窯は「連房式《れんぼうしき》登窯《のぼりがま》」と呼ばれる、製品を焼くための小さな部屋を連ねた細長い窯で、2・3号窯は平面鍵穴形をした小型の桶窯だ。

1号窯は掘りくぼめられた焚口をもち、焼成室を仕切る狭間《さま》柱は二列確認できる（図34）。これらの間が製品を焼くための焼成室だ。焼成室の境目には段がなく、床面が傾斜しながら上がっていく。これは斜狭間と呼ばれる構造だ。焼成室はさらに複数続いていたと想定できるが、蔵屋敷の整地時に削平されて失われたのだろう。出土した窯道具のほとんどは1号窯で使用されたと考えられる。製品をその中に収めて焼くための容器である匣鉢《さや》、トチン類、上に製品を載せて焼く焼台などがある（図35）。

1号窯で焼かれた製品には、京焼に似た硬質の陶器と擂鉢とがある。京焼系の硬質陶器には碗や向付、香炉、鉢、燗鍋、土瓶、鍋、土人形などが見られ（図36）、バラエティに富む。当時まだ一般には普

図36　堂島１号窯の製品

図37　堂島２号窯

及していなかった土瓶や鍋などを含むことから高級品が焼かれたようだ。

『森田久右衛門日記』（十七世紀後半に土佐の陶工の記した窯場の見聞記）に大坂の焼物として紹介されている難波《なにわ》焼の作品に堂島窯の製品とよく似た特徴をもつものがある。技術の系譜を京都や肥前地域、瀬戸美濃地域の窯と比較検討すると、堂島窯の斜狭間構造は瀬戸美濃から直接伝わったのではなく、京焼から高原《たかはら》焼や難波焼に代表される十七世紀後半に大坂に存在した窯場を経由して受け継いだ可能性が高い［佐藤 二〇〇五a・二〇〇六］。天王寺区摂津国分寺跡における調査では、建物の礎石据え付け穴から窯道具がまとまった状態で出土した。窯跡や部材は見つかっていないが付近に同様の時期の連房式登窯があったことを示している［大市教・大文協 一九九一］。

2・3号窯は桶窯で、焼成室（下部は燃焼室）と考えられる円筒形部とそこから長方形に延びる方形の焚口部からなり、竈のような形態に復元できる（図37）。絵図や現存する窯との類似などから、登窯で本焼きする前の素焼き、あるいは軟質施釉陶器のための窯だと考えられる。

✤瓦屋町の焼物工房

中央区瓦屋町一丁目の調査では、十八世紀以降の陶器土型や窯道具、未成品が見つかった［大文協 二〇〇九c、佐藤 二〇〇九］。確実に陶器生産を始めているのは十八世紀後半であり、源内《げんない》焼のような交趾《こうち》（中華南三彩）を写した軟質施釉陶器の製品を焼いていた可能性が高い［五島美術館 二〇〇三］。調査地周辺には徳川

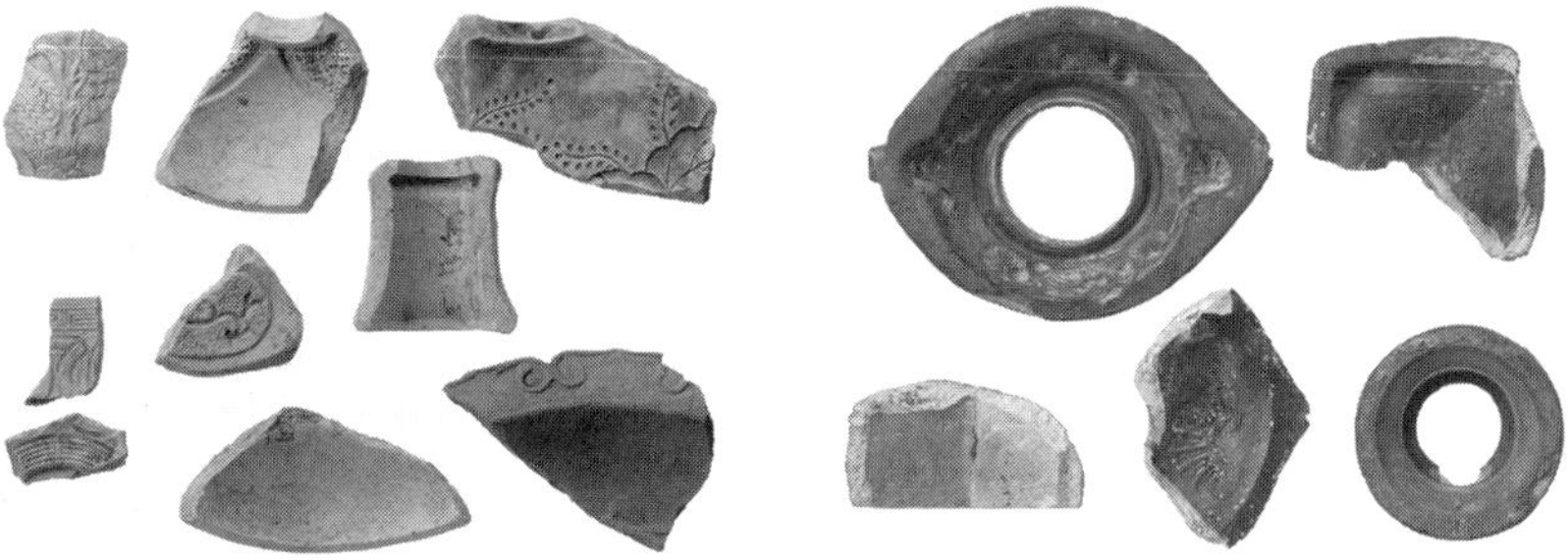
土師質・未成品　　瓦質

図38　瓦屋町一丁目の陶器土型

期に大坂を代表する瓦工であった寺島家の本拠もあり、瓦以外にもベンガラや金属加工、ミニチュア土製品といった複数種の手工業生産に関わる痕跡が見つかった。文献からは風炉・火鉢類の生産も行なわれていたことがわかる。

陶器土型には瓦質と土師質とがあり、文様が彫り込まれたものが多い（図38）。瓦質土型が先行したとみられ、瓦や土風炉類、ミニチュア土製品の技術と関わって生み出された可能性が高い。こうした動きが十八世紀後半に認められることは、陶器生産に関して大坂が京都に劣らない先進性を有していたことを示す。窯道具には連房式登窯に伴うものがあり、型成形の製品以外にも、土瓶や鍋、行平などが生産されていた。

❖近世大坂の焼物生産

近世大坂の焼物づくりは、豊臣期に想定した軟質施釉陶器の生産から始まり、十七世紀には連房式登窯による本焼きも行なわれていたとみられる。堂島Ⅰ～3号窯のような連房式登窯と桶窯を組み合せた工房は、おそらく十八世紀以降はまちの縁辺で営まれるが、市街の開発が進むにつれて途絶え、近世末から近代にかけては古曽部《こそべ》焼（高槻市）や和泉音羽焼（貝塚市）といった中小規模の窯場が郊外で操業を始めるようだ。また、軟質施釉陶器の技術は吉向《きっこう》焼に受け継がれたが、やはり市中での操業は煙の問題などによって困難になり、しだいに郊外へと移転せざるをえない状況にある。このような近世・近代における窯場のうつりかわりは、大坂の陣以降の都市発展史を語るうえで欠かせない動きだ。

図 39　道修町二丁目（OJ94-16 次）の調査
（硯屋は西側の屋敷　南から）

図 40　未製品の出土状況（OJ94-16 次）

3　硯製造業

硯は近世大坂の出土量からすると、そうとうの需要があったと推測される。幕末の日本を訪れた外国人たちは、当時の日本人の識字率の高さに目を見張った。町では庶民に至るまで、日々の商売や生業を営むうえで、硯と墨、筆と紙は必需品であったと思われる。

硯の未製品を出土する調査地点は少なくとも七箇所以上あるが、網から漏れている事例は多いと思う。その中でもっともまとまっている資料が、道修町二丁目の十八世紀初めの町屋跡である（ＯＪ94—16次）。ここでは間口から奥まで、豊臣期以降の町屋の変遷が層位的に細かく追え、十八世紀初めのいくつかの屋敷地のうち、一番西側の屋敷地の住人が硯屋を営んでいたと推定できた。この屋敷地では、多量の硯の未製品とその石材と考えられる割り石が出土した。

ここで出土した硯の未製品には、製作の各々の段階を示すものがある。おおまかに見ると、①数枚分の硯がとれる石材を切り取る→②硯一枚分に切り取る→③四隅の角をとって丸くする→④表面に海と陸の輪郭線を彫り込む→⑤輪郭線を目安に海と陸を彫り込む→⑥磨きをかけて完成、という手順をとっていたことがわかる。①と②では鋸で切れ目を深く入れて割っている。また、①の段階で硯のとれない辺材が多量に生じており、③の工程は必ずしも経ないものがある。硯の未製品にはさまざまな規格があり、文様を彫りかけているも

図41　硯未製品と石材(OJ94-16次)

図42　硯未製品と石材(OJ11-3次)

のなども含まれていた。以上の出土品から、この屋敷地では石材から商品となるまで硯が一貫して製作されていたことがわかり、完成品は、発掘された通りに面した建物(店)で売られたと考えられる。

また、この調査地点から南約二〇〇㍍の瓦町二丁目の調査(OJ11—3次)では、十七世紀後半の町屋のゴミ穴から多量の加工途中の石材が出土した。鋸で深く切れ目を入れて粘板岩を割り、厚さ一～二㌢の長方形にし、ここからさらに加工され製品化を目指している。この形から想定される製品は硯のほか考えつかないが、ここでは内側を彫ろうとした資料はほとんどなかった。このほか、瓦町二丁目の調査地から北東至近の淡路町・瓦町二丁目(OJ12—11次)でも、硯や砥石をつくる過程の石材が多数捨てられていた。主な時期は十七世紀中～後葉である。

元禄九年(一六九六)の『難波丸』では硯屋は道修町や瓦町にはなく、「さかいすじ」に見える。三つの調査地点は堺筋に面していないが、近いとも言える。万治《まんじ》元年(一六五九)の「宗門改帳」を手がかりにすれば、調査地のある道修町三丁目には石屋が二軒あったが、硯屋は見られないという[脇田一九九四a]。道修町の調査例は、享保年間に本格的に薬種問屋が集められる前の、さまざまな業種の商工業者が住んでいた道修町のようすを表わしているのであろう。

図43　墨業図（仙石 1971 より転載し、一部加筆）

4　墨造り

墨造りの様子を描いたものに、江戸時代中ごろの正徳《しょうとく》三年（一七一三）、奈良の墨屋「古梅園《こばいえん》」が出版した『墨談《ぼくだん》』という書物がある。

墨は松の根や植物油（菜種油や胡麻油）を燃やして出る煤《すす》を採取し、それに膠《にかわ》を混ぜて作る。『墨談』にはその墨を作る様子が細かく描かれている（図43）。煤は図44のように、上から被せた土器（油煙受皿）の内側に油煙《ゆえん》（油を燃やして出る煤）を付着させて採取する。

図43の右下図は油煙取りの様子を描いたもので、棚には油煙受皿と灯明皿が数多く並んでおり、職人が左手に油煙受皿を持ち、右手で油を注ぐ様子が描かれている。

良質な煤を採取するためには、燃やす油の品質を吟味することはもちろんのこと、油煙受皿と灯明皿に灯した焔との間隔、焔の大きさの加減が大切であると『墨談』には記されている。さらに、微妙な火加減が要求されるため、風が室内に吹き込まないようにあらかじめ窓のない部屋で、しかも戸を閉め切った状態で作業に当たっていたことがわかる。濛々《もうもう》と立ち込める煙の中での作業は、かなり過酷な環境下にあったことは想像に難くない。

墨作りの道具である油煙受皿と灯明皿は、これまでに二箇所の発掘調査地で

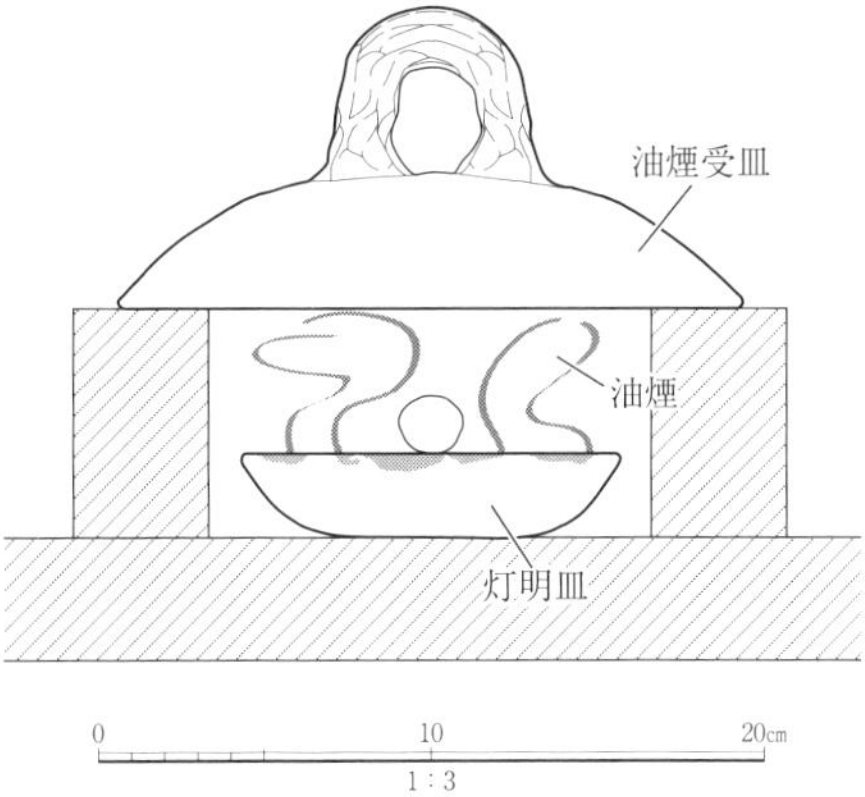

図 44　油煙の採取の仕方

図 45　見つかった油煙受皿と灯明皿

見つかっている。一箇所は中央区大手通二丁目にあり、数多く見つかったゴミ穴から江戸時代初め頃(十七世紀後半)の陶磁器とともに油煙受皿が一〇〇点以上発見された[松尾 一九九二]。また、大きな竈《かまど》も見つかっており、この場所で墨屋を営んでいたと考えられている。さらに、ゴミ穴と竈の位置関係から屋敷内の建物の配置も推測されている。

もう一箇所は同区南久宝寺二丁目にあり、十八世紀頃のものとみられる油煙受皿と灯明皿が見つかっている[小倉 二〇一一・図45]。

江戸時代中頃に出版された『難波丸綱目《なにわまるこうもく》』(延享五年〔一七四八〕)に、「墨師」として南久宝寺町堺筋に武田和泉守と福井出雲守、錦町二丁目(大手通二丁目の調査地からは二街区東側、現在の大手通一丁目に当たる)に岡本和泉守という人物が住んでいたことが記されている。

幕末の天保《てんぽう》三年(一八三二)に出版された『商人買物独案内《しょうにんかいものひとりあんない》』では、大坂上町追手筋錦町(江戸時代には現在の大手通を追手筋とも呼んでいた)に江戸時代初期の正保年間(一六四四～一六四七年)から連綿と続く岡本古松堂という墨屋のあったことが記されている。同一地点とは言えないまでも、発掘調査地のごく近い所で墨屋のあったことが文献資料からも明らかになっている。

発掘調査の結果、その場所に住んでいた人びとの商売までわかる例は数少ないが、調査成果が増すにつれて大坂の町の姿もより具体的になっていくだろう。

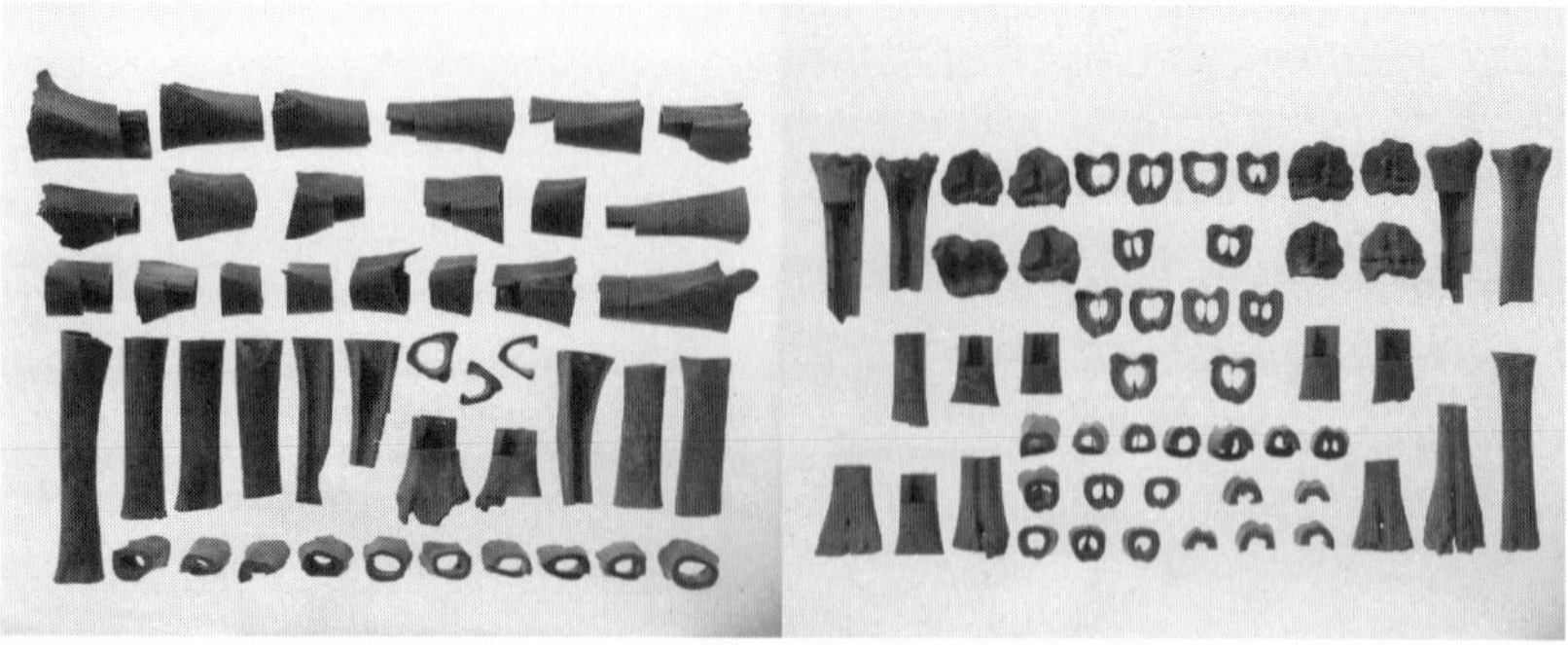

図46　雙六駒を作る各工程の加工骨(左:ウシ脛骨、右:ウシ中足骨)

5　骨・角細工

動物の骨や角は適度な硬さと加工のしやすさ、家畜などを通じた入手のしやすさから道具や装飾品の原材料として多用された。近世大坂の場合はウシやウマ、シカの骨、角の細工物が武家屋敷や町屋など、生活の場で数多く見つかっている。

こうした骨や角の細工物は、実は大坂市中で数多く加工されており、特に骨を用いた細工物(ここでは「骨細工」と呼ぶ)工房の付近と考えられる地点がいくつも調査されている。こうした場所では原材料となった骨やそこから分割された製品の粗材、製品に仕上げる途中の未製品、廃棄された失敗品、製作途中で排出された素材のゴミなどが出土している。実際に作業を行なった工房施設の認定は難しいが、これらのゴミを捨てた穴などの発見はやさしい。

各工程の資料が得られれば、各製品の具体的な作り方を復元し、原材料を入手した時の状態や職人の技を明らかにすることができる(図46)。

現在のところ、中央区の住友銅吹所跡で見つかった櫛払《くしばらい》(DB91―1次:十六世紀末~十七世紀初頭)、龍造寺町の棹秤《さおばかり》・簪《かんざし》(NW94次:十七世紀後半)、道修町三丁目の雙六駒《すごろく》(OJ11―5次:十七世紀前~後葉)の製作工程が具体的に復元されている。そのほか、骨釘(十七世紀前半)、ボタン(十七世紀末~十八世紀初)などの製作工程を示す資料が出土している。

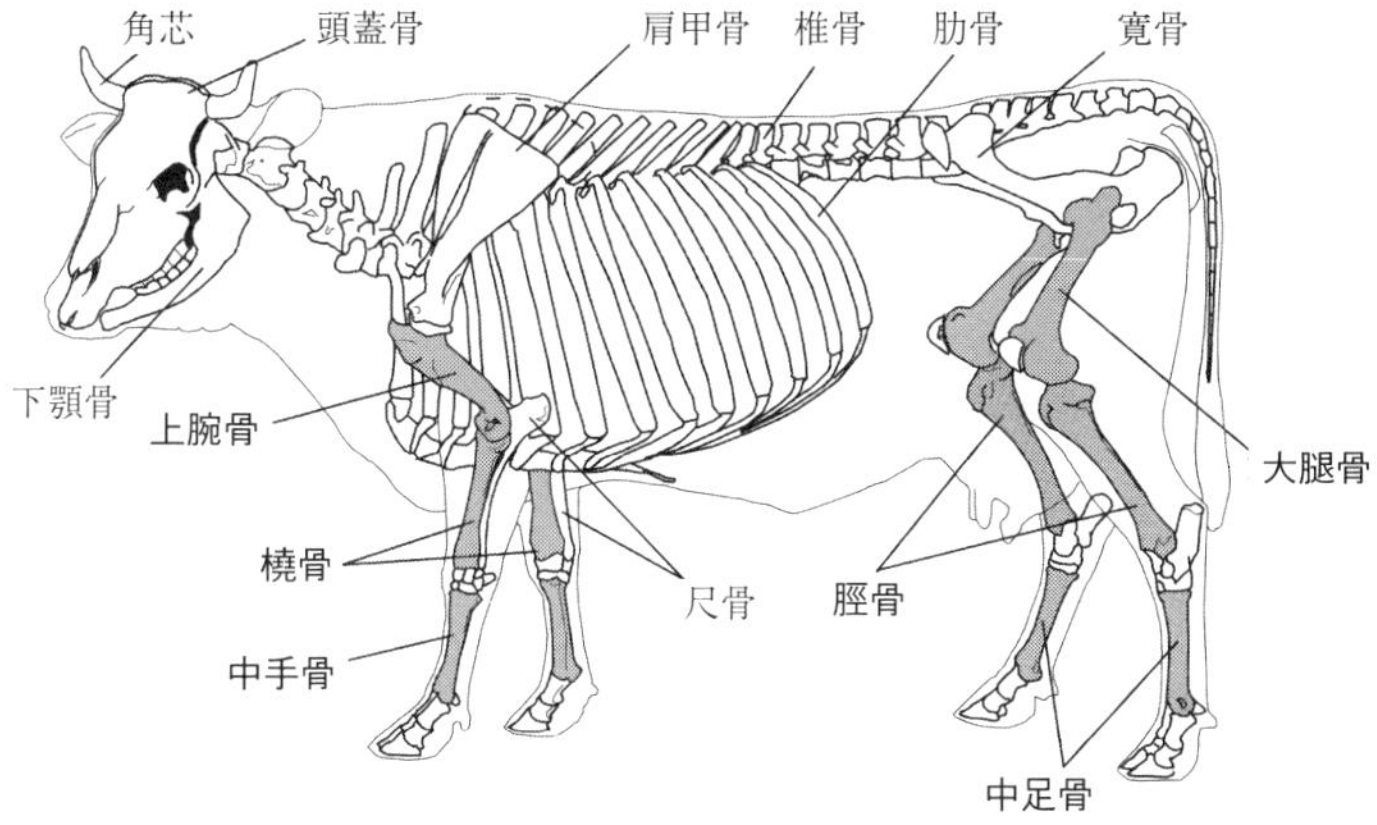

図47　ウシの骨格（丸山ほか二〇〇八から引用、一部改変）

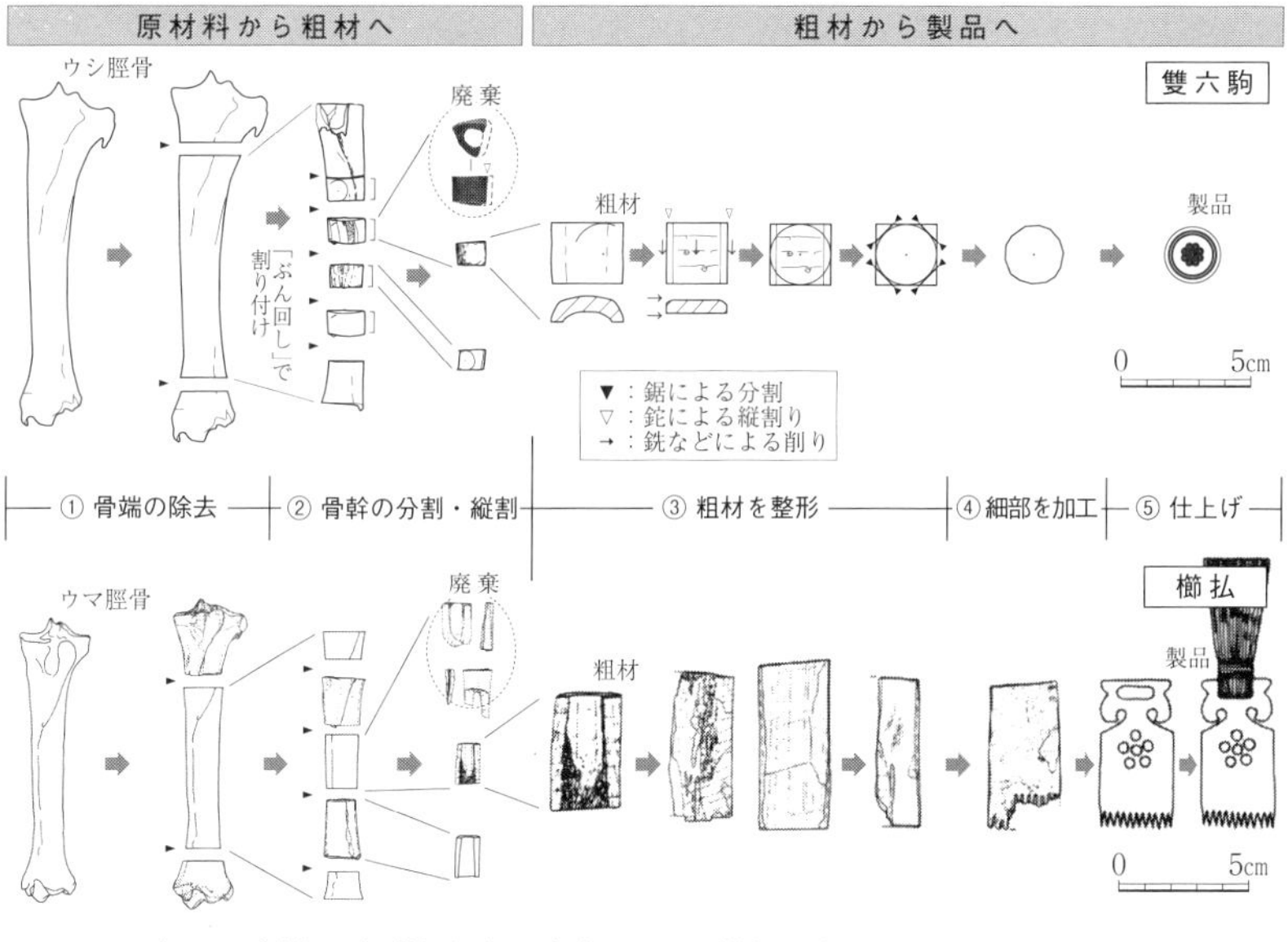

図48　骨細工の製作工程（雙六駒：清水2012、櫛払：久保1998から引用、一部改変）

これらを概観すると原材料や製作技術に共通する特徴がある。原材料はウシやウマの骨でも長管骨《ちょうかんこつ》と呼ばれる四肢骨である(図47)。これらは骨の中でも厚みがあり、堅く緻密で、細工物の原材料に適していた。製作技術では、第①工程で関節に近い長管骨の両端を切り落とし、間の骨幹部のみを量産している。第②工程は骨幹部を各種製品の長さに合わせて分割し、幅に合わせて縦割りしたものを粗材とする。粗材から製品に仕上げる細工が第③~⑤工程である(図48)。加工の道具としては雙六駒や櫛払の場合、第①工程で鋸、第②工程で鋸と鉈、第③工程以降で銑《せん》ないし鉋《かんな》などの削る道具

図49　「ぶん回し」で割り付けた円弧

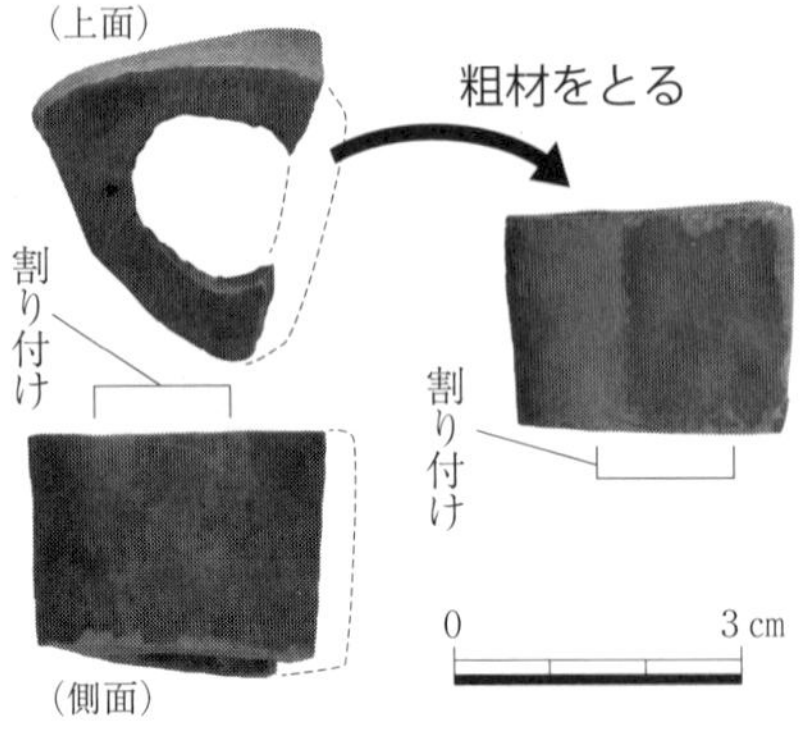

図50　第②工程で「粗材」をとる

のほか、錐・鼠歯錐など穿孔や装飾用の道具が判明している。

　第②工程の長さと幅を調整することで、骨幹部のサイズを上限とするさまざまな製品に対応することができる。また各工程の作業は単純で、規格をそろえた粗材を容易に量産することができる。たとえば中央区和泉町の調査地（OS02—8次）では、ウシの中手骨《ちゅうしゅこつ》端部ばかりが一〇〇点以上捨てられていたゴミ穴が見つかり、一つの工程に集中して作業を行なうことで効率化を図っていたと思われる。また、雙六駒を量産した調査地では、一つのゴミ穴からウシ約五〇頭以上にのぼる脛骨《けいこつ》や中足骨《ちゅうそくこつ》が見つかった。一部に、ぶん回し（コンパス）で駒のサイズに合わせた円弧を割り付けた骨幹部片があり、次の分割作業を効率的に行なうための工夫であろう（図49）。

　このように、骨細工の職人たちが一定の原材料を用い、共通する製作技術から多様な製品を量産することを目指していたことが指摘できる。今後、調査例が増えれば、製品ごとの素材の選択や技術の応用などについても、より詳細な検討が可能となろう。

　工房で廃棄された骨のほとんどが長管骨に限定されているため、ウシやウマの解体や皮・肉の処理は別の場所が担い、必要な部位のみを移入したのであろう。原材料の生産地と分業することで安定して素材を確保し、共通する技法から各種の製品を量産していたと考えられる。さらに、見つかった骨端部の数量が少ない調査例もあり、加工に適さない骨端部の一部は肥料などに供するため、

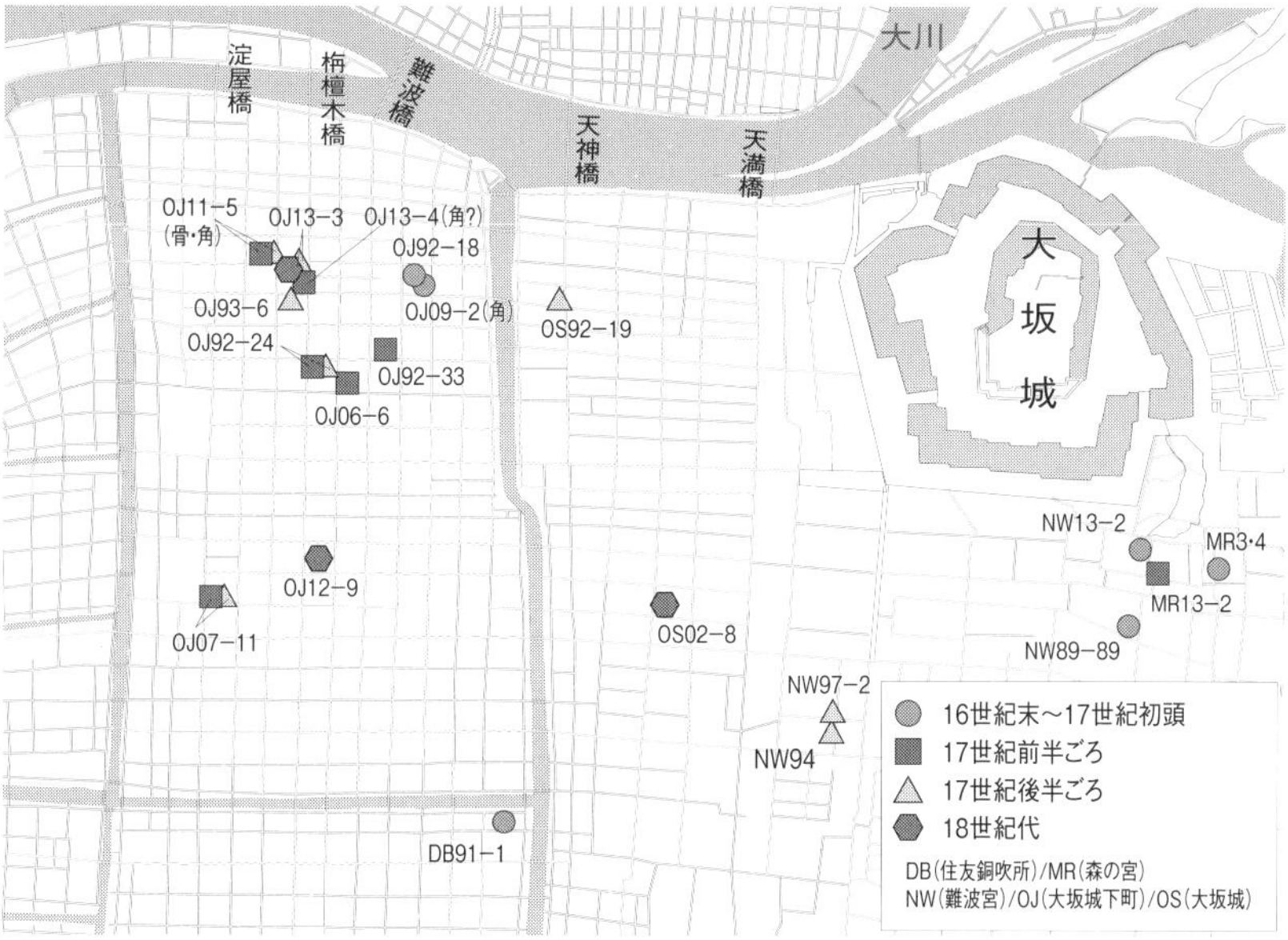

図51　加工骨の捨てられた場所

工房から移出された可能性も指摘されている。

豊臣期〜徳川期の加工骨が廃棄された場所は図51のようになる。これがほぼ工房の位置を示すと考えると、近世大坂の町場が発展するなかで、同業者どうしで集中するようになる傾向がみられよう。豊臣後期〜徳川初期の骨細工職人は町場の外または周縁部にあり、十七世紀前半には拡大した町場の中に取り込まれている。特に船場北部では、十七世紀後半にかけて道修町・平野町・瓦町、備後町などの近い範囲に集中している。このように同業者が集まる理由は、必要な原材料の入手や互いの融通に便利だったことが考えられる。また卸や小売りまで行なっていたとすれば、現代と同じように、一定範囲に同業者が集まることで集客などの相乗効果を生んだ可能性も考えられよう。

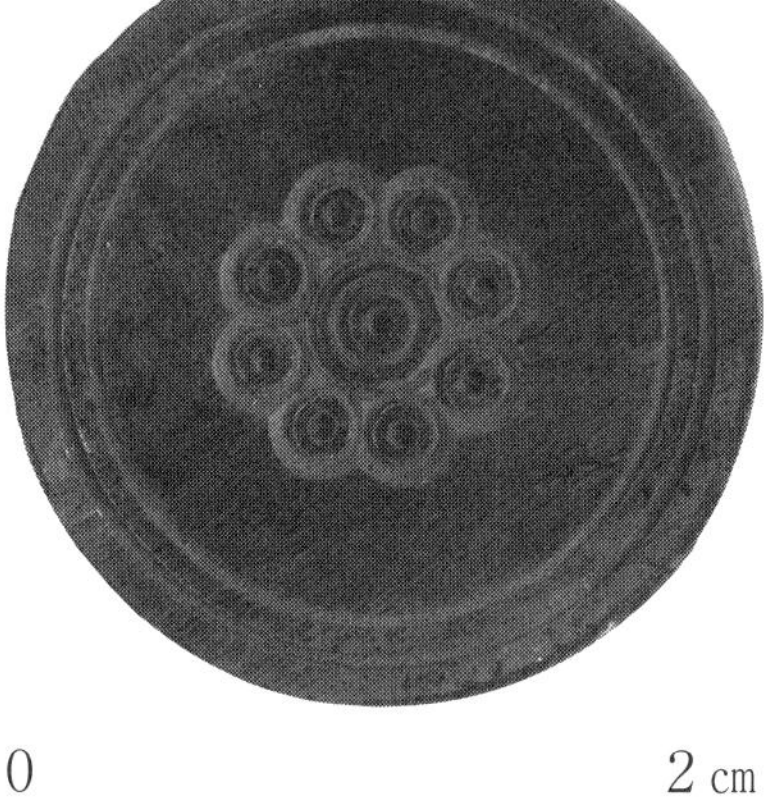

図52　駒完成品

第4節　『難波丸』と発掘調査成果の対比

発掘調査で墨や硯の製作道具や材料、刀鍛冶の遺構、転用された船材などが出土しており、これらと難波の地誌である『難波丸《なにわまる》』（一六九六初刊）を対比させて大坂の産業について考えてみたい。

墨と硯（図53）　墨製作は原料の煤採集に使った油煙受皿が出土している。内淡路町二丁目（ＯＳ90―142次）が十七世紀前半と最も古く、十七世紀中葉以降、上町の大手通（ＯＳ91―64次）、船場の道修町一丁目（ＯＪ06―2次）で操業される。硯は十七世紀後半の瓦町一丁目（ＯＪ11―3次）で粘板岩製の硯と未成品・素材、十七世紀後半～十八世紀初頭の道修町二丁目（ＯＪ94―16次）で、硯・未成品・素材・砥石が出土している。付近の淡路町二丁目～瓦町二丁目（ＯＪ12―11次）では、粘板岩の板石、砥石が廃棄されていた。江戸時代のいつ頃か不明であるが島町一丁目（ＯＳ04―3次）でも硯の未成品が出土している。

『難波丸』によると筆師が北船場や上町の各所に分布するのに対して、硯屋、墨屋、鋏箱《はさみばこ》屋、硯箱屋は堺筋に集中する。発掘調査では堺筋で硯・墨の製作場所は見つかっていないが、そこから東西一～二丁目以内に硯・墨の製作場所が点在し、堺筋を中心にして帯状に硯・墨屋が分布していたことがうかがえる。

一方、上町において、『難波丸』には記されていないが硯・墨の製作場所が見

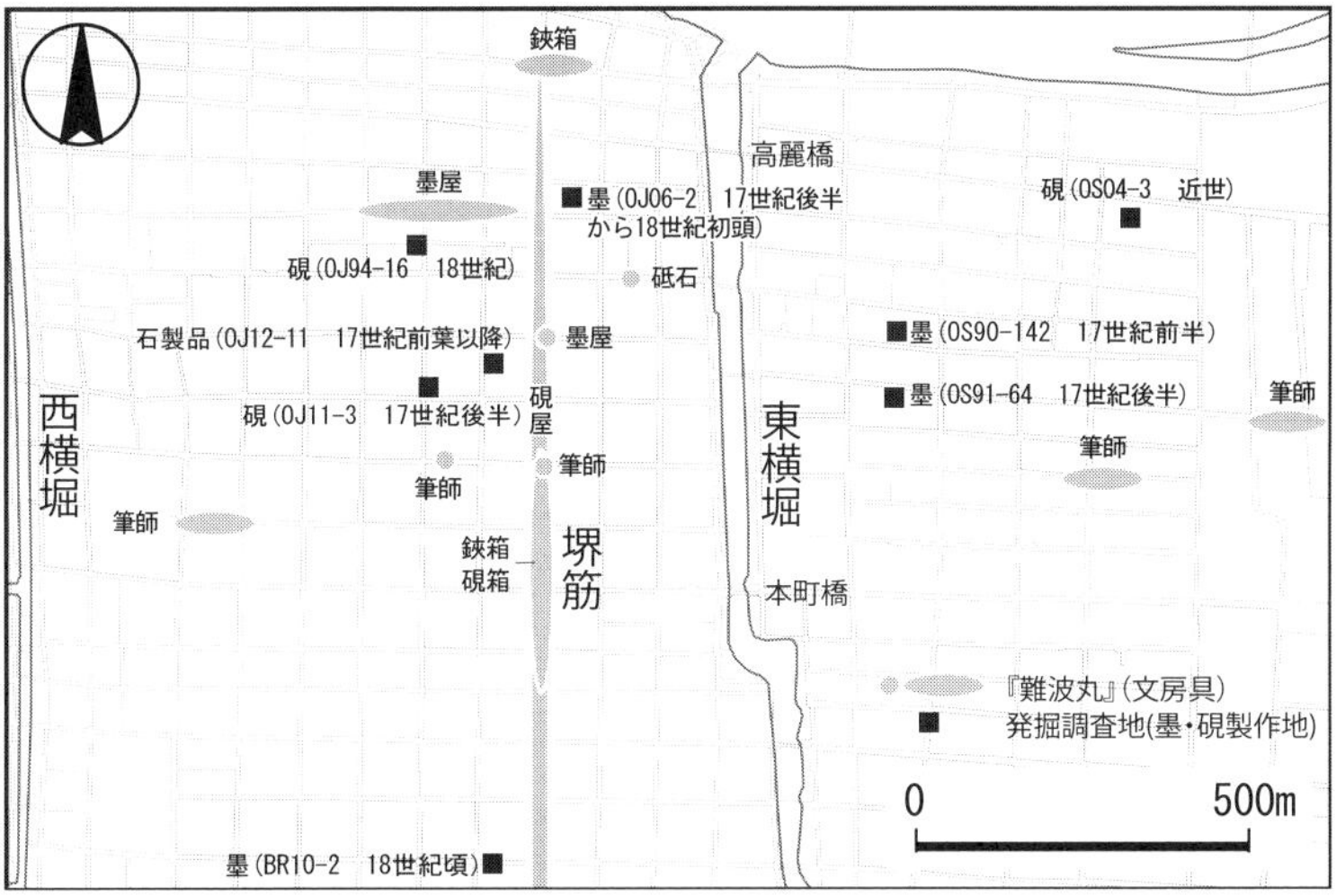

図53　墨・硯製作と文房具店

つかっている。

消費者は、筆・墨・硯・硯箱・鋏箱を一揃えで入手しようとすればそれらの店が集中する堺筋へ出向き、個々の消耗品の補充は町中に点在する近くのお店で間に合わせていたのかもしれない。

刀（口絵22）　刀鍛冶であることが特定された遺構は見つかっていないが、大坂城周辺や常盤町で鍛冶や金属加工に関する遺構が多く、北久宝寺町一丁目（ＯＪ12―8次）では十八世紀の細長い平面プランの炉が検出され、細長い製品、例えば刀の鍛冶を行なった可能性が指摘されている。これによりやや古い時期に、調査地付近で伊勢守国輝が操業していたことが『難波丸』に記される。『難波丸』には刀と脇差の鍛冶職人や刀に関連する多くの職業が認められる。元禄期の大坂には受領鍛冶四十九名と受領鍛冶之外上手分六名といった多くの刀鍛冶が存在していた。また刀鍛冶のほか、「刀脇差ほり物屋」一軒・「刀脇差疵なをし」三名・「刀脇差疵なをし兼鍔師」一名・「鞘師」二名・「鞘塗師」二名・「柄巻師」三名・「銘切師・銘師」七名・「金具屋」二軒・「鍔屋」二軒などがうかがえる。

鋼から刀身が鍛えられ、「刀之研屋」によって研磨がなされる。刀に合わせて鍔《つば》、柄《つか》、鞘《さや》や装飾性の高い目貫《めぬき》などが作られる。柄は「柄巻師」、鞘は「鞘師・鞘塗師」、鍔や目貫もそれぞれ専門職人の手による。また大坂新刀の特徴として華麗な刀身彫りも施される。刀身彫りは刀鍛冶の手で行なうこともあったが、倶利伽羅龍《くりからりゅう》などの壮麗な図像は「刀脇差ほり物屋」が行なうこともあっただろう。こういった専門性の高い職人間で細かな調整を重ねることによってはじめて製品としての刀が完成する。

刀に関する諸職人の分布をもとに作成したのが口絵22である。上町の鑓屋町・常盤町・伏見町（伏見両替町）に受領鍛冶が数多くみられ、また、内平野町二丁目には受領鍛冶に次ぐ「受領鍛冶之外上手分」が集住していた。そしてこれらの刀鍛冶の工房周辺に鞘師・鞘塗師・柄巻師・彫物師が分布していた。大坂城の西側には刀製作に携わる専門性の高い職人たちが集住し、切磋琢磨する場が広がっていたことがうかがえる。

造　船（図54）　福島三丁目（FK10—2次）では大型船の船材が建物基礎として用いられていた。この調査地の西隣は、元禄年間に舟大工小屋の設けられた新舩町《しんふなまち》にあたる。

船は川と海とで船種と大きさ、構造が異なる。川舟は剣先船、茶船、三十石船などがあり、三十石船は帆も備えるが、一般的に川舟は帆を持たず櫂《かい》や櫓《ろ》で漕ぐものが多い。海で使用する弁才船《べざいせん》は帆船で、大型船の船体構造は航《かわら》の上に根棚、中棚、上棚を構築する三層構造をとる。これら以外にも、川御座船、海御座船といった大名や朝鮮通信使の用いた船がある。

元禄期の造船は江之子島に船大工、天満舟大工町と堂島船大工町に川船大工がおり、碇・船釘・船針・セミ・指帆・櫓櫂・梶仲買等の船に関する部品の製

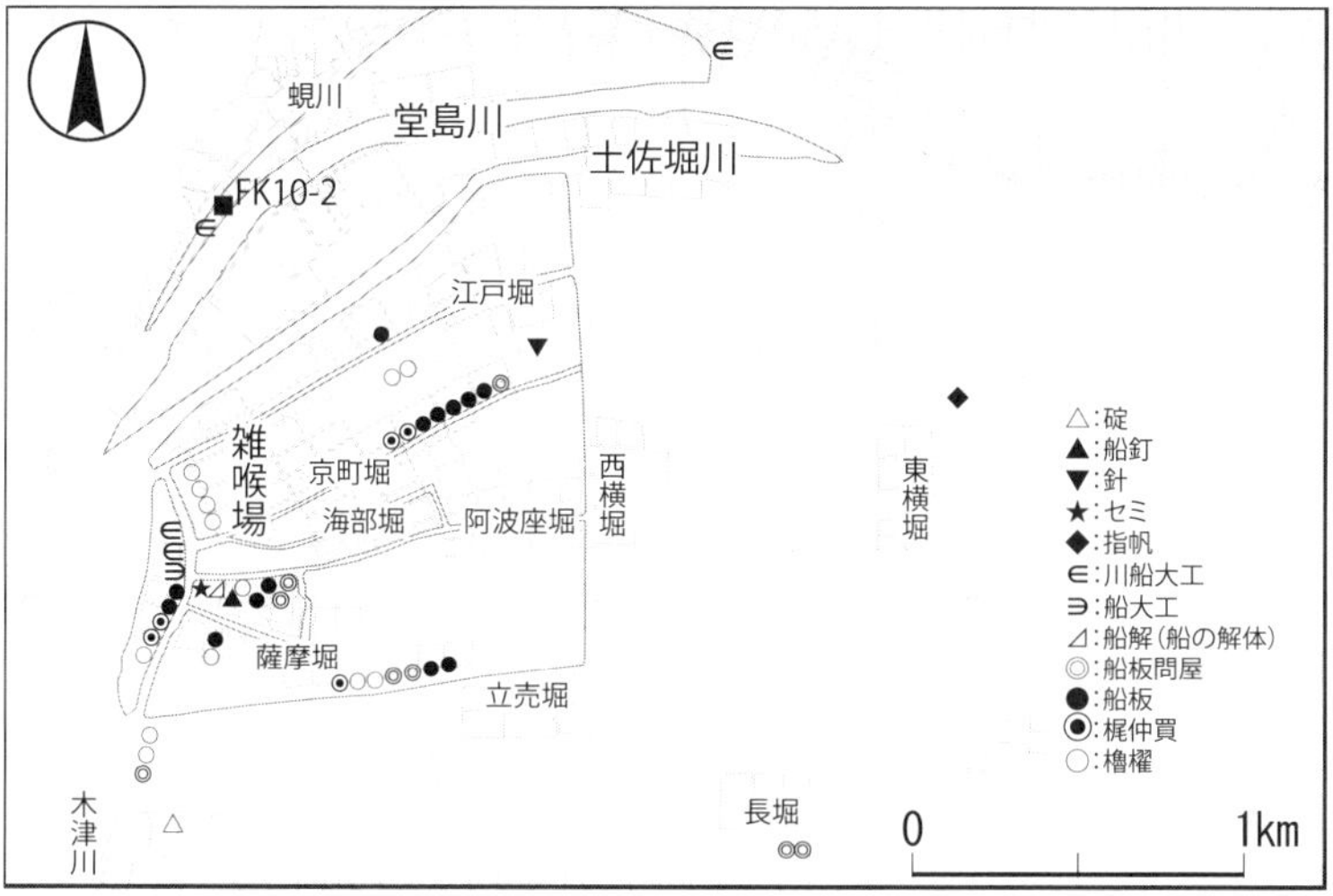

図54　造船

造や仲買、船板屋・船板問屋などの船材を扱っている店、船を解体し材木や釘をリサイクルする船解などが『難波丸』に見える。

碇は鉄製の四爪碇が用いられ、千石船には軸に五個を取り付ける。セミは帆柱の頂点に取り付ける帆を揚げるための滑車である。船釘は縦断面が緩やかに彎曲し、横断面が長方形を呈する縫釘である。帆は工楽松右衛門が織機で木綿の帆布を織る技術を開発する前の段階の指帆(刺帆)であり、木綿布を重ねて縫い合わせたものである。船板は水に強い松材が航に用いられ、棚の部分には杉、装飾性の高い部分には欅を用いた。弁才船の梶は巨大なもので、樫材を繋ぎ、鉄製のタガで固定する。

以上の船関係の職・商業を地図上に落としたものが図54である。江之子島と阿波座堀を中心にして船関係の材料を販売する店や問屋が密集していることがうかがえる。例外として指帆は東横堀に位置している。これは京橋、天満に集中する木綿問屋に近いことに関連するとみられる。また櫓櫂が雑喉場に数多く認められる。雑喉場は魚市場の設けられた場所であり、日常的に舟の交通量が多いため、消耗の激しい櫓や櫂の需要が高かった。このように造船は船大工のいる江之子島を中心にして、その周囲に艤装品や船材などを扱う店が分布しており、運河を利用した生産ラインが築かれていた。

図1　恵美須遺跡と茶屋町遺跡の位置（『増修改正摂州大阪地図 全』（天保15）　大阪歴史博物館蔵に加筆）

エピローグ　近世大坂の拡大と終焉

1　広がる大坂～三郷周縁部の都市化

近世大坂の発掘調査は、豊臣期の大坂城を対象として開始され、一九八〇年代には豊臣期の城下町の調査が始まった。一九九〇年代後半からは蔵屋敷跡の発掘が本格化し、徳川期を中心とする調査が増加している。さらに近年は、旧・大坂三郷の外でも近世遺跡の発掘調査が行なわれるようになり、周辺部も含めた近世都市の実態が明らかになってきている。

その代表例の一つが、二〇一〇年度に行なわれた恵美須遺跡（浪速区）の発掘調査である。遺跡は、上町台地の西側に沿って形成された難波砂州の上に立地する。近世においては紀州街道に面しており、今宮村の南側に当たる。すなわち、都市近郊にあった集落のさらに周辺部ということになる。十七～十八世紀には耕作地であったが、十八世紀末～十九世紀初頭以後には、建物跡は検出されないものの、井戸やゴミ穴が掘られ、大量の陶磁器が捨てられていた。数客がセットになった食器が多く見られることから、一般的な生活の廃棄物ではな

図2　戊辰戦争で炎上する大坂城（『城中大火図』三世長谷川貞信画　大阪城天守閣蔵）

く、街道沿いの料理屋などに関係する可能性がある。

また、三郷の北側では、二〇〇八年に茶屋町遺跡（北区）の発掘調査が行なわれている。この地は中国街道の沿線に当たっており、地名のごとく街道筋の茶屋があった場所である。調査範囲の大半は近世を通じて耕作地であったが、十八世紀初頭に火事で焼けたと思われる陶磁器類や、十九世紀前半の陶磁器類が大量に捨てられていた。これらは、点数や器種構成から判断して、一般的な生活で用いられたものではなく、料理屋等で使用されていた食器類が一括して捨てられたものと考えられている。

いずれの遺跡も一般的な集落ではなく、街道筋の料理屋といった、やや特殊な出土例である。しかしながら、こうした場所で十八、ないし十九世紀ごろから急激に遺物量が増大していることは、大坂の都市域の拡大や交通量の増加、あるいは都市郊外への行楽の流行といった変化を反映したものと捉えることができるだろう。

2　近世大坂の終わりと近代大阪のはじまり

近世という時代の終わりは、徳川幕府を筆頭とする武士の世の終わりを意味していた。大坂においてそれを最も象徴的に表した出来事は、大坂城の炎上である。

図３　広島藩蔵屋敷跡に建設された大阪医科大学（のち大阪大学医学部）
（『大阪行幸記念空中写真帖』（昭和４）　大阪歴史博物館蔵）

長州藩との戦争に対応するため、徳川幕府最後の将軍となる慶喜《よしのぶ》は、慶応《けいおう》二年（一八六六）八月に大坂城に入った。しかし、慶応四年（一八六八）正月に起こった鳥羽・伏見の戦い（戊辰戦争）で幕府側の劣勢は決定的となり、慶喜は大坂城を脱して江戸へ帰ってしまう。混乱の中、大坂城内で火災が発生した。火の手は次第に城内全域に燃えうつり、御金蔵などいくつかの建物を除いて大部分が焼失した。二〇〇六年から順次行なわれている、大坂城石垣の改修工事に伴う発掘調査では、この火災で焼けた建物の瓦が数多く見つかっている。

武士の世が終わるとともに、大坂城周辺にあった武家屋敷や諸藩の蔵屋敷も役割を終えて廃止されていった。広島藩蔵屋敷跡の発掘調査で見つかった「船入」は、これに伴って埋め立てられたものである。跡地には、明治十二年（一八七九）に大阪府立病院が移転し（のち大阪医科大学をへて大阪大学医学部）、この地の景観は一変してしまったと考えられる。

一方で、二〇一四年に中之島六丁目で発掘調査を行なった蔵屋敷跡では、明治時代になると蔵屋敷の建物は民間の倉庫会社に引き継がれていた。最終的に倉庫が解体されたのは一九六〇年代とのことであり、思いのほか近年まで、蔵屋敷由来の建物が残っていた場合があったのである。

こうして都市・大阪は近代を迎える。これまでに近代を主目的とした遺跡調査は、江之子島《えのこじま》にあった大阪府庁跡で行なわれた程度であるが、今後、新しい時代の遺跡に注目が集まる時期が来るのかもしれない。

あとがき

本書は、大坂の陣後四百年にあたる二〇一五年に、大阪歴史博物館で開催の特別展『大坂―考古学が語る近世都市―』を契機につくられた。大阪市内で中近世の遺跡調査が本格化したのは一九八〇年代である。またたくまに豊臣期の大坂城と城下町に関するめざましい成果があがり、全国的に注目された。その後、膨大な数の断片的な発掘が累積し、大阪の研究者でも全貌を把握しがたくなっていた。本書には、二〇〇〇年代以降の新しい発掘成果がもりこまれている。

本書の特徴は大きくふたつにわかれる。ひとつは、都市の形と姿に関する部分である。これまでの研究の上に、中世大坂の調査研究と、大坂城はじめ新たな遺構分析を活用することで、城下町大坂の形成と発展の過程が、より長尺かつ精緻にとらえられている。二つめは、生活と産業に関する遺構・遺物とその研究成果である。これらはじつに豊かで、魅力的なものが多い。瓦など関連異業種を近接・複合した生産方式には瞠目させられる。明治時代以降、飛躍的な発展をとげた「ものづくりニッポン」の源を、産業革命前の大坂の諸産業に見出せる。

この二つの大阪の発掘成果は、とくに、日本各地の都市遺跡の調査や、中近世史の研究に裨益するところが大きいと確信する。

関連年表

時代区分	時期区分	年号	西暦	大坂・秀吉関連事項	その他関連事項
鎌倉時代	中世大阪		12世紀	東大寺再建のために渡辺に別所と木屋敷地を設置	
		建久8	1197	重源、弟子の定範に渡辺別所と木屋敷地を譲る 別所には浄土堂、来迎堂、娑婆道、大湯屋あり	
室町時代		明応5	1496	本願寺八世蓮如が大坂に坊舎を建立	
		明応8	1499	「天王寺ハ七千間在所」(『大乗院寺社雑事記』)	
		天文元	1532		山科本願寺が焼ける(天文法華の乱)
		天文2	1533	本願寺が大坂に移転	
		天文23	1554	秀吉、織田信長に仕官(秀吉17歳)	
		永禄5	1562	大坂寺内で大火。寺中二千軒を焼失(『厳助往年記』)	
		元亀元	1570	本願寺と織田信長との戦い始まる(石山合戦)	
安土桃山時代		天正元	1573		織田信長、足利義昭を追放する
		天正4	1576		信長、安土築城に着手
		天正8	1580	本願寺、信長に敗れ大坂を退去。大坂寺内焼亡	
		天正10	1582	秀吉、明智光秀を破る(山崎の戦い)	織田信長死す(本能寺の変)
		天正11	1583	秀吉、柴田勝家を破る(賤ヶ岳の戦い)	
	豊臣前期	天正11	1583	秀吉、本願寺跡地に大坂城を築き始める	
		天正12	1584	秀吉、大坂城へ移る	
		天正13	1585	従一位関白宣下 豊臣姓を賜る 大坂城天守竣工	
		天正13		天満に本願寺が移転してくる	
		天正14	1586	大坂城二ノ丸工事開始	
		天正15	1587	秀吉、聚楽第へ移る	
		天正16	1588	大坂城二ノ丸工事終了	
		天正18	1590	小田原の後北条氏を降す。天下統一なる	

時代	区分	和暦	西暦	事項	事項
安土桃山時代	豊臣前期	天正19	1591	秀次に関白職を譲り、太閤となる	
		天正20	1592	朝鮮出兵開始(文禄の役)	
		文禄2	1593	秀頼誕生(秀吉56歳)	
		文禄3	1594	惣構工事開始。東横堀川の開削	伏見指月の隠居屋敷を改造
		文禄4	1595		秀次切腹。聚楽第破却
	豊臣後期	慶長3	1598	三ノ丸工事。船場城下町の建設(大坂町中屋敷替) 伏見城内で秀吉没。62歳	
		慶長5	1600		関ヶ原の戦い
江戸時代		慶長8	1603		家康、征夷大将軍宣下。幕府を開く
		慶長19	1614	大坂冬の陣	
		慶長20	1615	大坂夏の陣	
	徳川期	元和元	1615	松平忠明の市街地整備着手。~1619(元和5)年 道頓堀川完成	
		元和2	1616		駿府城にて家康没。75歳
		元和3	1617	江戸堀完成	
		元和5	1619	大坂を幕府直轄地とし、伏見町人を大坂へ移住させる	伏見城廃城
		元和6	1620	大坂城再建工事に着手。西横堀川・京町堀完成	
		元和8	1622	長堀川完成	
		寛永元	1624	本丸工事に着手。海部堀完成	
		寛永3	1626	天守完成。立売堀完成	
		寛永5	1628	二ノ丸南部工事着手	
		寛永6	1629	大坂城再築完成	
		慶応4	1868	大坂城焼亡(戊辰戦争)	

参考文献一覧

凡例　本文の略称＝名称（法人格は割愛）
大文協＝大阪市文化財協会　大文研＝大阪文化財研究所　大市教＝大阪市教育委員会
大文セ＝大阪府文化財センター
京文セ＝京都府埋蔵文化財調査研究センター　阪大埋文＝大阪大学埋蔵文化財調査室

発掘調査報告書

大阪市文化財協会 1984『難波宮址の研究』第八
大阪市文化財協会 1985『特別史跡大坂城跡』
大阪市文化財協会 1988『大坂城跡』Ⅲ
大阪市文化財協会 1991『旧佐賀藩大坂蔵屋敷船入遺構調査報告』
大阪市文化財協会 1992『難波宮址の研究』第九
大阪市文化財協会 1995『天満本願寺跡発掘調査報告』Ⅰ
大阪市文化財協会 1997a『天満本願寺跡発掘調査報告』Ⅱ
大阪市文化財協会 1997b『広島藩大坂蔵屋敷跡－大阪市北区中之島四丁目における発掘調査－』
大阪市文化財協会 1998『住友銅吹所跡発掘調査報告』
大阪市文化財協会 1999a『大坂城跡』Ⅳ
大阪市文化財協会 1999b『堂島蔵屋敷跡』
大阪市文化財協会 2000『難波宮址の研究』第十一
大阪市文化財協会 2002a『大坂城跡』Ⅵ
大阪市文化財協会 2002b「天神橋遺跡の調査」『大阪市埋蔵文化財発掘調査報告――九九九・二〇〇〇年度―』
大阪市文化財協会 2003a『大坂城跡』Ⅶ
大阪市文化財協会 2003b『広島藩大坂蔵屋敷跡』Ⅰ
大阪市文化財協会 2003c『大阪市埋蔵文化財発掘調査報告』二〇〇一・二〇〇二年度
大阪市文化財協会 2004a『大坂城下町跡』Ⅱ
大阪市文化財協会 2004b『難波宮址の研究』第十二
大阪市文化財協会 2004c『広島藩大坂蔵屋敷跡』Ⅱ
大阪市文化財協会 2006『堂島蔵屋敷跡』Ⅱ
大阪市文化財協会 2009a『大坂城跡』Ⅹ
大阪市文化財協会 2009b『大坂城跡』Ⅺ
大阪市文化財協会 2009c『瓦屋町遺跡発掘調査報告』
大阪市文化財協会 2010『堂島蔵屋敷跡』Ⅲ
大阪市文化財協会 2011a『福島蔵屋敷跡発掘調査報告』
大阪市文化財協会 2011b『大国遺跡発掘調査報告』
大阪文化財研究所 2012a『佐賀藩蔵屋敷跡発掘調査報告』
大阪文化財研究所 2012b『中之島蔵屋敷跡発掘調査報告』
大阪文化財研究所 2012c『茶屋町遺跡発掘調査報告』
大阪文化財研究所 2012d『恵美須遺跡発掘調査報告』
大阪文化財研究所 2012e『大坂城跡』ⅩⅣ
大阪文化財研究所 2012f『難波宮址の研究』 第十八
大阪文化財研究所 2012g『難波一丁目所在遺跡B地点発掘調査報告』

大阪文化財研究所 2013a『難波宮址の研究』第十九
大阪文化財研究所 2013b『中央区森ノ宮中央二丁目 6-1 他 4 筆における建設工事に伴う難波宮跡・大坂城跡発掘調査(NW13-2)報告書』
大阪文化財研究所 2014『大坂城下町跡』III
大阪文化財研究所・大阪歴史博物館 2014『科学研究費補助金基盤研究(A)大阪上町台地の総合的研究−東アジア史における都市の誕生・成長・再生の一類型−』
大阪市教育委員会・大阪市文化財協会 1991『平成二年度 大阪市内埋蔵文化財包蔵地発掘調査報告書』
大阪市教育委員会・大阪市文化財協会 2001『平成一一年度大阪市内埋蔵文化財包蔵地発掘調査報告書』
大阪市教育委員会・大阪市文化財協会 2002『平成一二年度 大阪市内埋蔵文化財包蔵地発掘調査報告書』
大阪市教育委員会・大阪市文化財協会 2006『大阪市内埋蔵文化財包蔵地発掘調査報告書(2005)』
大阪市教育委員会・大阪文化財研究所 2011「大坂城跡発掘調査(OS09-10)報告書」『平成二一年度大阪市内埋蔵文化財包蔵地発掘調査報告書』2009
大阪市教育委員会・大阪文化財研究所 2013「大坂城下町跡発掘調査(OJ11-5)報告書」:『大阪市内埋蔵文化財包蔵地発掘調査報告書(2011)』
大阪大学埋蔵文化財調査室 2003『久留米藩蔵屋敷跡』
大阪府文化財センター 2002『大坂城址』II
大阪府文化財センター 2006『大坂城址』III
大阪府文化財センター 2012『旧大阪府庁舎跡』
大山崎町教育委員会 1997『妙喜庵−大山崎町埋蔵文化財調査報告書』第 15 集
京都市埋蔵文化財研究所編 2004『京都市埋蔵文化財研究所発掘調査概要 2004-10 平安京左京三条四坊十町跡』
京都府埋蔵文化財調査研究センター 2013「平安京跡・聚楽第跡発掘調査報告」『京都府遺跡調査報告集』第 156 冊

図　録
大阪城天守閣 2008『テーマ展　描かれた大坂城・写された大阪城』
大阪歴史博物館編 2003『特別展　よみがえる銅(あかがね)』
大阪歴史博物館編 2010『特別展新淀川 100 年　水都大阪と淀川』
五島美術館 2003『源内焼―平賀源内のまなざし』
高槻市立しろあと歴史館 2012『南蛮との出会い　―高山右近と大友宗麟の時代―』

雑誌・市史ほか
アジア考古学四学会 2013『陶磁器流通の考古学：日本出土の海外陶磁』高志書院
大阪市 1988『新修大阪市史』第 2 巻
大阪市 1989『新修大阪市史』第 3 巻
大阪都市協会 1989『まちに住まう』平凡社
大阪歴史学会 2014『伏見城研究の成果と可能性−縄張り論と政権論の視座から−』(2014 年大阪歴史学会大会特別部会資料集)
関西近世考古学研究会 2008『関西近世考古学研究』16　土人形が見た近世社会

個人論文
安倍みき子 2006「大坂城址 03-1 調査区出土の獣骨」大阪府文化財センター編『大坂城址』III
天野忠幸 2010『戦国期三好政権の研究』清文堂出版

池田研 2005「中・近世における大坂城下町出土の貝類について」大阪大学考古学研究室編『待兼山考古学論集－都出比呂志先生退任記念－』
池田研 2010「堺環濠都市遺跡出土の貝類について」大阪大学考古学研究室編『待兼山考古学論集』Ⅱ
生駒孝臣 2011「平安末・鎌倉初期における畿内武士の成立と展開」『古代文化』63-2
市川創 2011「陶技の粋」大阪文化財研究所編『葦火』153 号
市川創 2013「白き清浄の器―住吉行宮跡出土の白色土器―」大阪文化財研究所編『葦火』164 号
市川創 2015（予定）「豊臣期大坂城本丸の石垣と縄張り」大阪市立大学地域連携センター・大阪市博物館協会編『秀吉と大坂－城と城下町－』和泉書院
市川創・川村紀子 2009「御堂の甍に飛天舞う―大阪最古の土人形―」大阪市文化財協会編『葦火』139 号
市川創・三代俊幸 2011「佐賀藩のアイデンティティ」大阪文化財研究所編『葦火』155 号
伊藤幸司 1995「分銅考―製作方法から―」大阪市文化財協会編『葦火』57 号
伊藤幸司 2004「棹吹き技法の復元的研究―棹銅製作から得られた知見について―」日本文化財科学会編『日本文化財科学会第 21 回会大会発表要旨集』
伊藤幸司 2007「黒崎城跡出土金属加工関連遺物の科学的調査」財団法人北九州市芸術文化振興財団埋蔵文化財調査室『北九州市埋蔵文化財調査報告書第 375 集 黒崎城跡』3
伊藤幸司 2012「鋳造関連遺物の自然科学分析」公益財団法人岐阜市教育文化振興事業団『（公財）岐阜市教育文化振興事業団報告書第 19 集 鷺山遺跡群　第 5 分冊 分析・総括』
伊藤幸司 2013「世界を凌駕した浪速の銅（あかがね）―住友銅吹所の技術とその復元」民族藝術学会編『民族藝術』VOL.29
伊藤幸司・藤田浩明・今津節生 2013「ラクチトールからトレハロースへ－糖類含浸法の新展開－」日本文化財科学会編『考古学と自然科学 』第 65 号
伊藤毅 1987『近世大坂成立史論』生活史研究所
伊藤純 2003「大谷家所蔵鋳造関係史料」大阪市教育委員会編『大阪の歴史と文化財』12 号
伊藤純・金村浩一 1993「上町台地にあった焼物工房」大阪市文化財協会編『葦火』46 号
今井修平 1989「工業の展開」『新修大阪市史』第 3 巻
内田九州男 1982「大坂三郷の成立」大阪市史編纂所編『大阪の歴史』7 号
内田九州男 1985「城下町大坂」『日本名城集成　大坂城』小学館
内田九州男 1989「豊臣秀吉の大坂建設」佐久間貴士編『よみがえる中世』2, 平凡社
大澤研一 2001「中世大坂の道と津」『大阪市立博物館 研究紀要』第 33 冊
大澤研一 2006「中世上町台地の宗教的様相」栄原永遠男・仁木宏編『難波宮から大坂へ』和泉書院
大澤研一 2007「『日本一鑑』所収「滄海津鏡」の基礎的検討」大阪歴史博物館編『共同研究成果報告書』1 号
大澤研一 2010a「摂津国四天王寺の職人」『中世東アジアにおける技術の交流と移転－モデル , 人 , 技術』科学研究費報告書
大澤研一 2010b「村から在郷町へ－摂津国平野の空間・社会構造をめぐって－」小野正敏・五味文彦・萩原三雄編『中世はどう変わったか』高志書院
大澤研一 2013「伏見組に関する一考察－伏見組町名を載せる大坂絵図を手がかりに－」大阪歴史博物館編『大阪歴史博物館研究紀要』第 11 号
大澤研一・古市晃 2000「藩名わかりました !」大阪市文化財協会編『葦火』86 号
大庭重信 2011「大坂城･城下町の鍛冶生産－近世初頭の鍛冶遺構調査（NW10-4 次）を中心に－」『関西近世考古学研究』19
大村拓生 2007「中世渡辺津の展開と大阪湾」大阪市史編纂所編『大阪の歴史』70 号

大村拓生 2011「中世天王寺の都市的展開」1617 会四天王寺例会レジュメ
大村拓生 2014「寺社からみた平安時代の大阪」大阪文化財研究所・大阪歴史博物館編『科学研究費補助金基盤研究(A)大阪上町台地の総合的研究−東アジア史における都市の誕生・成長・再生の一類型−』
岡田文男編 2002『文化財のための保存科学入門』角川書店
小野正敏 1982「15・16 世紀の染付碗，皿の分類とその年代」『貿易陶磁研究』No. 2
尾野善裕・佐藤隆 2006「大坂・京都出土の軟質施釉陶器」三井記念美術館編『赤と黒の芸術　楽茶碗』
小倉徹也・宮本佐知子・田中清美 2002「達磨窯」大阪市文化財協会編『葦火』100 号
小倉徹也 2011「墨屋さんの跡―馬喰町遺跡の調査から―」大阪文化財研究所編『葦火』154 号
小田木富慈美・池田研 2007「ベーゴマのルーツ　発見！」大阪市文化財協会編『葦火』131 号
川村紀子 2001「新種の犬発見―豊臣時代の犬の土人形―」大阪市文化財協会編『葦火』95 号
川村紀子 2004「蔵屋敷の米蔵!?―江戸時代の土製玩具から―」大阪市文化財協会編『葦火』110 号
川村紀子 2008「学芸員こだわりの逸品 (2) つぼつぼ～江戸時代のミニチュアの壺～」大阪市文化財協会編『葦火』135 号
川村紀子 2008「大阪出土の土製品－大阪市内を中心として－」『関西近世考古学研究』16 土人形が見た近世社会
川村紀子 2010「江戸時代大坂におけるミニチュア土製品の一考察」『大阪歴史博物館研究紀要』第 8 号
木村晟ほか 1996『日本一鑑の総合的研究』本文編　稜伽林
京嶋覚 2008「大坂で出土した『山﨑』『神宮寺』銘の瓦」大阪市文化財協会編『葦火』133 号
久保和士 1998「住友銅吹所跡出土の動物遺体」大阪市文化財協会編『住友銅吹所跡発掘調査報告』
久保和士 1999「近世大坂の食文化」『動物と人間の考古学』真陽社
黒田慶一 2010「西播 網干に寺島瓦を訪ねて」大阪市文化財協会編『葦火』144 号
小林茂・脇田修 1973「大坂の産業構造」・「近世前期の諸産業」『大坂の生産と交通』毎日放送
小林芳規 1989『角筆のみちびく世界　日本古代・中世への照明』中公新書 909
作道洋太郎 1989「蔵屋敷」『新修大阪市史』第三巻
佐古慶三 1970『古板大坂地図集成』清文堂出版
佐藤隆 1992「平安時代における長原遺跡の動向」大阪市文化財協会編『長原遺跡発掘調査報告』V
佐藤隆 1996「中世後期の陶磁器・土器について」大阪市文化財協会編『四天王寺旧境内遺跡発掘調査報告』I
佐藤隆 1999「陶器窯における生産と製品の系譜」大阪市文化財協会編『堂島蔵屋敷跡』
佐藤隆 2000「古代難波地域の土器様相とその史的背景」大阪市文化財協会編『難波宮址の研究』第十一
佐藤隆 2004「大坂周辺における軟質施釉陶器の生産と流通」『軟質施釉陶器の成立と展開』関西陶磁史研究会研究集会資料集
佐藤隆 2005a「大坂とその周辺における陶器窯の技術」『窯構造・窯道具からみた窯業―関西窯場の技術的系譜をさぐる―』関西陶磁史研究会研究集会資料集
佐藤隆 2005b「近世大坂におけるやきもの生産」『明山薩摩の美―万国博覧会で愛された近代大阪のやきもの―』大阪歴史博物館館蔵資料集 1
佐藤隆 2006「17~18 世紀における京焼系技術の伝播」『京焼の成立と展開―押小路，粟田口，御室―』関西陶磁史研究会研究集会資料集
佐藤隆 2009「近世における瓦屋町周辺の陶器生産」大阪市文化財協会編『瓦屋町遺跡発掘調査報告』
清水和明 2009「御用瓦師寺島家と瓦屋町遺跡」大阪市文化財協会編『葦火』143 号
清水和明 2012「近世大坂の骨細工－双六駒の製作－」大阪文化財研究所編『葦火』161 号

鋤柄俊夫 1994「大坂城下町にみる都市の中心と周縁」『中世都市研究』1　都市空間 , 新人物往来社
杉本厚典 2014「元禄期大坂の産業マップ」大阪文化財研究所・大阪歴史博物館編『科学研究費補助金基盤研究(A)大阪上町台地の総合的研究－東アジア史における都市の誕生・成長・再生の一類型－』
杉森哲也 2008『近世京都の都市と社会』東京大学出版会
杉森玲子 2010「寺内」吉田伸之・伊藤毅編『伝統都市 3 インフラ』東京大学出版会
鈴木秀典 1989「武家の屋敷」佐久間貴士編『よみがえる中世』2, 平凡社
積山洋・小倉徹也 2000「鳥取藩大坂蔵屋敷跡の発掘調査」大阪市文化財協会編『葦火』88 号
仙石正 1971『新・墨談』内田老鶴圃新社
田中裕子 2014「大阪市内のベンガラ利用とその生産」大阪文化財研究所編『葦火』173 号
弦本美菜子 2014「鎖国期日本への中国陶磁の流通」『東京大学考古学研究室紀要』28 号
中井均 2008「信長の城と秀吉の城－織豊期城郭論の再検討－」仁木宏・松尾信裕編『信長の城下町』高志書院
中川信作 1986「大坂城下出土の土人形とミニチュア製品」大阪市文化財協会編『葦火』5 号
永積洋子 1987『唐船輸出入品数量一覧・一六三七―一八三三年：復元唐船貨物改帳・帰帆荷物買渡帳』創文社
中村博司 1989「大坂城と城下町の終焉」佐久間貴士編『よみがえる中世』2, 平凡社
中村博司 2006「慶長三～五年の大坂城普請について－「三之丸築造」をめぐる諸問題－」『ヒストリア』第 198 号
中村拓 1966『鎖国前に南蛮人の作れる日本地図』I　東洋文庫
仁木宏 1994「大坂石山寺内町の空間構造」上横手雅敬監修『古代・中世の政治と文化』思文閣出版
仁木宏 1997『空間・公・共同体』青木書店
仁木宏 2003「戦国期摂河泉都市のオリジナリティ」『ヒストリア』第 186 号
藤下典之 1981「草戸千軒町遺跡より出土した *Cucumis melo*（メロン仲間）と *Lagenaria siceraria*（ヒョウタン仲間）の種子について」『草戸千軒町遺跡 ,1979』
藤下典之 1988「鹿田遺跡から出土したメロン仲間 *Cucumis melo L.* の種子、特に雑草メロン型の小粒種子について」『岡山大学構内遺跡発掘報告 第 3 冊 鹿田遺跡 I』
藤本篤 1989「天下の台所」大阪都市協会編『まちに住まう』平凡社
古市晃 1999「堂島所在の蔵屋敷」大阪市文化財協会編『葦火』81 号
本城正徳 1979「戦国末期から近世初期の平野郷関係史料について」『待兼山論叢』第 13 号
松尾信裕 1992「大手通にあった墨屋」大阪市文化財協会編『葦火』37 号
松尾信裕 1994「大坂の武家屋敷」宮崎勝美・吉田伸之編『武家屋敷　空間と社会』山川出版社
松尾信裕 2000「大坂城内の大溝」『大坂城と城下町』思文閣出版
松尾信裕 2003「豊臣氏大坂城惣構内の町割」大阪市文化財協会編『大坂城跡』Ⅶ
松尾信裕 2005「豊臣期大坂城下町の成立と展開」『ヒストリア』第 193 号
松尾信裕 2006「上町台地周辺の中世集落―四天王寺から大坂へ―」『難波宮から大坂へ』和泉書院
松本啓子 2001「萩藩大坂蔵屋敷跡の足跡を追う」大阪市文化財協会編『葦火』90 号
松本啓子 2004「発掘調査から見た大坂の蔵屋敷」大阪市文化財協会編『広島藩大坂蔵屋敷跡』II
松本啓子 2005「大阪ドームの横で見つかった紀州藩の船入」大阪市文化財協会編『葦火』119 号
松本百合子 2010「高松藩大坂蔵屋敷跡の発掘調査」大阪文化財研究所編『葦火』159 号
豆谷浩之 2000a「墨書土器から垣間見た蔵屋敷」大阪市文化財協会編『葦火』88 号
豆谷浩之 2000b「蔵屋敷跡発掘調査の現状と課題」『歴史科学』159 号
豆谷浩之 2001「蔵屋敷の配置と移転に関する基礎的考察」大阪市文化財協会編『大阪市文化財協会研究紀要』第 4 号

豆谷浩之 2014「大阪中之島蔵屋敷の考古学」『大阪春秋』156
丸山真史・松井章・黒田慶一 2008「大坂城下町における骨細工－備後町 2 丁目の調査より－」大阪歴史博物館編『大阪歴史博物館研究紀要』7 号
丸山真史 2012a「脊椎動物遺存体」大阪文化財研究所編『佐賀藩蔵屋敷跡発掘調査報告』
丸山真史 2012b「魚骨から見た大坂の魚食文化　豊臣期から徳川期を中心に」大阪府文化財センター編『天下の台所　大坂』
丸山真史・池田研・宮本康治 2010「大坂城下町跡出土の動物遺存体－中央区高麗橋 3 丁目の調査から－」大阪歴史博物館編『大阪歴史博物館研究紀要』第 8 号
丸山真史・池田研 2014「上方およびその周辺の水産物資源」『季刊考古学』第 128 号 , 雄山閣
南秀雄 1991「大坂城下町出土の将棋の駒」大阪市文化財協会編『葦火』30 号
南秀雄 2009「天満の町に埋もれている秀吉の堤」大阪市文化財協会編『葦火』138 号
宮上茂隆 1967「豊臣秀吉築造大坂城の復元的考察」『建築史研究』第 37 号
渡辺武・宮上茂隆 1994「豊臣・徳川大坂城」碧水社編『歴史群像名城シリーズ①大坂城』学習研究社
宮路淳子・松井章 2004「大坂城下町跡出土の動物遺存体の分析」大阪市文化財協会編『大坂城下町跡』Ⅱ
宮本佐知子 1988「大坂城跡出土の秤と錘」大阪市文化財協会編『葦火』12 号
宮本佐知子 1992「大坂城跡出土の分銅」大阪市文化財協会編『葦火』41 号
宮本佐知子 1994「国内出土の権衡資料」大阪市文化財協会編『大阪市文化財論集』
宮本佐知子・小倉徹也 2002「木製瓦笵見つかる！」大阪市文化財協会編『葦火』101 号
宮本康治 2005「ゴミ捨て場に見る大坂城下町」大阪市文化財協会編『葦火』118 号
村元健一 2014「発掘成果から見た平安時代の上町台地とその周辺」大阪文化財研究所・大阪歴史博物館編『科学研究費補助金基盤研究(A)大阪上町台地の総合的研究−東アジア史における都市の誕生・成長・再生の一類型−』
村山朔郎 1984「大坂城の地盤調査と地下石垣の発見」大阪城天守閣編『大阪城天守閣紀要』第 12 号
森毅 1989「豊臣時代の犬の土人形」大阪市文化財協会編『葦火』23 号
森毅・豆谷浩之 2000「考古学から見た船場の成立と展開」『大坂城と城下町』思文閣出版
森泰博 1990「大坂蔵屋敷の成立」『大坂経済のダイナミズム』関西学院大学産研叢書 14
薮田貫 2010『武士の町　大坂―「天下の台所」の侍たち―』中央公論社
吉井克信 1996「戦国・中近世移行期における大坂本願寺の呼称」『ヒストリア』第 153 号
吉川金次 1991『鍛冶道具考－実験考古学ノート－』平凡社
吉田悠歩・市川創 2014「蔵屋敷の蔵―中・小藩の場合―」大阪文化財研究所編『葦火』172 号
脇田修 1994a『近世大坂の経済と文化』人文書院
脇田修 1994b『日本近世都市史の研究』東京大学出版会
渡辺武 1983『図説 再見大阪城』大阪都市協会
渡辺武・宮上茂隆 1994「豊臣・徳川大坂城」『歴史群像名城シリーズ①大坂城』学習研究社
E・S・モース 1970『日本その日その日』東洋文庫 171　平凡社

執筆者一覧（五十音順）　執筆分担　章—節—項

池田　研（土佐市教育委員会）　Ⅲ—4（哺乳類・鳥類・貝類・魚類）
市川　創（大阪文化財研究所）　Ⅰ—2
伊藤幸司（大阪文化財研究所）　Ⅲ—コラム、Ⅳ—2（鍛冶を除く）
大澤研一（大阪歴史博物館）　序2・4、Ⅰ—コラム、Ⅱ—1・4
大庭重信（大阪文化財研究所）　Ⅲ—4（ウリ）、Ⅳ—2（冒頭部分、鍛冶）
小倉徹也（大阪文化財研究所）　Ⅳ—3—4
小田木富慈美（大阪文化財研究所）　Ⅲ—3—3・7・8
川村紀子（大阪文化財研究所）　Ⅲ—3—9
黒田慶一（元大阪文化財研究所）　Ⅳ—3—1
佐藤　隆（大阪市教育委員会）　序3、Ⅳ—3—2
清水和明（大阪文化財研究所）　Ⅳ—1、Ⅳ—3—5
杉本厚典（大阪歴史博物館）　Ⅳ—4
田中克典（弘前大学）　Ⅲ—4（ウリ）
藤田浩明（大阪文化財研究所）　Ⅲ—コラム
松尾信裕（大阪歴史博物館）　はじめに、序1、Ⅰ—1、Ⅱ—3、Ⅲ—1
松本百合子（大阪歴史博物館）　Ⅲ—3—4・5・6
豆谷浩之（大阪歴史博物館）　Ⅰ—3、エピローグ
南　秀雄（大阪文化財研究所）　Ⅰ—4、Ⅳ—3—3、あとがき
宮本康治（大阪市教育委員会）　Ⅱ—2
森　　毅（大阪市経済戦略局）　Ⅲ—2
渡邉晴香（元大阪文化財研究所）　Ⅲ—3—1・2

大坂　豊臣と徳川の時代－近世都市の考古学－

2015年4月18日第1刷発行

編　者　大阪歴史博物館・大阪文化財研究所
発行者　濱　久年
発行所　高志書院

〒101-0051 東京都千代田区神田神保町 2-28-201
TEL03(5275)5591　FAX03(5275)5592
振替口座　00140-5-170436
http://www.koshi-s.jp

印刷・製本／亜細亜印刷株式会社　カバー装丁：Bow Wow

ISBN978-4-86215-146-9